NATIONAL GEOGRAPHIC KiDS

내셔널지오그래픽 키즈

사이언스 2026

남극해의 떠다니는 얼음, 부빙 가장자리에서
황제펭귄이 공중으로 뛰어올라요.

NATIONAL GEOGRAPHIC KiDS

내셔널지오그래픽 키즈

사이언스 2026

비룡소

『내셔널지오그래픽 키즈 사이언스』에 도움을 주신 분들께 깊이 감사드립니다.

스테이시 매클레인(내셔널지오그래픽 탐험가 프로그램)

동물의 세계

수잔 브레이든(판다 인터내셔널 대표)
로돌포 코리아 박사(고생물학자, 아르헨티나)
실비아 얼 박사(내셔널지오그래픽 상주 탐험가)
토머스 R. 홀츠 박사(메릴랜드 대학 지질학부 척추고생물학과 조교수)
루크 헌터 박사(판테라 대표)
니자르 이브라힘(내셔널지오그래픽 탐험가)
데릭 주버트, 베벌리 주버트(내셔널지오그래픽 상주 탐험가)
'디노' 돈 레셈(렉스 박물관 관장)
캐시 B. 메허(전 내셔널지오그래픽 매거진 연구원)
케이틀린 마틴(캐나다 바다거북 네트워크)
바버라 닐슨(북극곰 인터내셔널)
앤디 프린스(오스틴 동물원)
줄리아 토슨(통역가, 스위스)
데니스 반엥겔스도르프(펜실베이니아 농무부 선임 연구원)

우주와 지구

과학과 기술

팀 아펜젤러(네이처 편집장)
릭 파인버그(미국 천문학회 언론 담당)
호세 데 온다사(뉴욕 주립대, 플래츠버그 대학 생명과학부 조교수)
레슬리 B. 로저스(전 내셔널지오그래픽 매거진 편집장)
엔릭 살라 박사(내셔널지오그래픽 상주 탐험가)
애비게일 팁턴(전 내셔널지오그래픽 매거진 연구부장)
에린 빈티너(생물 다양성 전문가,
미국 자연사 박물관 생물 다양성과 보전 센터)
바버라 L. 와이코프(전 내셔널지오그래픽 연구원)

문화와 생활

웨이드 데이비스 박사(내셔널지오그래픽 상주 탐험가)
데얼드리 멀러비(갤러데트 대학 출판부 편집 주간)

생태와 자연

아나타(미국 국립 해양 대기청 공보관)
로버트 발라드 박사(내셔널지오그래픽 상주 탐험가)
더글러스 H. 채드윅(야생 생물학자, 내셔널지오그래픽 매거진 기고가)
수전 K. 펠 박사(미국 식물원 과학과 대중 프로그램 감독)

역사와 사실

실비 보드로 박사(뉴욕 주립 대학교 역사학과 조교수)
엘스페스 데이르(캐나다 퀸스 대학교 교육학부 교수)
그레고리 게디스(미국 뉴욕오렌지 주립 대학교 글로벌학과 교수)
프레드릭 히버트 박사(내셔널지오그래픽 방문 연구원)
미셸린 조니스(캐나다 천연자원부 공보관)
로버트 D. 존슨 박사(일리노이 대학교 역사학과 조교수)
딕슨 맨스필드(캐나다 퀸스 대학교 교육학부 지리학 전임 강사)
티나 노리스(미국 인구 조사국)
캐나다 의회 도서관 학술 정보 서비스
캐린 푸글리에시(캐나다 원주민 회의 홍보팀)

세계의 지리

크리스틴 비시(미국 인구 조회국 연구원)
칼 하웁(미국 인구 조회국 선임 인구 통계학자)
도시코 카네다 박사(미국 인구 조회국 선임 연구원)
월트 마이어 박사(미국 국립 빙설 데이터 센터)
리처드 W. 레이놀즈(미국 해양 대기청 국립 기후 데이터 센터)

이상의 전문가들은 『내셔널지오그래픽 어린이 연감 *NATIONAL GEOGRAPHIC KIDS Almanac*』의 초기 판본들에서 연구와 자문을 맡았습니다. 이후 새 판본을 출간할 때마다 여러 전문가들과 함께 검토하고 업데이트하고 있습니다.

일러두기

『사이언스 2026』는 『내셔널지오그래픽 어린이 연감 2026 *NATIONAL GEOGRAPHIC KIDS Almanac 2026*』의 한국어판 도서로서, 어린이가 알아야 할 지식을 엄선하여 1년에 한 권으로 출간합니다. 생물, 지구 과학, 지리, 환경, 기술, 천문, 역사 등 분야별로 연구를 통해 새롭게 알게 된 지식이 해마다 추가됩니다. 또한 해가 바뀌어도 중요하고 의미가 있는 기본 지식은 전년도 책과 같을 수 있습니다.

차례

차례

2026년 올해의 토픽

2026년 동계 올림픽은 이탈리아의
밀라노와 코르티나담페초에서 열려요.

말하는 식물

식물도 서로 대화를 할까요? 이웃한 식물들 사이의 의사소통을 연구하는 일본 과학자들은 그렇다고 말해요. 물론 식물이 정말로 말을 하는 것은 아니에요. 식물은 곤충에게 뜯긴다거나 위협에 처하면, 말하는 대신에 특정한 분자를 공기 중으로 뿜어내요. 일종의 위험 경보이지요. 주변에 있는 식물들은 그 분자를 잎에 난 미세한 구멍을 통해 빨아들여요. 이 구멍이 주변 상황을 감지하는 코 역할을 하는 거예요. 그러면 주변 식물들도 위험이 닥쳤다는 것을 알고 대비해요. 곤충을 막거나 쫓을 화학 물질을 만들어 내지요.

양 떼가 돌아다니는 태양광 발전 단지

양 떼가 뜯어 먹도록 하면, 사람이 풀을 깎느라 고생할 필요가 없지 않을까요?

바로 이 방법을 택한 태양광 발전 단지도 있어요. 양 떼에게 태양 전지판이 가득한 발전 단지에 자라나는 식물들, 즉 야생화, 잡초, 토끼풀 등을 뜯어 먹도록 하지요. 사람을 고용해서 기계로 풀을 깎는다면, 비용도 더 들고 오염도 일어날 수 있어요. 대신에 배고픈 양 떼에게 뜯어 먹게 하면 친환경 방식으로 식물이 높이 자라지 못하게 관리할 수 있어요. 식물이 태양 전지판에 닿을 햇빛을 가리는 일을 막고 화재 위험도 줄이지요. 양들은 계속 풀을 뜯어 먹으면서 건강하게 자랄 수 있고요. 여러모로 좋은 방법이에요.

얼룩무늬 없는 기린이 태어나다

새끼 기린은 태어날 때부터 이미 놀라워요.
갓 태어난 기린은 몸집이 사람 어른만 하고, 10시간이 채 지나기 전에 뛰어다닐 수 있어요. 미국 테네시주의 한 동물원에서 태어난 기린은 놀라운 점이 또 있어요. 몸에 무늬가 없어요! 세계에서 드물게 민무늬인 이 기린의 이름은 키페키예요. 스와힐리어로 '독특하다'는 뜻이지요. 유전자 돌연변이나 희귀한 증상일 가능성이 높은데, 아직까지 건강에 아무런 문제가 없어 보여요. 또 기린의 얼룩무늬가 야생에서 위장하는 데 도움이 되기는 하지만, 동물원에서 다른 기린들이 키페키를 금방 받아들였기 때문에 무늬가 없어도 안전하게 살아갈 수 있을 거예요.

미국 최초! 3D 프린터로 지은 이층집

요즘에는 3D 프린터로 뭐든 만들 수 있어서, 이층집도 지어요! 디자인 회사 해나는 미국 텍사스주에 3D 프린터로 콘크리트를 겹겹이 쌓아서 침실 3개짜리 집을 지었어요. 허리케인과 강력한 폭풍도 견딜 만큼 튼튼하며 널찍한 이 집을 인쇄하는 데 330시간이 걸렸어요. 코끼리 두 마리보다 더 무거운 장치를 사용했지요. 3D 인쇄가 미래에 건설과 건축에 새로운 물결을 일으킬 수 있을까요? 전문가들은 그럴 가능성이 높다고 봐요. 3D 인쇄 건축이 기존 건축 방식보다 시간도 돈도 덜 들어서 더 저렴하게 집을 지을 수 있으니까요.

못 말리는 빈집 털이 곰

도둑 잡았다! 미국 캘리포니아주 사우스레이크타호 지역에서 무려 21채의 집을 털었던 도둑 흑곰이 마침내 야생 동물 연구자들에게 사로잡혔어요. '행크 더 탱크'라는 별명이 붙은 이 곰은 그 지역에서 유명했어요. 방충망을 찢고, 쓰레기통을 뒤지고, 차를 긁어 대면서 이 집 저 집 돌아다녔거든요. 그런데 잡힌 곰이 정말로 그 도둑 곰일까요? 원래 행크는 수컷일 거라고 추정했는데, 잡힌 곰은 암컷이었어요. 행크가 여러 마리일 수도 있어요. 한 마리가 잡혀서 동물 보호소에서 지내는 동안, 다른 행크들은 뻔뻔하게 도둑질을 계속할지도 모르죠.

청소년 티라노사우루스의 마지막 식사

공룡 뒷다리라면 어때요? 저녁 식사로 딱 좋겠지요. 적어도 어느 어린 고르고사우루스에게는 그랬어요. 이 공룡은 약 7500만 년 전 새처럼 생긴 작은 공룡의 뒷다리 두 개를 삼킨 뒤, 죽음을 맞이했어요. 고르고사우루스는 티라노사우루스의 가까운 친척이에요. 고생물학자들은 캐나다 앨버타주에서 나온 이 공룡 화석의 위장에 든 내용물을 자세히 조사했어요. 죽기 전에 무엇을 먹었는지 알아냈지요. 갈비뼈 사이의 암석을 깎아 내자, 새끼 공룡의 온전한 뒷다리가 드러났어요. 이 포식자가 죽기 얼마 전에 먹이를 먹었다는 뜻이지요. 티라노사우루스류 화석에서 위장 내용물을 발견한 최초의 사례였어요. 이 거대한 육식 동물이 무엇을 먹었을지 궁금해 하는 전문가들에게 중요한 근거가 되었어요.

동물은 색깔을 어떻게 볼까

하늘이 파랗다고요? 많은 조류 종에게 묻는다면 고개를 저을 거예요. 새들에게 하늘은 보라색으로 보여요. 왜 그럴까요? 눈의 독특한 구조 때문이에요. 조류는 자외선도 볼 수 있어요. 사람보다 더 많은 색깔을 더 선명하게 볼 수 있지요. 그래서 우리에게는 남색으로 보이는 하늘이 새에게는 자주색으로 보여요.

사람과 다르게 색깔을 보는 동물은 조류 말고도 많아요. 눈에 원뿔 세포*가 몇 종류 있고 얼마나 많은지에 따라 다르게 보여요. 원뿔 세포는 그 종류마다 가장 잘 반응하는 빛의 파장이 달라요. 사람은 원뿔 세포가 세 가지 있어요. 각각 파란빛, 초록빛, 빨간빛에 가장 잘 반응하지요. 우리 뇌는 눈의 원뿔 세포들과 협력해서 수백만 가지 색깔을 구별해요. 한편 어떤 새는 원뿔 세포가 다섯 가지나 되어서 우리보다 더 많은 색깔을 구별해요. 꿀벌은 자외선, 초록빛, 파란빛을 잘 보는 원뿔 세포들이 있어서 자주석, 보라색, 파란색 꽃을 가장 잘 찾아요.

반면에 우리보다 색깔을 훨씬 적게 보는 동물 종도 있어요. 개는 원뿔 세포가 두 가지여서 파란빛과 노란빛만 봐요. 나머지는 회색으로 보이지요. 쥐도 원뿔 세포가 두 가지여서 세상을 파란색과 초록색, 두 가지 색으로 봐요.

이렇게 보는 색깔이 저마다 달라도, 살아가는 데 크게 불리한 동물은 없어요. 시간이 흐르면서 각 종은 눈에 보이는 색깔에 상관없이 살아가는 데 도움을 주는 다양한 적응 형질들을 갖추니까요.

*원뿔 세포: 빛을 받아들이고 색을 구별하는 시각 세포.

고양이는 거의 300가지 얼굴 표정이 있다?

동물도 표정이 있느냐고요?

이 고양이들을 좀 보세요. 고양이의 표정은 행복에서 분노에 이르기까지 거의 300가지나 된다는 연구 결과가 있어요. 미국 캘리포니아주의 한 연구자는 고양이 카페에서 몇 달 동안 고양이들이 어떻게 상호 작용을 하는지 관찰했어요. 턱 벌어짐, 입술 모양, 코 핥기, 귀 위치 등 고양이 얼굴의 움직임을 분석한 끝에, 연구자는 다양한 표정을 알아냈어요. 표정은 대부분 두 가지 범주에 속했어요. 호의적이거나 공격적인 표정이에요. 고양이가 고고하고 무심하다고 생각하는 사람들도 있지만, 이 연구는 고양이가 사실은 꽤 다정다감한 친구임을 확인해 줘요.

물에 띄운 태양 전지판

태양 전지판을 뗏목에 얹어서 호수나 저수지에 띄우면 어떨까요? 이러한 상상을 실제로 적용한 사람들이 있어요. 재생 에너지를 생산하는 방법을 새롭게 개발한 거예요. 물에 뜨는 부유식 태양 전지판은 현재 세계 각지에서 쓰이고 있어요. 안전하고 생태 친화적인 방식으로 햇빛에서 전기를 생산하는 방법이지요. 공간도 많이 절약해요. 농사나 건물을 지을 수 있는 땅에 태양 전지판을 설치하는 대신에, 호수나 저수지에 띄우면 되니까요. 물에 띄우는 태양 전지판은 이로운 점이 하나 더 있어요. 수면에서 산란되는 빛까지 흡수하므로 육지에 설치한 것보다 전력을 10~20퍼센트 더 생산할 수 있거든요.

4만 6000년 동안 꽁꽁 얼어붙었어도 살아 있는 회충

회충 중 적어도 한 종은 초능력을 갖고 있어요. 얼음에 갇힌 채로도 수만 년 동안 살아 있는 능력이지요! 시베리아 영구 동토층의 4만 6000년 된 얼음덩어리에 들어 있던 회충이 얼음을 녹이자 꿈틀거리며 살아났어요. 어떻게 살아 있었을까요? 전문가들은 이 회충이 삶과 죽음의 경계에 있는 휴면 상태로 생존했다고 말해요. 휴면 상태에서는 물도 산소도 없이 극단적인 온도에서도 버틸 수 있고, 환경이 좋아지면 다시 활동할 수 있어요. 회충이 수십 년을 휴면 상태로 존재할 수 있다는 사실은 전부터 이미 알려져 있었지만, 이 발견으로 그보다 훨씬 더 오랜 세월을 견딜 수 있다는 것이 드러났어요.

2026 기억해야 할 기념일

세계 미술의 날

그림, 공예, 조각 등
다양한 미술을 통해
창의성을 마음껏
펼쳐 봐요.

4월 15일

세계 점자의 날

시각 장애인의 삶에 중요한
역할을 하는 점자를 알리고
점자의 창안자, 루이 브라유의
생일을 기념하는 날이에요.

1월 4일

세계 춤의 날

춤이라고 볼 수 있는
온갖 몸짓으로
자신의 춤 실력을
펼쳐 봐요!

4월 29일

2026년 동계 올림픽

세계 최고의 운동선수들이
이탈리아 밀라노와
코르티나담페초에 모여서
2주 동안 경기를 펼쳐요.

(더 알고 싶으면
348-349쪽을 보세요.)

2월 6~22일

국제 우정의 날

소중한 친구들에게 응원하는
마음을 담은 메시지를 보내요.
친구들도 답장으로
응원할 거예요.

7월 30일

13일의 금요일

올해는 3번이나 있어요!
2015년 이래 처음으로 13일의
금요일이 세 번 있는 해예요.

**2월 13일, 3월 13일,
11월 13일**

세계 채식인의 날

채식을 권장하기 위해 정한 날이에요.
이날만큼은 과일과 채소 위주로
식사해 봐요.

10월 1일

세계 야생 동물의 날

내가 좋아하는 동물을 향한
사랑을 표현해 봐요. 멸종
위기나 위험에 처한 동물에게는
큰 관심을 쏟기로 해요.

3월 3일

세계 친절의 날

작은 친절은 이 세상을
더 행복하고 좋은 곳으로
만드는 데 큰 힘이 되어요.

11월 13일

지구만 한 외계 행성

지구를 이해할 단서를 줄 수 있을까?

우주는 놀라움이 가득해요. 한 예로, 우리 태양계 바로 뒷마당에서 태양 비슷한 별을 도는 지구만 한 행성이 발견되었어요. 약 73광년 떨어져 있는 외계 행성 'HD 63433 d'는 하나의 별 주위를 돈다는 점도, 모양과 크기도 지구와 비슷해요. 하지만 아주 큰 차이점이 있어요. 이 행성은 자전 주기와 공전 주기가 같아서 행성의 한쪽만 늘 별을 향한다는 거예요. 그래서 별을 향하는 쪽은 온도가 1260도까지 오르는 반면, 반대쪽은 언제나 춥고 컴컴해요. 과학자들은 지구가 어떻게 형성되고 진화했는지 알려 줄 단서를 얻고자 이 행성을 연구해요.

말 그대로 도로에서 충전하기!

전기 자동차를 충전하러 세워 둘 필요가 없다고 상상해 봐요. 도로를 달리는 동안 알아서 충전이 된다면요? 시멘트에 전기를 저장할 수 있는 기술 덕분에 머지않아 가능해질 수도 있어요. 연구자들은 시멘트 블록에 탄소 물질을 결합해 전기를 통하게 할 방법을 개발하고 있어요. 이 방법을 쓰면 집에서도 콘크리트 토대로부터 전기를 얻을 수 있을 거예요. 이런 콘크리트로 만든 도로는 재생 에너지를 저장했다가 달리는 전기 자동차에 전달할 수 있어요. 스마트폰을 무선 충전하는 것과 비슷해요. 규모가 더 클 뿐이에요.

데굴데굴 앞구르기 하는 뱀

미끄러지듯 나아가는 뱀은 잊어요. 일부 뱀은 앞구르기로 이동해요! 동남아시아의 난쟁이갈대뱀은 꼬리로 땅을 밀어서 공중으로 뛰어 오른 뒤, 몸을 둥글게 말아서 앞으로 구르는 독특한 움직임을 보여요. 과학자들은 이 뱀이 단순히 공중 곡예를 하는 것이 아니라고 생각해요. 위협을 받을 때 시간을 벌기 위해 하는 동작일 가능성이 높아요. 포식자를 혼란스럽게 하는 전략이죠! 쉭쉭, 데굴데굴!

위대한 발견과 혁신

중국 상하이에서 열린
세계 인공 지능 대회에서
로봇들이 춤을 추고 있어요.

21세기의 가장 놀라운 발견과 혁신 10가지

거의 매일같이 새로운 발견이 이루어지는 가운데,
그 영향이 수백 년은 미칠 만큼 아주 특별한 발견도 있어요.
전 세계에 중요한 변화를 일으키고, 새로운 연구와 기술과
문화적 변화를 낳지요. 최근에 이루어진 위대한 혁신 10가지를 살펴봐요.

건강

연도: 2001년

발견과 혁신: 인간 유전체 지도 작성

아주 야심 찬 목표였어요. 사람의 유전자는 약 2만 5000개이고, DNA라는 화학 물질에 들어 있어요. DNA의 염기 서열 전체를 유전체(게놈)라고 해요. 2000년대 초에 과학자들은 사람 DNA의 염기 서열을 해독해 냈어요. 염기 서열을 알아냄으로써, 우리 몸에서 일어나는 일을 더 명확히 이해하고, 질병의 새로운 치료법을 찾아내고, 의학 발전의 새 장을 열었지요.

이 일은 2003년에 끝났지만, 인간 유전체 지도를 그리는 작업은 지금도 계속되고 있어요. 과학자들은 인간 유전체 서열의 가장 완벽하고 정확한 지도를 완성하기 위해서 아직 남아 있는 빈칸을 계속 채우고 있어요. 어떤 희망을 품고 계속하는 것일까요? 우리는 인체, 질병의 기원, 치료법을 계속해서 더 알아낼 수 있을 거예요.

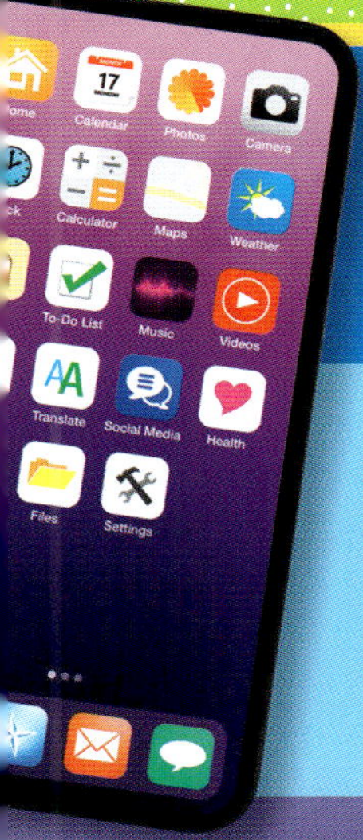

통신

연도: 2007년

발견과 혁신: 스마트폰

스마트폰 없는 삶을 상상할 수 있나요? 대략 2007년까지는 스마트폰이 없는 사람이 대부분이었어요. 애플이 아이폰의 첫 모델을 내놓자 약 600만 대가 팔렸고, 스마트폰은 우리의 일상생활을 바꾸었어요. 곧 다른 기업들도 스마트폰을 내놓았어요. 인터넷을 하려면 집에서 컴퓨터를 켜야 하는 대신에, 그저 주머니나 가방에서 스마트폰을 꺼내면 되었지요. 곧 메신저 앱, 영상 통화, 언제 어디에서든 간에 검색할 수 있는 기능이 마련되면서 사람들이 의사소통을 하는 방식이 영구히 바뀌었어요. 현재 세계 인구의 약 86퍼센트가 스마트폰을 써요.

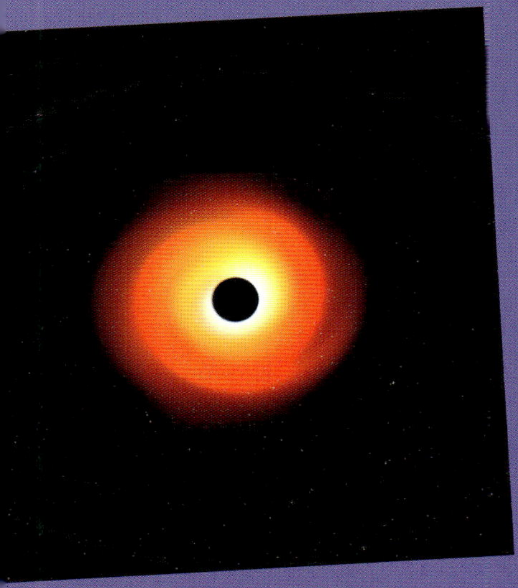

우주

연도: 2015년

발견과 혁신: 중력파

2015년 초에 레이저 간섭계 중력파 관측소(LIGO)가 최초로 중력파를 직접 측정하는 데 성공했어요. 중력파는 눈에 보이지 않고 대단히 빠르게 이동하는 우주의 주름이에요. 광속(초속 30만 킬로미터)으로 이동하는 이 파동은 두 블랙홀이 충돌하거나 별이 폭발할 때처럼 우주 공간에서 무엇인가가 극도로 빠르게 움직일 때 생겨요. 빠르게 나아가는 배가 주위로 물결을 일으키는 것과 비슷한 현상이지요. 다만 중력파는 나아가면서 앞에 있는 모든 것을 압축했다가 늘린다는 점이 달라요. 중력파는 1916년에 알베르트 아인슈타인이 이론을 내놓으면서 알려졌는데, 거의 100년 만에 실제로 확인된 거예요.

고생물학

연도: 2010년

발견과 혁신: 공룡의 진짜 색깔

놀라운 사실이 있어요. 공룡은 녹색과 갈색만이 아니었어요! 2010년 과학자들은 처음으로 공룡의 몸 전체 색깔을 재구성했어요. 첨단 영상 기술을 써서 비늘, 피부, 깃털에 색깔을 입히는 천연 색소인 멜라닌을 비롯해서 화석의 내부를 아주 세밀하게 조사할 수 있었어요.

과학자들이 아직 모르는 것도 많아요. 오늘날의 동물처럼 공룡도 위장, 의사소통, 짝을 꾀는 용도로 색깔을 이용했을까요? 이러한 관점에서 공룡을 보면, 공룡들이 어떻게 행동하고 상호 작용을 했는지를 더 깊이 이해할 수 있을 거예요.

카우딥테릭스

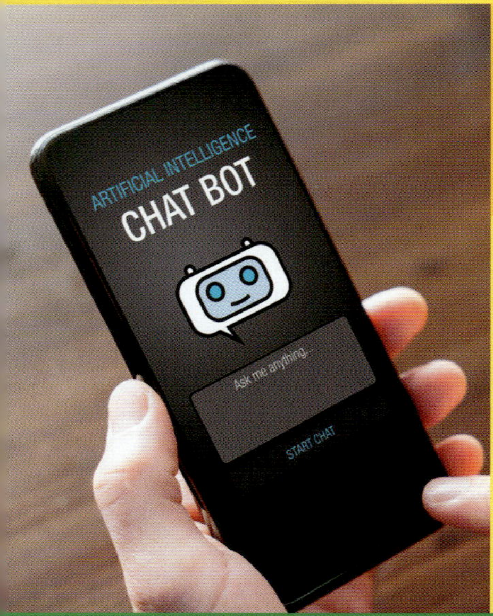

기술

연도: 2010년

발견과 혁신: 일상생활 속 인공 지능

"알렉사, 오늘 날씨는 어때?" 얼마 전만 해도 사람들은 가정용 로봇에게 이런 단순한 질문도 할 수 없었어요. 일상생활에서 인공 지능을 이용하는 것은 먼 미래의 일인 줄 알았지만, 2010년 애플이 시리를 내놓으면서 현실이 되기 시작했어요. 인공 지능을 활용한 가상 개인 비서인 시리는 일정을 관리하고, 간단한 질문에 답하고, 일기 예보를 알려 주는 등 단순한 일을 해요. 2014년 아마존은 음성으로 통제하는 가상 비서 서비스인 알렉사와 연결된 에코라는 스마트 스피커를 내놓았어요. 에코는 독립형 장치라서 집 안 어디에나 놓고 쓸 수 있어요.

자연과 환경

연도: 2023년

발견과 혁신: 100퍼센트 재생 에너지로 운영되는 섬

한 나라가 재생 에너지만으로 가동될 수 있을까요? 에스파냐령 카나리아 제도에서 가장 작은 섬인 엘이에로섬이라면 '예'라고 답할 수도 있어요. 풍력과 수력만으로 28일 동안 생활한 적이 있거든요. 주민 1만 1000명은 재생 에너지 사용을 계속할 수 있도록 노력하고 있어요. 이렇게 애쓰는 이유가 있어요. 멀리 떨어져 있는 섬이기에 전력을 자급자족하는 것이 대단히 중요하거든요. 섬 밖에서 연료를 들여오려면 많은 시간과 노력이 필요하니까요. 지금은 섬의 주요 수력-풍력 발전소에서 충분한 전기를 생산해서 디젤 연료 사용을 대폭 줄이고 지구 온난화를 일으키는 오염에 대처하려고 노력하고 있어요.

동물

연도: 2022년

발견과 혁신: 플라스틱을 분해하는 곤충

어느 날 자기 벌통을 살피던 과학자는 꿀벌부채명나방 애벌레를 몇 마리 잡아서 비닐 봉지에 담아 두었어요. 나중에 보니 그 봉지에 구멍이 뚫려 있었어요! 애벌레는 비닐을 갉아 먹기만 한 것이 아니었어요. 애벌레의 침이 봉지의 플라스틱 분자를 실제로 분해했어요. 이 침에는 땅에 묻었을 때 분해에 아주 오랜 세월이 걸리는 플라스틱인 폴리에틸렌을 녹이는 효소가 들어 있다는 게 밝혀졌어요.

꿀벌부채명나방 애벌레가 보여 준 생물학적 재활용 능력은 언젠가 플라스틱 오염을 줄이는 데 도움이 될 거예요. 이 애벌레 수백만 마리를 플라스틱 더미에 뿌리는 것이 가장 지속 가능한(또는 빠른) 해결책은 아니겠지만, 실험실에서 이 애벌레의 효소를 만들어 낼 수 있을 거예요.

과학

연도: 2022년

발견과 혁신: 핵융합 점화

2022년에 과학자들은 거의 무한정 얻을 수 있는 에너지를 향해 한 발짝 더 다가갔어요. 어떻게 가능하냐고요? 바로 핵융합 점화를 해냈거든요. 핵융합에 들인 에너지보다 더 많은 에너지를 생산하는 반응이에요. 연구진은 특수한 실험실에서 수소 원자들을 뭉친 작은 덩어리를 레이저로 가열했어요. 뜨겁게 가열된 수소 원자들이 융합해서 헬륨 원자가 되었어요. 핵융합이 일어나면서 엄청난 에너지가 뿜어졌고요. 이 실험은 겨우 200억 분의 1초 만에 끝났지만, 영구히 영향을 미칠 거예요.
이 실험은 핵융합 점화가 가능함을 보여 주었어요. 이렇게 얻는 에너지는 화석 연료도 태우지 않고 해로운 온실가스도 배출하지 않아서, 앞으로 기후 변화에 맞서는 데 도움이 될 수 있어요. 그러면 일거양득이죠.

왕궁을 발견한 이야기도 해 볼까요. 2022년 고고학자들은 세계 최초의 도시 중 하나가 있었다고 여겨지는 곳에서 4500년 된 왕궁의 흔적을 발견했어요. 기르수라는 고대 도시를 뒤덮고 있던 이라크 사막의 모래를 걷어 내자 왕궁의 일부였을 진흙 벽돌로 된 벽이 드러났어요. 발굴단은 기호와 문자를 새긴 섬세한 조각과 석판, 신전도 발굴했어요. 고대 수메르 문명이 대단히 복합적이고 혁신적이었다는 증거가 되지요. 연구자들은 이 고대 왕궁을 계속 발굴하면 사라진 고대 세계의 비밀을 더 밝혀낼 수 있으리라고 기대해요.

고고학

연도: 2022년

발견과 혁신: 4500년 전의 왕궁 발견

역사

연도: 2023년

발견과 혁신: 고대 매장지

2015년에 내셔널지오그래픽 탐험가 리 버거는 남아프리카 공화국의 라이징스타 동굴에서 놀랍게도 새로운 인류 조상 종의 뼈대를 발견했어요. 이 종에 호모 날레디라는 이름이 붙여졌고, 조사가 시작됐지요. 2023년, 버거의 연구팀은 호모 날레디가 죽은 이를 동굴 안에 꼼꼼하게 매장한 증거로 보이는 장소를 발견했다고 발표했어요. 약 10만 년 전 인류 조상들의 매장지를 처음으로 찾아낸 거예요. 연구팀의 이러한 해석은 호모 날레디가 어떻게 살고 어떻게 죽었는지 등의 새로운 의문들을 떠올리게 해요. 버거의 연구팀은 과거를 밝힐 실마리를 찾아서 화석과 발굴지를 계속 조사하고 있어요(24쪽 참조).

뼈의 동굴

내셔널지오그래픽 탐험가 리 버거가 일생일대의 발견을 한 곳을 우리에게 안내해요.

버거의 딸 메건(위)과 연구원 릭 헌터가 남아프리카 공화국 라이징스타 동굴의 좁은 통로를 살펴보고 있어요.

지난 2013년 아마추어 동굴 탐험가 두 명이 남아프리카 공화국 라이징스타 동굴의 깊은 곳에서 사람의 뼈대로 보이는 것을 발견했어요. 탐험가들이 좁은 통로를 따라 줄을 타고 약 30미터 내려가니 작은 방 같은 곳이 나왔어요. 먼지 쌓인 바닥에는 화석들이 널려 있었지요. 탐험가들은 그 뼈들을 사진으로 찍었고, 이윽고 고인류학자인 리 버거 박사에게 전했어요. 버거는 방과 통로가 미로처럼 펼쳐진 이 동굴로 들어갈 탐사대를 꾸렸어요.

지하로

버거는 지상에서 탐사를 시작했어요. 동굴은 노트북이 겨우 들어갈 만큼 좁은 곳이 많아서, 안전하게 비집고 들어갈 수 없었거든요. "너무 좁고 아주 위험해요. 그래서 몸집이 작고 아주 경험이 많은 동굴 탐험가와 연구자를 모집했어요."

먼저, 탐사대원들은 중요한 사진, 유물, 정보를 수집해서 버거에게 전달했어요. 첫 번째 중요한 발견은 무엇이었을까요? 바로 전혀 알려지지 않았던 종인 호모 날레디의 뼈였어요. 이들은 기존에 인류가 출현했다고 알려진 시기보다 훨씬 앞선 50만 년 전에 살았어요. 호모 날레디는 사람의 특징들을 지녔지만, 뇌가 훨씬 작았어요. 뇌가 작으면 지능이 낮다고 여겨지곤 했지요.

고고학자이자 생물인류학자인 마로펭 음페티가 라이징스타 동굴에서 발굴 작업을 이끌고 있어요.

하지만 버거는 호모 날레디가 뇌 크기는 작아도 매우 발달했을지 모른다고 생각했어요. 뼈가 많이 모여 있는 동굴의 방은 매장지였을 수 있고, 매장은 사람만이 한다고 여겨지는 행동이기 때문이에요. 이 이론을 뒷받침하는 다른 증거도 있을까요? 버거는 그 방을 자기 눈으로 직접 봐야겠다고 마음먹었어요.

버거가 동굴의 마지막 수직 통로를 내려가고 있어요.

좁디좁은 틈

"남이 카메라로 찍은 것을 보고서 판단하는 데에는 한계가 있어요. 우리가 품은 의문들에 온전히 답하려면, 내 눈으로 직접 봐야 했지요." 그래서 버거는 몇 달 동안 꼼꼼하게 식단을 조절하고 운동해서 몸무게를 25킬로그램이나 뺐어요. 이제 동굴의 비좁은 통로로 몸을 집어넣을 수 있었죠.

"나는 기어코 들어가긴 했지만, 정말로 힘들었어요. 너무 비좁아서 밧줄을 붙잡고 내려갈 수도 없었어요. 목숨을 걸고 그냥 내려가야 했어요."

새로운 발견

결국 버거는 힘들게 내려간 성과를 얻었어요. 방에 들어가자, 도저히 믿을 수 없는 광경이 펼쳐졌지요. 불을 피운 증거, 벽에 새긴 원시적인 그림을 비롯해 그곳이 묘지일 가능성을 알려 주는 새로운 증거를 발견했어요. 버거는 동굴에서 4시간 넘게 머물면서 자신이 본 모든 것을 말하고 녹음했어요. 자기 입으로 말하면서도 믿을 수가 없었죠. "내 눈으로 보고 있는 놀라운 것들을 내 입으로 말하고 있다는 사실 자체가 믿어지지 않았어요."

버거가 동굴 벽화의 크기를 자로 재고 있어요.

인류 역사를 고쳐 쓰기

동굴을 나온 버거는 자신의 발견이 인류 진화에 관한 기존 이론을 뒤엎으리라 확신했어요. "인류에게 중요한 사건이었죠. 수백 년 동안 우리는 커다란 뇌 덕분에 우리가 복잡하고 예외적인 존재가 될 수 있다고 믿었으니까요. 하지만 뇌만 중요한 것이 아니었어요. 우리보다 훨씬 더 오래전에 다른 종이 장례 의식을 치르고 있었으니까요."

과거를 미래로 불러내기

버거는 첨단 검사 기법과 법의학을 이용해 동굴에서 찾아낸 유물들을 꼼꼼히 조사해서 이 수수께끼의 종에 관해 더 많은 단서를 얻고자 해요. "우리에게는 아직 외계인과 비슷해요. 호모 날레디는 복잡해요. 연구를 통해 그들의 이야기를 더 밝혀내고 싶어요."

호모 날레디의 이야기가 어떻게 드러나든 간에, 한 가지는 확실해요. 버거가 동굴로 다시 들어가는 일은 없을 거예요. "거기에 다시 들어가고 싶지는 않아요. 너무 위험해요. 내 평생에 한 번 경험한 것으로 충분해요."

호모 날레디를 재현한 모습

연구진이 호모 날레디 뼈 화석들을 늘어놓고 있어요.

어떻게 하면 화석을 찾아낼까?

리 버거는 아홉 살 난 아들 매튜와 함께 남아프리카 공화국 요하네스버그에서 화석을 찾고 있었어요. 그러다가 매튜가 커다란 갈색 돌에 걸려 넘어졌는데, 거기에서 노란 뼈가 살짝 튀어나온 것을 보았어요. 화석을 발견한 거예요. 게다가 여느 화석이 아니었어요. 인류 조상의 뼈 화석이었어요. 매튜 덕분에 발견한 이 화석은 곧 '오스트랄로피테쿠스 세디바'라고 학계에 보고되었어요.

화석을 찾기란 쉽지 않지만, 어디를 찾을지 알면 돌과 흙 사이에서 화석을 찾을 수 있어요. 남아프리카 공화국 프리스테이트주에서 버거가 화석을 찾는 과정에 쓰는 단서들을 알아볼까요.

1 화석이 있을 곳을 훑기

버거는 침식이 일어나서 주변보다 더 오래된 암석이 땅 위로 드러나 있는 곳을 찾아요.

2 범위를 좁히기

이제 범위를 좁혀서 침식된 흙에서 삐죽 튀어나온 화석이 있는지 훑어요.

버거는 이상하거나 특이한 것을 찾아요.
주변 흙과 색깔이 다른 암석 같은 것들을 찾지요.
여기서는 하얀 얼룩 같은 것을 찾아냈어요.

3 눈에 띄는 것이 있을까?

4 다가가 들여다보기

버거가 가까이 다가가자,
고대 영양의 아래턱뼈처럼
생긴 것을 보았어요.

5 자세히 살펴보기

버거는 이빨의 반들거리는
법랑질과 더 옅은 색깔의
뼈를 알아볼 수 있었어요.
이 턱뼈는 10만여 년 전의
것이에요.

우주를 새롭게 보는 하늘의 눈

세계에서 가장 성능이 좋은 망원경으로 찍은 천체 사진들을 살펴봐요.

제임스 웹 우주 망원경(이하 제임스 웹)은 지금까지 만들어진 우주 망원경 중 가장 크고 가장 성능이 뛰어나요. 2022년부터 지구로 영상을 보내오고 있어요. 천문학자들이 깜짝 놀라는 영상들이지요.

보통의 망원경은 사람의 눈을 더 강력하게 만드는 역할을 해요. 사물에 부딪쳐 반사되어 돌아오는 가시광선을 더 잘 볼 수 있지요. 가시광선은 우리 뇌가 볼 수 있는 빛이에요. 그런데 제임스 웹은 달라요. 우리가 볼 수 없는 적외선을 감지해요. 그래서 태양계 행성처럼 가까운 천체를 훨씬 더 상세히 볼 뿐 아니라, 더 먼 우주까지 볼 수 있어요. 어떻게요? 제임스 웹은 보통 망원경으로는 볼 수 없는 아주 먼 천체에서 오는 적외선을 감지하거든요.

사실 제임스 웹은 아주 멀리 있는 천체가 처음 빛을 뿜었을 때 나온 적외선도 찾아낼 수 있을 만큼 강력해요. 빛이 저 먼 우주에서 지구까지 오는 데는 아주아주 긴 시간이 걸려요. 제임스 웹으로는 130억여 년 전에 생긴 최초의 별, 은하, 행성에서 나온 빛도 볼 수 있다는 얘기예요.

타란툴라성운

성운은 새로운 별이 태어나는 별의 신생아실이에요. 일반 망원경으로 타란툴라성운을 보면 별 먼지로 이루어진 거미 다리가 달린 것처럼 보여요. 그런데 제임스 웹으로 이 성운에서 갓 태어난 별 수만 개를 찾아냈어요. 사진에 보이는 파란 점 같은 것들이 다 새로운 별이에요.

해왕성

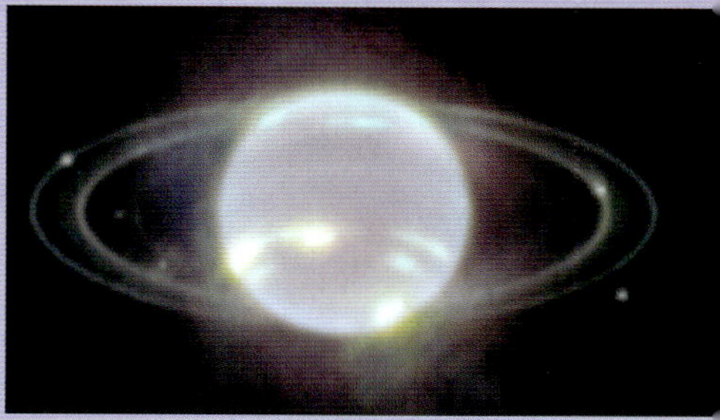

과학자들은 해왕성도 토성처럼 고리가 있는 것을 알고 있었어요. 하지만 해왕성의 고리는 잘 보이지 않았지요. 제임스 웹으로 드디어 해왕성의 고리가 매우 뚜렷이 보이는 사진을 찍었어요. 먼지와 암석으로 이루어진 이 고리는 아마 위성이 부서져서 생겼을 거예요.

수레바퀴은하

과학자들은 커다란 나선 은하가 강력한 힘으로 더 작은 나선 은하에 충돌하면서 이 은하가 생겼다고 해요. 두 고리 사이에 나선 팔들이 걸쳐서 이 은하가 수레바퀴 모양이 되었다고 생각하지요. 제임스 웹으로 이 은하 안의 별까지 볼 수 있어요.

목성

제임스 웹으로 찍은 이 목성 사진에서는 대적점이 햇빛을 반사해서 하얗게 보여요. 대적점은 목성의 폭풍인데 지구보다 더 커요. 목성의 남북극에 보이는 녹색과 빨간색은 오로라예요. 지구의 북극권에서 볼 수 있는 북극광(오로라)과 비슷해요.

제임스 웹 우주 망원경

제임스 웹은 현재 지구에서 약 160만 킬로미터 떨어진 곳에서 태양 궤도를 돌아요. 높이가 이층집만 하고, 중앙의 금박 거울을 이용해서 멀리 있는 희미한 천체까지 볼 수 있어요. 테니스장만 한 마름모꼴 차폐막은 망원경의 민감한 장비를 보호해요.

내가 만드는 우주 망원경

밤하늘을 잘 보고 싶은데 망원경이 없다고요?

직접 만들면 돼요. 내 손으로 만든 망원경으로 멋진 밤하늘을 들여다본다면 더 멋지겠죠? 어떤 별자리를 찾을 수 있는지 몇 가지만 얘기하고 시작해 볼까요?

재미있는 사실

달에 간 우주 비행사들이 달 표면에 남긴 발자국과 타이어 자국은 영구히 남아 있을 거예요. 달에는 자국을 씻어 낼 바람도 비도 없으니까요!

준비물

- 두루마리 휴지 심 2개
- 물감(좋아하는 색깔로 고르세요)
- 붓
- 가위
- 셀로판테이프
- 볼록 렌즈 2개 (돋보기에서 떼어 내거나 부모님께 얘기해서 사 와요)

순서

1. 휴지 심을 물감으로 칠한 뒤 말려요.
2. 안쪽 경통을 만들어요. 가위로 휴지 심 한 개를 길이 방향으로 죽 잘라요. 잘린 부위를 살짝 겹쳐 놓고서 셀로판테이프로 붙여요.

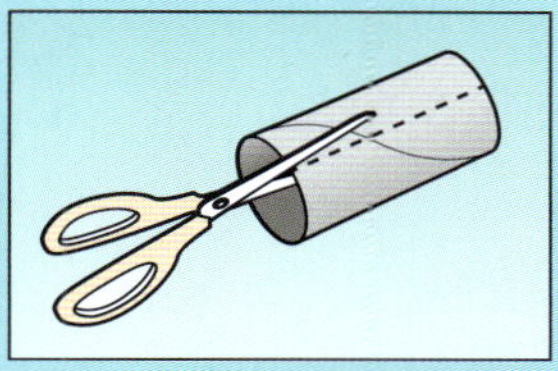

3. 이 경통을 다른 휴지 심에 끼워요. 딱 들어맞으면서 잘 미끄러지는지 확인해요. 안 맞으면, 셀로판테이프를 떼어 내고 다시 맞춰서 붙여요.

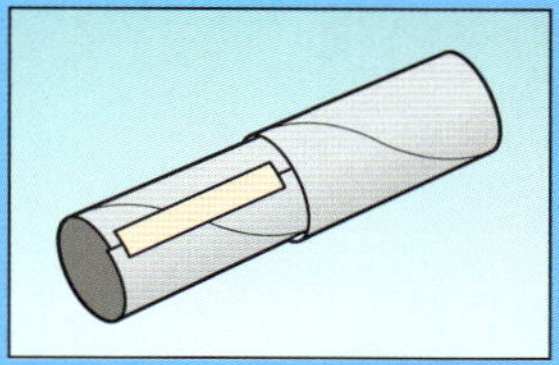

4. 양쪽 심의 바깥쪽 끝에 볼록 렌즈를 붙여요. 렌즈가 너무 가려지지 않도록, 렌즈 가장자리에만 셀로판테이프를 붙여요.
5. 망원경을 들어서 안쪽 경통 끝을 눈 가까이 대요. 이제 망원경 끝을 밤하늘의 천체로 향해요(태양을 향하면 절대로 안 돼요!). 안쪽 경통을 밀거나 빼면서 초점을 맞추어요.

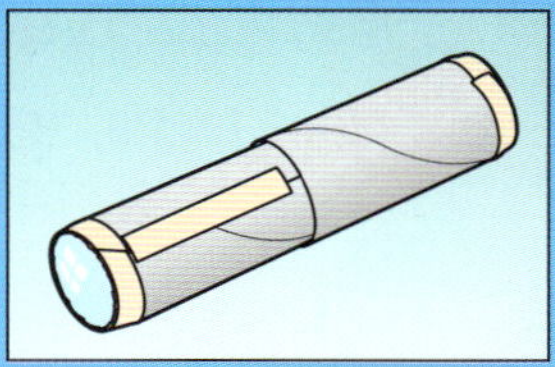

예상 제작 시간: 약 40분

별을 행성과 구별하는 방법

밤하늘의 천체가 별인지 행성인지 구별하는 간단한 방법은 지켜보는 거예요. 별은 반짝이고, 행성은 반짝이지 않거든요. 먼 별에서 오는 빛은 약해서 지구 대기에 부딪쳐 굴절이 일어나면 반짝거리는 것처럼 보여요. 행성은 별보다 훨씬 더 가까이 있어서 빛 굴절의 영향을 덜 받아요.

잠깐 퀴즈!

위대한 발견과 혁신을 잘 알게 되었나요? 이 퀴즈를 풀면 알 수 있어요!

답을 종이에 적은 뒤, 아래 정답과 비교해 봐요.

1. **참일까, 거짓일까?** 스마트폰은 2017년에 처음 나왔어요. (   )

2. **화석을 찾고 싶다면, __________ 을(를) 뒤져 본다.**
   a. 숲
   b. 침식된 지역
   c. 동물 배설물
   d. 습지

3. **2022년에 고고학자들은 중동에서 4500년 된 __________ 을(를) 발견했다.**
   a. 이발소
   b. 학교
   c. 동물원
   d. 왕궁

4. **참일까, 거짓일까?** 목성에도 지구의 북극광 같은 오로라가 생겨요. (   )

5. **제임스 웹 우주 망원경은 지구에서 약 __________ 떨어진 곳에서 태양 궤도를 돈다.**
   a. 160킬로미터
   b. 1600킬로미터
   c. 160만 킬로미터
   d. 16억 킬로미터

너무 쉽다고요?
다음 장에 나오는 퀴즈에도 도전해 봐요!

정답: ① 거짓, ② b, ③ d, ④ 참, ⑤ c

이렇게 해 봐요!

편지 잘 쓰는 법

편지를 잘 쓸 줄 알면 많은 도움을 얻을 수 있지요. 누군가에게 자기 생각을 이해시키고 상대를 설득하고 싶을 때 편지는 쓸모가 있어요. 국회 의원에게 이메일을 보내거나 학교 과제를 위해 자료 요청 메일을 쓰거나 할머니께 편지를 쓸 때, 편지를 잘 쓰면 말하고자 하는 바를 상대방에게 전달하는 데 많은 도움이 돼요.
가장 중요한 점은 잘 쓴 편지가 좋은 인상을 준다는 거예요.

아래 사례를 보고 좋은 편지의 구성 요소가 무엇인지 살펴볼까요?

받는 사람
편지를 받는 사람의 이름을 쓰고 "께"나 "에게"를 붙여요.

리치먼드리버 공원의 직원께

인사말
"안녕하세요.", "안녕." 인사하고 보내는 사람이 누군지 써요.

안녕하세요.

들어가는 말
편지를 쓰는 이유를 간단히 제시해요.

조언을 듣고자 이 편지를 씁니다. 우리 집 뒤뜰에
야생 동물이 오게 할 방법을 알려 주시길 부탁드려요.

본문
편지에서 가장 긴 부분이며, 자신의 생각을 뒷받침하는 증거를 제시해요. 설득력 있게 써요!

리치먼드리버 공원은 제가 즐겨 찾는 곳이에요. 거의 매달 가족과 함께 찾아가요.
갈 때마다 온갖 새, 개구리, 다람쥐 같은 동물을 만나기 때문에 정말 기뻐요.
북부홍관조는 제가 가장 좋아하는 새예요!
지난번에 갔을 때, 한 직원분이 공원에서 보는 동물 중 많은 종이 우리 집
주변에도 살고 있다고 알려 줬어요! 북부홍관조가 우리 뜰에 오게 하려면,
그들이 뭘 먹고 어느 식물에 둥지를 트는지 알아내라고 했어요.
그리고 그 식물을 우리 뜰에 심을 수 있도록 부모님께 말씀드리라고 했어요.
제가 알고 싶은 것은… 북부홍관조는 뭘 잘 먹나요? 둥지는 어떤 식물에 짓나요?
또 추천하는 식물은 어디에서 구할 수 있나요?

맺는말
자신의 주장을 요약해요.

조언대로 북부홍관조가 먹이를 찾고 새끼를 기를 수 있는 환경을 마련하고
싶어요. 그러면 제가 좋아하는 새들이 원할 때마다 우리 집 가까이에 오겠지요!

인사말
"감사합니다.", "건강하시기를." 같은 인사말로 끝내요.

시간을 내어 읽어 주셔서 감사합니다.

날짜

2026년 5월 1일

서명

캐머런 로페즈 올림

맺는 인사말 예시

감사합니다. 고맙습니다.
즐거운 일이 가득하시기를 빕니다.
행복하세요.

동물의 세계

인드리원숭이는 마다가스카르섬에 사는
나무를 기어오르는 여우원숭이류 중
가장 큰 종이라고 해요.

아주 특별한 동물들

파도타기를 하는 개

애비걸과 반려인
마이클 유가
물로 들어가요.

애비걸이 사람 옆에서
파도를 타고 있어요.

미국 캘리포니아주 퍼시피카

이 개는 파도를 타는 법을 아주 잘 알아요. 정말이에요! 오스트레일리안켈피 품종인 애비걸은 2년 연속으로 세계 개 서핑 대회에서 우승했어요. 가장 큰 파도를 가장 오래 탔거든요. 심판인 찰리 케일은 말했어요. "애비걸은 모든 항목에서 최고점을 받았어요."

반려인인 마이클 유는 애비걸을 입양한 뒤 해변에 데려가곤 했어요. 이윽고 물에 친숙해진 애비걸은 서프보드에 올라탔어요. "켈피는 양의 등으로 뛰어올라 양들 위로 달리면서 양 떼를 모는 목양견이에요." 유는 그런 본능이 애비걸이 서프보드를 타고 균형을 잡는 데 도움이 됐을 것이라고 봐요. 애비걸은 발톱을 콱 박을 수 있도록 부드러우면서 더 가볍고 얇은 맞춤 보드를 타요. 이렇게 멋진 개에게 물에 젖은 냄새가 난다고 누가 뭐라고 하겠어요?

산불을 막는 염소

미국 캘리포니아주 휘티어

캘리포니아에서 산불은 사람과 동물의 건강을 심각하게 위협했어요. 산불이 퍼지기 전에 막을 방법을 고심하던 사람들에게 뜻밖의 도우미가 나타났어요. 바로 염소예요! 염소가 산불에 무슨 도움이 되느냐고요? 염소는 흑겨자라는 침입종 식물을 뜯어 먹을 수 있어요.

흑겨자는 1700년대에 에스파냐에서 캘리포니아로 건너왔어요. 이 외래종 식물은 키가 2.4미터에 이를 만큼 아주 잘 자라고 토착 식물을 밀어내요. 죽기 전에 엄청난 양의 씨를 맺어요. 씨는 싹터서 새 식물로 자라고, 죽어서 말라붙은 식물은 산불의 연료가 돼요.

염소는 흑겨자를 신나게 뜯어 먹어요. 다른 동물이나 사람이 갈 수 없는 가파른 비탈도 자유롭게 돌아다니지요. 게다가 염소의 강한 창자를 통과해 배설된 씨는 제 역할을 못 해요.

염소를 빌려주는 회사의 사장인 앨리사 코프는 말했어요. "염소 똥에 섞여 나온 씨는 싹이 안 터요." 염소가 소방관 맞네요!

캘리포니아주에서 산불 방지 요원으로 고용된 염소가 식물을 뜯어 먹어요.

값비싼 돼지표 그림

남아프리카 공화국 프란슈후크

피그카소라는 돼지는 비싼 값에 팔리는 그림을 그린 동물이에요. 그림은 구려 2만 6898달러(약 3100만 원)에 팔렸어요. 번 돈 중 일부는 자선 단체에 기부했어요. 이 돼지는 구조되어 보호받는 중에 붓을 입으로 물고서 캔버스를 문지르는 모습이 목격된 뒤에, 그림을 그리는 일을 시작했어요. 비트 뿌리로 만든 잉크에 코를 담가서 작품에 서명도 해요. 남아프리카 공화국의 이 화가는 400점이 넘는 그림을 그렸어요.

피그카소가 남아프리카 공화국의 유명한 테이블산 근처에서 그림을 그리고 있어요.

크나큰 궁금증

우드척다람쥐는 봄이 언제 오는지 예측할 수 있을까요?

우드척다람쥐의 다른 이름은 그라운드호그 또는 북아메리카 마멋이에요. '휘파람 돼지'라는 별명도 있어요.

우드척다람쥐가 굴 밖으로 고개를 내밀어요.

조련사가 필을 들어 보여요.

우드척다람쥐의 날은 한겨울에 있는 가톨릭 축일인 성촉일*과 관련이 있어요. 독일에서는 이날 고슴도치가 날씨를 예측한다고 하지요.

매년 2월 2일에 미국 펜실베이니아 주 펑수토니 주민들은 모여서 우드척다람쥐가 굴에서 나오는지 지켜봐요. 이 다람쥐를 "펑수토니 필"이라고 불러요. 필이 자기 그림자를 보고 깜짝 놀라서 다시 굴로 들어가면, 겨울이 6주 더 이어진다는 속설이 전해져요. 필이 자기 그림자를 안 보면, 봄이 일찍 찾아온다고 해요. 이 날의 전통은 그라운드호그데이라는 이름으로 1887년부터 이어져요.

우드척다람쥐는 매년 겨울잠을 자는데, 수컷은 자기 영역을 차지하려고 늘 2월에 일찍 굴에서 나와요. 따라서 2월에 나오는 것은 그저 우드척다람쥐의 타고난 본능이에요. 그런데 정말로 우드척다람쥐들이 날씨를 예측할 수 있을까요? 자료를 모아 보았더니, 펑수토니 필이 좋은 날씨에 딱 맞게 나온 경우는 40퍼센트에 불과했어요. 동전 던지기와 별다르지 않아요.

* 성촉일: 예수 성탄일로부터 40일째 되는 기념일.

동물 가짜 뉴스!

어떤 사람들은 주머니쥐가 꼬리로 매달리거나 호저가 가시를 화살처럼 쏜다고 믿어요. 이 밖에 다른 가짜 뉴스는 또 뭐가 있을까요? 널리 떠도는 속설을 몇 가지 살펴봐요!

가짜 뉴스 검은 고양이는 불행을 가져온다.

어떻게 생겨났을까 1200년대에 사람들은 나쁜 마녀가 진짜로 있고, 검은 고양이는 마녀와 한통속이라고 믿었어요. 마녀가 검은 고양이로 변신한다고 믿기도 했지요. 전등이 없던 시절에 고양이가 밤에 돌아다니면서 사람들에게 두려움을 안기곤 했기 때문일 수도 있어요. 검은 고양이가 다가오면, 사악한 주문을 걸려 한다고 믿었지요.

사실이 아닌 이유 고양이가 나쁜 마녀로 변신한다고요? 명백히 사실이 아니에요. 또 고양이가 불행을 불러올 수도 없어요. 사실 검은 고양이는 오히려 운이 좋은 동물일 수 있어요. 털을 검게 만드는 유전자는 감염에 맞서는 데 도움을 준다는 연구 결과가 있거든요.

가짜 뉴스 올빼미는 머리를 빙빙 돌릴 수 있다.

어떻게 생겨났을까 올빼미는 두 눈이 앞을 향하지만, 고개를 돌려서 뒤쪽도 직접 볼 수 있어요. 뒤를 볼 때면 부리가 어깨 너머까지 돌아가지요. 더 돌리면 얼굴이 다시 앞을 향하겠지요? 그러니 머리를 빙 돌릴 수 있는 것처럼 보이기도 해요.

사실이 아닌 이유 올빼미는 머리를 한 바퀴씩 돌릴 수 없어요. 하지만 꽤 많이 돌아가기는 해요! 사람이나 다른 동물들과 달리 올빼미는 눈알을 움직이지 못해요. 대신에 머리를 270도까지 돌릴 수 있어요(한 바퀴 돌면 360도예요). 사람이 그만큼 머리를 돌리려고 한다면 피가 목에서 뇌로 가는 동맥이 막혀서 기절할 거예요. 올빼미는 목의 혈관이 특수한 구조를 이루어서 머리를 돌려도 피가 계속 흐를 수 있어요.

가짜 뉴스 두꺼비를 만지면 사마귀가 옮는다.

어떻게 생겨났을까 사마귀는 사람 피부에 혹처럼 돋는 질환으로 아플 수도 있어요. 예전에 사람들은 사마귀가 전염될 수 있다고 여겼어요(지금은 사마귀가 바이러스 때문에 생긴다는 것을 알아요). 그런데 예전 사람들은 두꺼비 피부에 오돌토돌하게 난 혹도 사마귀라고 생각했어요. 그래서 두꺼비를 만지면 사마귀가 옮을까 봐 걱정했죠.

사실이 아닌 이유 두꺼비의 혹은 독액을 만들어 내는 독샘이라는 기관이에요. 이 독액은 포식자에게 안 좋은 맛이고, 포식자를 아프게 할 수 있어요. 두꺼비가 자신을 방어하는 수단이지요. 두꺼비를 만져도 사마귀가 옮지는 않아요. 다만 독 때문에 발진이 생길 수는 있어요. 그러니 건드리지 마요!

너무너무 귀여운 동물들 중에 최고!

독특한 모습, 뛰어난 능력, 놀라운 크기!

모든 동물은 저마다 지닌 특징 덕분에 멋져요. 그중에서도 환한 웃음, 폭신폭신한 털, 넘치는 기운 등으로 보기만 해도 사랑스러운 종들이 있어요. 자, 세상에서 가장 귀여운 동물 15종류를 소개할게요.

가장 몸을 잘 숨기는 줄무늬

오카피의 독특한 무늬는 중앙아프리카의 우림에서 눈에 띄지 않는 데 도움이 돼요. 오카피는 나뭇잎 사이로 햇살이 스며드는 깊은 숲에 살거든요. 몸 뒤쪽의 얼룩말 같은 줄무늬 덕분에 어스름한 숲에서 새끼가 어미 뒤를 놓치지 않고 따라가기 쉬워요.

가장 으스스한 노래

이 귀여워 보이는 새는 오스트레일리아의 얼룩무늬백정새로 아름답게 노래해요. 노래로 제 영역을 알리고 서로 의사소통을 하지요. 하지만 식습관은 으스스해요. 이 새의 가장 오싹한 점이 뭔지 아세요? 도마뱀과 쥐 같은 먹이를 갈기갈기 찢어 먹는다는 거예요.

가장 화려한 색깔

무지개 너머 어딘가에는… 파랑, 주황, 자주, 분홍, 노랑 등 온갖 선명한 색깔을 화려하게 뽐내는 갯민숭달팽이들이 있어요. 이 놀라운 연체동물은 독을 지닌 종이 많아요. 대개 따뜻한 열대 해안에 살며, 선명한 몸 색깔로 포식자에게 다가오지 말라고 경고하지요.

가장 협력을 잘하는 동물

모두 잘했어! 미어캣 새끼들은 태어난 직후부터 대부분의 시간을 함께 다니면서 주변 환경을 탐색하고 놀아요. 미어캣은 아프리카 칼라하리 사막에 살고 사회성이 아주 강해요. 무리 전체가 협력하여 새끼를 공동으로 키우고 지켜요.

최고의 머리 장식

멕시코에서 브라질에 이르는 열대 저지대에 사는 열대왕딱새는 화려한 색깔의 도가머리*를 펼쳐서 짝을 꾀어요. 왕관 같은 이 독특한 머리 깃털 덕분에 왕이라는 단어가 이름에 붙었어요. 파리 같은 곤충을 잡아먹어요.

*도가머리: 새의 머리에 길고 더부룩하게 난 털.

가장 낮잠을 잘 자는 동물

호랑이는 낮잠을 좋아해요! 사실 호랑이는 하루에 약 18시간을 졸아요. 언제든 어디에서든 기회만 생기면 꾸벅꾸벅 졸아요. 왜 그렇게 졸까요? 큰 고양이과 동물들은 양껏 먹은 뒤에는 푹 쉬곤 해요. 다음 사냥 때까지 에너지를 아끼려는 거예요. 자고 일어나면 기력을 회복해서 사냥할 준비가 되어 있겠지요.

최고의 가시를 지닌 동물

가시복의 가시는 포식자에게 "내게 덤비지 마."라고 경고해요. 가시복은 위험을 느끼면 몸을 풍선처럼 부풀려서 몸집이 세 배까지 커져요. 그러면 비늘이 변형된 가시들이 뾰족하게 일어나서 몸을 지키지요.

가장 긴 속눈썹

몸집을 생각하면 코끼리가 육상 동물 중에서 속눈썹이 가장 긴 동물이라는 사실이 그리 놀랍지 않아요. 무려 12.7센티미터에 이르기도 해요! 그뿐 아니라 코끼리는 세 번째 눈꺼풀도 있어서, 기다란 속눈썹과 더불어 먼지와 모래로부터 눈을 보호하지요.

가장 멀리 뛰는 동물

눈표범은 한 번에 무려 15미터를 뛸 수 있어요. 버스 길이보다 더 멀리 뛰지요! 앞다리가 짧고 굵은 한편, 뒷다리가 길어서 멀리 뛰는 데 도움이 돼요.

가장 무거운 두꺼비

울퉁불퉁하고 독이 있는 수수두꺼비는 아주 커요. 원래 남아메리카와 중앙아프리카에 사는데, 여러 지역으로 퍼졌지요. 최근에 오스트레일리아 우림에서 발견된 개체는 몸무게가 약 2.7킬로그램이었어요. 최대 기록이에요.

가장 빨리 자라는 물고기

어린 시절이 아주 짧아요! 아프리카의 청록킬리피시는 부화한 지 약 18일이면 다 자라서 암컷이 알을 낳아요. 동물계에서 가장 빨리 성숙하는 척추동물이에요.

최고의 위장술

여기 있었는데… 어디 갔지? 마다가스카르섬에 사는 야행성 파충류인 잎꼬리도마뱀붙이는 위장 전문가예요. 숲에서 돌아다닐 때 낙엽 같은 꼬리와 나무껍질 같은 피부를 이용해 나무줄기, 낙엽 더미, 나뭇가지 등 식물 어디에나 몸을 잘 숨겨요.

가장 환상적인 깃털

공작 수컷은 늘 당당하게 뽐내요! 대담하게 청록색 꽁지깃을 펼쳐서 짝을 유혹하거나 경쟁자를 위협하지요. 깃털 길이는 1.5미터에 이르러 공작의 몸길이보다 길어요. 그런데 이 깃털은 사실 꼬리가 아니라 공작의 등에서 자란 거예요.

가장 별난 발

오리너구리의 별난 발은 몇 가지 중요한 기능이 있어요. 넓적하고 물갈퀴가 있고 날카로운 발톱이 달린 발은 노처럼 생겼어요. 물에서 발은 실제로 노 역할을 해서 오리너구리는 빨리 효율적으로 헤엄칠 수 있어요. 땅에서는 발톱이 물가에 굴을 파고 기어오르는 데 중요한 역할을 해요. 번식기에 수컷들은 뾰족한 며느리발톱을 써서 싸우기도 해요. 이 발톱에서는 상대를 마비시킬 수 있는 강한 독이 나와요.

가장 멀리 나는 박쥐

나투지우스집박쥐는 엄지만 하게 작지만 아주 멀리 날 수 있어요. 이 박쥐 한 마리가 러시아에서 프랑스 알프스산맥까지 무려 2200킬로미터를 날아 기록을 세웠어요.

분류학이란 무엇일까?

지구에는 수많은 생물이 있기에 사람들은 각각의 생물을 분류할 방법을 찾았어요. 과학자들이 생물을 분류하기 위해 세운 학문을 '분류학'이라고 해요. 모든 생물을 일정한 규칙에 따라서 나누거나 묶는 거지요. 그러면 여러 생물들이 서로 어떻게 같고 다른지를 더 잘 이해할 수 있어요. 지금은 생물을 8단계로 분류해요. 맨 위에 있는 가장 크게 묶은 집단은 '역'이라고 해요. 그 밑으로 계부터 종까지 이어져요.

생물학자들은 진화 역사를 토대로 생물을 분류하며, 생물을 유전 구조에 따라서 3대 역으로 나누어요. 고세균, 세균, 진핵생물이지요(195쪽 '생명의 가장 큰 분류 단위, 역'을 참조해요.).

동물은 어느 역에서 나왔을까?

고슴도치

동물은 진핵생물에 속해요. 몸을 이루는 세포에 세포핵이 들어 있다는 뜻이에요. 분류해서 이름을 붙인 동물은 100만 종이 넘어요. 동물은 '문'이라는 더 작은 집단들로 나뉘어요. 과학자들은 동물을 몸 구조나 등뼈 유무 같은 과학적 기준에 따라서 30문 이상으로 나누어요. 이 분류는 꽤 복잡해서, 덜 복잡하게끔 동물을 크게 두 집단으로 나누기도 해요. 바로 등뼈가 있는 '척추동물'과 등뼈가 없는 '무척추동물'이에요.

분류의 사례
노랑무늬영원

- 역: 진핵생물
- 계: 동물계
- 문: 척삭동물문
- 강: 양서강
- 목: 도롱뇽목
- 과: 영원과
- 속: 노랑무늬영원속
- 종: 노랑무늬영원

분류 체계는 이렇게 기억해 봐요!
"**역**시나 **계**단이 많으면 **문**제야. 다리 힘을 **강**하게 주고 **목**도 세우고 **과**감하게 **속**도를 내어 **종**다리처럼 올라가자."

숫자로 보는 동물 종의 수

전 세계의 야생에서 취약하거나 멸종 위험에 처한 동물은 1만 7658종이 있어요. 분류별로 살펴볼까요.

- **포유류 1338종.** 눈표범, 북극곰, 고기잡이삵 등
- **조류 1354종.** 참수리, 마다가스카르플러버 등
- **어류 3927종.** 메콩자이언트메기 등
- **파충류 1844종.** 일롱드낮도마뱀붙이 등
- **곤충 2415종.** 에페이로스눈반점나비 등
- **양서류 2873종.** 황제영원 등
- **그 외** 거미류 272종, 갑각류 747종, 말미잘과 산호 256종, 조개류 228종, 달팽이와 민달팽이 2216종.

일롱드낮도마뱀붙이

척추동물 등뼈가 있는 동물

어류는 기온에 따라 체온이 변하는 변온 동물이고 물에서 살아요. 아가미로 숨을 쉬고 알을 낳고 대개 비늘이 있어요.

양서류는 변온 동물이에요. 새끼는 물에 살면서 아가미로 숨을 쉬어요. 다 자란 성체는 물 밖으로 나와 허파와 피부로 호흡해요.

파충류는 변온 동물이고 허파로 호흡해요. 땅과 물 양쪽에 살아요.

조류는 체온이 일정한 정온 동물이고 깃털과 날개가 있어요. 알을 낳고 허파로 숨을 쉬어요. 대개 날 수 있어요. 육지나 물 위에 살고, 양쪽을 오가는 새도 있어요.

포유류는 정온 동물이고 허파로 호흡하며 새끼 때 어미의 젖을 먹고 자라요. 피부는 대개 털로 덮여 있어요. 육지나 물에 살아요.

원앙 (조류)

독화살개구리 (양서류)

무척추동물 등뼈가 없는 동물

해면동물은 몸이 아주 단순해요. 물에 살고 스스로 움직이지 못해요.

극피동물은 몸이 가시 모양 골편으로 덮여 있고, 바닷물에 살아요. 불가사리, 성게 등이 있어요.

연체동물은 몸이 부드럽고, 껍데기가 있는 종도 있어요. 육지나 물에 살아요. 오징어, 달팽이 등이 있어요.

절지동물은 수가 가장 많은 동물이에요. 겉뼈대가 있고, 몸이 몸마디(체절)로 이루어져 있어요. 물이나 육지에 살아요. 곤충이나 거미 등이 속해요.

선형동물은 몸이 부드러운 실 모양이고 다리가 없어요. 흙 속에 살아요.

자포동물은 물에 살고, 입 주위에 촉수가 있어요. 해파리가 여기에 속해요.

갯민숭달팽이 (연체동물)

해면 (해면동물)

사마귀 (절지동물)

변온 동물 대 정온 동물 비교하기

변온 동물은 냉혈 동물이라고도 하며, 몸 바깥에서 열을 얻어요.

정온 동물은 온혈 동물이라고도 하며, 바깥 기온에 상관없이 체온을 일정하게 유지해요.

돌아온 동물: 투구게

필리핀 팡가탈란섬 해양 보호 구역

가시 달린 꼬리, 투구 모양의 껍데기, 10쌍의 다리 중 8번째 다리 끝에 날카로운 집게발까지 갖춘 투구게는 무적처럼 보여요. 그러나 서태평양에 사는 이 동물은 지난 60년 사이에 수가 절반 넘게 줄었어요.

사람들은 투구게를 잡아서 식량이나 낚시 미끼로 써요. 또 투구게의 서식지를 파괴하기도 해요. 팡가탈란섬에서는 어린 투구게가 자라는 데 중요한 역할을 하는 맹그로브를 베어 연료로 쓰고, 산호초에 독을 풀거나 다이너마이트를 터뜨려 물고기를 잡곤 했어요.

그러다가 2017년에 팡가탈란섬 주위에 보호 구역을 설정했어요. 맹그로브를 심고 해로운 어획 방식을 금지했지요. 현재, 투구게는 다시 번성하고 있어요. 몸길이가 2.4미터에 달하는 대왕바리(자이언트그루퍼)도 돌아오고 있고요.

투구게는 4억 5000만 년 전부터 살았던 오래된 종이에요. 동물 보전 활동가들은 이런 조치들에 힘입어서 투구게 수가 더 늘어날 것이라고 기대해요.

NATIONAL GEOGRAPHIC KiDS

기발하고 괴상하고 웃긴 과학 사전!

기이한 동물들

러시아의 어떤 **고양이**는 **개처럼** **짖어요.**

뱀이 어떤 **바이러스에** 감염되면 **스스로** 자기 **몸을** 꼬아서 **매듭을** 지어요.

늙은 흰개미는 천적으로부터 스스로 몸을 터뜨려서 집을 지켜요.

몇몇 작은 거미는 **뇌**가 몸에 비해 커서 **다리**까지 이어져 있어요.

쥐는 **눈알**을 **눈구멍** 밖으로 **내밀** 수 있어요.

장수거북은 한 방향으로 수천 킬로미터를 계속 **헤엄쳐** 갈 수 있어요.

돌아온 동물: 금강앵무

밀렵 문제

금강앵무는 깃털이 화려하고, 호기심이 많고, 사람 말을 흉내 낼 수 있어요. 1900년대 내내 많은 사람들이 금강앵무를 애완동물로 키우고 싶어 했어요. 미국에서 특히 애완동물로 원했지요. 그래서 중앙아메리카의 숲에서 주민들은 나무에 기어올라 새끼 금강앵무를 유괴하곤 했어요. 금강앵무 한 마리의 가격이 한 달 월급에 가까웠거든요.

금강앵무의 수가 급감*하자 1990년 온두라스 정부는 금강앵무를 잡는 것을 법으로 금지했어요. 또 금강앵무를 국조**로 삼아 보호하고자 했지요. 2019년 미국 멸종 위기종 보호법은 금강앵무를 멸종 위기종 명단에 넣었어요. 야생에서 잡은 새를 미국으로 들여오는 것이 불법이 되었지요. 하지만 밀렵꾼들은 여전히 금강앵무를 몰래 잡아서 팔곤 했어요.

앵무 조각상

널리 퍼뜨리는 새 이야기

2001년 보전 활동가 로이드 데이비드슨은 온두라스의 코판 유적 인근에 마코마운틴이라는 공원을 세워서, 애완동물로 키우다가 버리거나 학대받은 금강앵무 약 100마리를 돌보았어요. 2010년 세계 앵무 재단의 생태학자 제임스 길라르디는 그중 일부를 야생으로 놓아주자고 제안했어요. 데이비드슨은 말했어요. "처음에는 걱정했죠. 여전히 불법적으로 금강앵무를 훔치거나 잡으려고 하는 사람들이 있을지 모르니까요." 그래서 환경 보전 활동가들은 주변 학교를 돌아다니면서 아이들에게 금강앵무를 애완동물로 키우는 것보다 야생에서 살도록 하는 것이 더 나은 이유를 알리는 활동에 나섰어요. 또 지역 주민들을 초청해서, 수십 년 만에 처음으로 유적지 상공으로 금강앵무를 놓아주는 행사를 열었어요.

온두라스에서 금강앵무를 야생으로 돌려보내는 방사 장면이에요.

*급감: 급작스럽게 줄어드는 것. **국조: 나라를 대표하는 새.

금강앵무를 돕는 방법

길가에서 금강앵무나 야생 동물을 판다고 하면 조심해요. 제대로 보살피지 않았거나 야생에서 훔쳐 온 동물일 수 있어요.

소를 키울 목초지를 만들기 위해 숲을 베면서 앵무 서식지도 줄어들어요. 소고기 소비가 줄어들면 금강앵무를 보호하는 데 도움이 될 수 있어요.

마코마운틴의 협력 단체인 프로알라스(알라스는 에스파냐어로 '날개'라는 뜻이에요)는 그 뒤로 200마리가 넘는 금강앵무를 야생으로 돌려보냈어요. 현재는 많은 주민들이 이 새를 보호해야 한다고 느끼며, 다친 앵무나 밀렵꾼을 발견하면 프로알라스에 알려요. 무엇보다도 이 야생 방사 계획은 금강앵무가 야생 생활에 다시 적응할 수 있다는 것을 보여 주었어요. 데이비드슨은 말했어요. "원래 사람에게 친숙했던 앵무도 야생 방사한 지 몇 달이 지난 뒤에 다가가면 물려고 할 수도 있어요. 잘된 거죠!"

2023년에는 주민과 관광객이 지켜보는 가운데 금강앵무 12마리를 야생에 놓아주는 행사를 열었어요. 길라르디는 말했어요. "보고 있으면 가슴이 뭉클해요. 모두 박수를 치면서 웃고 울지요. 정말로 감동적이에요."

펭귄이 아주아주 많은 곳!

최근에 발견된
아주 큰 펭귄 서식지

아델리펭귄의 생활이 자세히 밝혀질 거예요.

아델리펭귄은 남극 대륙에 살아요. 지구에서 가장 건조하고 춥고 바람이 심한 대륙이에요.

남극 대륙에 사는 펭귄은 두 종뿐이에요. 아델리펭귄과 황제펭귄이지요.

꽥꽥! 꾸르륵! 빼액!

남극 대륙의 데인저 제도에는 이리저리 길이 나 있어요. 100만 마리가 넘는 아델리펭귄들이 물 안팎을 뒤뚱뒤뚱 다니면서 생긴 길이지요. 이 섬은 아주 혼잡하고 시끌벅적해요. 하지만 과학자들은 최근에야 이곳에 펭귄의 거대 도시가 있다는 사실을 알아차렸어요.

과학자들은 펭귄 배설물을 단서로 이 서식지를 찾았어요. 그전까지 데인저 제도를 탐사하러 나선 과학자는 거의 없었어요. 해빙이 많아 배가 갇힐 가능성이 높아서 가까이 다가가지 못했지요. 그래서 그곳에 야생 동물이 얼마나 많은지 아무도 몰랐어요.

그러다가 위성 사진에서 데인저 제도 곳곳에 얼룩처럼 쌓여 있는 구아노, 즉 바닷새의 배설물이 드러났어요. 펭귄이 많이 살고 있을지 모른다는 단서였지요.

"펭귄 구아노는 분홍색이 섞인 빨간색이고, 남극 대륙에서 그 색깔은 다른 것일 리가 없어요. 사진을 보자마자 우리는 그 섬에 펭귄이 분명히 있다고 판단했어요." 생태학자 헤더 린치가 말했어요.

린치 연구진이 발견한 사실이 더 있어요. 데인저 제도에 아델리펭귄이 무려 150만 마리 넘게 산다는 것이었지요.

이곳이 발견되기 전까지 과학자들은 아델리펭귄이 기후 변화 때문에 사라질 것을 걱정했어요. 그런데 이렇게 엄청나게 큰 집단이 발견되어서 남극 대륙의 아델리펭귄은 번성할 뿐 아니라, 아주 바쁘게 산다는 것이 드러났어요.

펭귄의 삶

아델리펭귄은 1년에 1만 2875킬로미터 넘게 이동해요. 크릴, 오징어, 샛비늘치, 해파리를 잡기 위해서 둥지에서 바다로 이어진 '길'을 수없이 오가기 때문이에요. 펭귄이 아주 많아서 길은 무척 혼잡해요.
바닷새 생태학자 바버라 비네크는 이렇게 말했어요. "아델리펭귄들이 사는 곳에는 꽤 특이한 고속도로가 있어요. 그 길이 놀랍도록 혼잡하기에, 사람들처럼 이 아델리펭귄들도 때로 정체된 곳을 피해서 돌아가곤 해요."
바쁘게 돌아가는 인간의 도시처럼, 이 곳도 늘 소음으로 시끌벅적해요. 아델리펭귄의 새끼와 부모는 모습이 아니라 주로 소리로 서로를 알아봐요. 그래서 먹이를 구해서 돌아올 때면 꽥꽥거리면서 식구들에게 알려요. 사냥하러 오래 떠나 있다가 돌아와 짝을 찾으면, 특이한 콧노래로 확인하지요.

아델리펭귄들이 자신과 새끼가 먹을 먹이를 찾으러 물속으로 뛰어들어요.

늘 즐거운 소리만 나지는 않아요.
"이웃이 너무 가까이 다가오면 새된 소리를 크게 질러서 둥지가 있다고 경고해요. '여기는 내 둥지야! 저리 가.'라고 하는 거지요."
배변을 할 때 내는 철썩 소리도 있어요. 아델리펭귄은 배변을 자주 해요. 심지어 남의 대변을 뒤집어쓰기도 해요! 일부러 남에게 묻히려고 한 것은 아니에요. 바람에 실려서 다른 둥지로 흩날리기 때문이지요.

시끄러운 이웃들

온갖 소음에 주의가 산만해질 수도 있지만, 아델리펭귄은 도둑이 귀중품을 훔치는 것을 막는 데 온통 정신이 팔려 있어요. 귀중품은 조약돌이지요.
펭귄은 작은 돌들을 모아서 새끼를 기를 둥지를 지어요. 조약돌이 섬에 드물기 때문에, 펭귄들은 남의 조약돌을 슬쩍 훔치곤 해요. 부모와 새끼가 모두 둥지에서 벗어나면, 아직 새끼를 낳지 않은 이웃이 둥지를 통째로 훔쳐 자기 둥지와 연결해서 더 큰 집을 짓는 일도 드물게 일어나요. 집주인 펭귄들은 물거나 날개로 때리면서 침입자들과 맞서 싸워요.
다툼이 종종 벌어지곤 하지만 이웃이 도움이 되기도 해요. "둥지들이 서로 쪼아 댈 수 있는 거리 안에 가까이 있으면, 남극도둑갈매기와 큰풀마갈매기 같은 포식성 조류가 약탈하기가 더 어려워요. 포식자가 다가오면, 많은 펭귄들이 함께 달려들어서 맞서곤 해요."
과학자들은 아델리펭귄을 보호하려고도 노력해요. 지금 데인저 제도는 보호 구역으로 지정되었어요. 특별 허가를 받아야만 들어갈 수 있지요. 린치가 말했어요.
"당분간은 이 지역에 위험한 해빙이 많아서 아델리펭귄을 보러 오는 사람들을 막아야겠지만요."
보호 구역으로 지정되고 보호받으면 펭귄 도시는 오랫동안 소란스럽고 시끌벅적한 곳으로 남아 있을 거예요.

황제펭귄은 키가 거의 1.2미터이고 몸무게가 23킬로그램까지 나가요. 아델리펭귄은 키가 약 0.6미터에 몸무게가 5킬로그램에 불과해요.

데인저 제도에서 발견된 펭귄 무리에는 아델리펭귄이 무려 150만 마리 넘게 있어요.

10가지 펭귄에 관한 놀라운 사실들

아프리카펭귄은 체온이 너무 올라갈 때 눈 위쪽에 있는 **분홍샘**을 통해서 **열을 배출할 수 있어요.**

아델리펭귄은 **분홍색 크릴**을 먹기 때문에 **분홍색 똥**을 싸요.

황제펭귄의 몸에는 거의 1제곱센티미터당 **깃털이 15개씩** 자라요.

한번은 황제펭귄이 **564미터** 깊이까지 잠수하는 모습이 목격되었어요. 새를 조사하는 과학자들이 목격한 **최고 잠수 기록**이에요.

펭귄은 발로 가는
피의 양을 조절해서
얼음 위에 서 있어도
발이 얼지 않도록 해요.

일부 펭귄 수컷은
매끄러운 조약돌을
선물로 주면서
암컷에게 '청혼'을
해요.

헤엄치는 속도가 가장 빠른 새인
젠투펭귄은
바다에서 시속
35킬로미터로
헤엄쳐요.

펭귄은 저마다
목소리가 달라서
무리 가운데서
짝이나 새끼를 찾는 데
유리해요.

황제펭귄 **어미가 먹이를 구하러**
바다로 간 동안 황제펭귄 **아비는**
발 위의 **특수한 주머니에 알을 넣고 품어요.**

펭귄 중에는
생애의
75퍼센트나 되는
시간을
물속에서 지내는
종도 있어요.

세계의 8가지 매우 영리한 동물들

각 강에서 손꼽히게 최고로 영리한 동물들을 만나 보세요.

1

은밀하게 영리한 동물

문어는 신기한 동물이에요. 병뚜껑도 딸 수 있고, 수족관에서 탈출 경로를 찾아내기도 해요. 자기 몸 크기의 4분의 1에 불과한 구멍도 뼈 없는 몸을 늘이고 조이고 꿈틀거리면서 빠져나갈 수 있어요. 또 빨리 배우고 사람의 얼굴도 알아볼 수 있어요.

2

새대가리가 아니야

회색앵무는 수다쟁이라고 알려져 있어요. 사람을 잘 흉내 내고 짧은 문장을 말할 수 있어요. 또 이미 지닌 정보를 토대로 답을 내놓는 추론을 할 수 있는 몇 안 되는 동물 중 하나예요. 퍼즐을 풀고, 여럿이 머리를 맞대어 문제를 해결할 수도 있어요.

3

영리한 새끼 돼지

가축으로 기르는 돼지는 진흙에서 뒹굴기를 좋아하지만, 머리는 아주 맑아요. 레버를 당기면 먹이가 나오는 원리를 쉽게 알아차리고, 거울이 어떻게 작동하는지를 이해하는 소수의 동물 중 하나예요.

4

지식에 목마른 편

침팬지는 사람과 가장 가까운 친척 종 중 하나예요. 잎과 이끼를 뭉쳐서 스펀지처럼 만들어 물을 적셔서 마시곤 해요. 게다가 이 기술을 가족들에게도 가르치는 것은 가장 영리한 동물들만이 할 수 있는 사회적 학습이지요.

5

모두 힘을 모아

영차! 이 **군대개미**들은 서로 달라붙어서 살아 있는 개미 탑을 만드는 중이에요. 이 방법으로 식물 줄기를 기어올라서 먹이를 찾을 수 있어요. 연구자들은 어느 한 마리가 탑을 쌓자고 신호를 보내는 것이 아님을 알아냈어요. 집단 전체가 결정을 내리는 거예요.

6

견과류를 얻기 위해서라면

회색다람쥐는 견과 찾아내기의 전문가예요. 한 연구에서, 퍼즐을 풀면 찾을 수 있도록 개암을 숨겨 놓고 실험했어요. 회색다람쥐들은 금방 퍼즐을 푸는 법을 배울 뿐 아니라, 전략을 바꾸어서 더 빨리 견과를 얻는 방법을 찾아내기도 해요.

7

재주 많은 까마귀

뉴칼레도니아까마귀는 쓸 만한 도구가 없으면, 직접 만들어요! 남태평양에 사는 이 새는 잔가지를 구부려 만든 갈고리로 나무껍질 속에 숨어 있는 곤충을 빼내요.

8

나 잡아 봐라! 놀이 중

장난을 잘 치는 것은 지능이 높다는 증거일 수 있어요. 그래서 **돌고래**는 가장 영리한 동물 중 하나로 여겨지지요. 몇몇 돌고래 종은 배 뒤에 생기는 물결을 타고 놀기도 해요. 서로를 쿡 찌른 뒤 나를 잡아 보란 듯이 재빨리 달아나는 장난도 치지요!

몸이 투명한 개구리

이 별난 양서류는 거의 사라질 듯 몸을 숨길 수 있어요!

환한 빛

우리가 색깔을 볼 수 있는 것은 빛이 사물에 부딪쳐서 나온 빛깔이 우리 눈에 닿기 때문이에요. 색을 내는 물질인 색소도 빛을 반사해서 색깔을 띠어요. 반면에 유리처럼 색소가 전혀 없는 물질은 완전히 투명하게 보여요.

유리개구리의 배 부분에는 색소가 거의 없어서 빛의 90퍼센트 이상이 그냥 통과해요. 유리개구리를 연구하는 내셔널지오그래픽 탐험가 제시 델리아는 이렇게 말했어요. "배에 든 내장이 고스란히 보여요. 작은 심장이 뛰는 것도 볼 수 있어요."

안전하게 잠자기

유리개구리는 새와 뱀 같은 포식자가 사냥하는 낮에는 잠을 자요. 쿨쿨 자다가 배고픈 동물에게 들키면 위험하겠지요. 그런데 최근에 과학자들은 북방유리개구리가 잘 때 적혈구를 89퍼센트까지 간에 숨겨 놓는 것을 발견했어요. 빛을 반사하는 이 새빨간 세포들이 없으면, 유리개구리는 깨어 있을 때보다 두세 배 더 투명해져요. 빛이 그대로 몸을 통과하니까요. 따라서 들킬 걱정 없이 잘 수 있어요!

북방유리개구리들이 잎에 붙어서 자고 있어요.

그물무늬유리개구리

나뭇잎처럼

유리개구리는 배보다 등에 색소가 더 많아요. 즉 등 쪽은 빛을 덜 통과시키고 더 많이 반사한다는 뜻이에요. 등에서 반사되는 빛깔은 이 개구리가 앉아 있는 잎의 색깔과 딱 들어맞아요. 이것도 몸을 숨기는 방법이에요. 전문가들은 이 개구리를 알아보기 어려운 이유가 바로 등 쪽과 배 쪽으로 빛이 통과하는 정도의 차이, 즉 투명도 차이 때문이라고 봐요. 개구리의 몸속을 통과하는 빛의 양은 나뭇잎의 윗면과 아랫면 사이에 빛이 통과하는 양과 일치해요. 따라서 포식자의 눈에 유리개구리는 그냥 잎의 일부처럼 보일 거예요. 델리아는 말했어요. "투명도는 정말 놀라워요. 멋진 위장술이지요."

레몬왕유리개구리

놀랍도록 투명한 동물들

투명한 동물을 몇 가지만 더 살펴볼까요?

빗해파리

통안어(배럴아이)

투명달팽이

유리문어

징거미새우

바턴샘도롱뇽

신기하고 놀라운 동물의 우정

원숭이가 이구아나에게 반했어요!

독일 크레펠트

이 흰얼굴사키원숭이는 이구아나를 향한 애정을 숨기지 않아요. 크레펠트 동물원의 나무 위에 함께 앉아서 파충류 친구를 껴안고 다독이곤 해요.

이 사키원숭이와 이구아나는 동물원의 우림관에서 만났어요. 나무로 가득한 이곳에는 열대에서 온 40종류의 동물들이 살지요. 동물원 대변인 페트라 슈빈은 이렇게 말했어요. "이구아나와 흰얼굴사키원숭이는 둘 다 나무 꼭대기에서 주로 지냈는데, 어느 날 마주쳤어요." 호기심 많은 사키원숭이는 긴 손가락으로 파충류의 피부를 쓰다듬으며 살펴보았어요.

두 동물은 먹이가 나오는 장소에서 함께 먹으면서 어울렸어요. 하지만 대개는 나무 위에서 함께 지냈어요. 사키원숭이는 이구아나의 턱도 간질이곤 했지요. 이구아나는 그 관심을 즐기는 듯했고요.

둘은 나중에 서로 다른 동물원으로 옮겨졌어요. 하지만 동물원 사육사들과 방문객들은 이들의 우정을 잊지 않았어요. 슈빈은 이렇게 말했어요. "좋은 짝이었어요."

흰얼굴사키원숭이

서식지: 남아메리카

몸무게: 약 2킬로그램

얼굴색: 수컷만 얼굴 털이 하얘요. 암컷의 얼굴에 난 털은 대개 갈색이에요.

달콤한 먹이: 이 동물은 과일, 꿀, 잎, 꽃을 먹어요.

이구아나

서식지: 중앙아메리카와 남아메리카

몸무게: 최대 8킬로그램

꼬리 자르기: 이구아나는 포식자에게 잡히면 꼬리를 끊고 달아날 수 있어요. 꼬리는 다시 자라요.

재미있는 이름: 이 동물은 '대나무닭'이라는 별명도 있어요.

새와 토끼가 늘 붙어 다녀요!

아일랜드 킬데어

굴토끼 버니와 비둘기 피지의 우정은 그 무엇도 막지 못해요. 벽조차도요! 이 동물들은 각각 홀로 약해진 상태로 발견되어 킬데어 동물 재단 야생 동물부로 보내졌어요. 살리려면 따뜻하게 해 줘야 했는데, 자원봉사자 에이딘 매기에게는 인큐베이터가 하나뿐이었어요. 그래서 토끼와 새를 함께 넣고서, 한가운데에 두꺼운 종이로 벽을 세웠어요. 각자 공간이 필요할 테니까요. 얼마 뒤 매기가 살펴보러 왔더니, 버니가 벽을 쓰러뜨리고 피지를 껴안고 있었어요!

매기는 종이 벽을 치워 두 동물이 온종일 함께 붙어 있도록 두었어요. 얼마 뒤 버니가 병에 걸렸는데, 피지는 떠나지 않고 토끼의 곁을 지켰어요.

동물 관리자 댄 도노허는 이렇게 말했어요. "피지는 버니를 돌보면서 함께했지요." 버니가 회복되자, 두 친구는 함께 먹고, 깃털과 털을 골라 주고, 잘 때도 껴안고 지냈어요.

6개월 뒤에 피지와 버니는 야생으로 돌아갔어요. 둘은 더 이상 함께 있지 못하지만, 가장 힘들 때 서로를 든든하게 지켜 준 사이예요.

비둘기

몸무게: 약 369그램

먹이: 씨, 낟알, 열매

알: 알은 부화하는 데 약 17일이 걸려요.

바위 생활: 바위비둘기라고도 해요.

굴토끼

몸무게: 최대 2.2킬로그램

먹이: 풀, 나무껍질, 싹, 뿌리

성장 기간: 태어난 지 한 달쯤 되면 독립해요.

위험 신호: 위험을 느끼면 발로 바닥을 탕탕 두드려요.

10가지 동물을 돕는 방법

동물을 보호하려면 법뿐 아니라, 다른 것도 필요해요. 바로 여러분이지요! 우리의 작은 행동이 동물을 위한 큰 변화를 일으키는 데 어떻게 보탬이 될지 알아봐요.

서인도제도매너티

1 거리 두기

야생 동물에게 먹이와 물을 주지 마세요. 친절한 행동이라고 생각할지 모르지만, 바다소 같은 동물들이 사람과 배에 다가오다가 위험에 빠질 수 있거든요. 게다가 사람의 음식은 동물을 아프게 만들곤 해요. 자동차 창밖으로 먹이를 던져 줘도 안 돼요. 주머니쥐, 코요테, 거북 같은 동물들이 도로로 올라왔다가 다칠 수 있거든요. (새를 위한 모이통과 목욕통을 마련해 주는 건 괜찮아요!)

2 물에 아무거나 버리지 않기!

하수구나 화장실에서 물을 버릴 때 조심하자고요. 페인트, 과산화 수소, 기름, 약물 같은 물질을 섞어 하수구에 버리면 물에 사는 **동식물**에게 큰 해를 끼치고 수질도 나쁘게 해요.

3 조류 충돌 방지하기

새가 유리창 표면에 반사된 풍경을 보고 착각해서 날아들 수 있어요. 그래서 유리창에 스티커, 물감, 테이프를 붙여 두면 좋아요. 봄가을 밤에는 커튼을 쳐서 인공조명을 가려 줘요. 이동하는 철새가 불빛에 헷갈려서 길을 잃지 않도록 하는 거예요.

스티커는 새들이 유리에 충돌하는 것을 막는 효과가 있어요.

4 플라스틱 쓰레기 관리하기

바람에 실려서 쓰레기통 밖으로 나온 플라스틱은 일부 동물에게 먹이처럼 보여요. 동물이 플라스틱을 먹고 병들 수 있어요. 플라스틱 쓰레기를 줄이도록 노력해요.

5 풀밭 내버려두기

토끼풀과 민들레 꽃이 가득한 풀밭은 **벌**과 **나비**에게 먹이를 제공해요. 쌓인 낙엽 더미는 많은 곤충이 겨울잠을 잘 곳이 되어 줘요. 그러니까 풀밭에 풀이 자라도록 그냥 놔두어요!

플로리다퓨마

6 지역에서 멸종 위기종 지키기

우리 지역에 사는 **멸종 위기 동물**을 조사하는 일부터 시작해요. 국립생물자원관에서 운영하는 웹사이트(species.nibr.go.kr)에서 자료를 찾을 수 있어요.

북미빨강불가사리

7 반딧불이 놓아주기

반딧불이를 만나면 손으로 살짝 잡아도 괜찮지만, 유리병 같은 곳에 가두지는 말아요. 멸종 위험에 처한 반딧불이 종도 있어요. 반딧불이가 자유롭게 날아다니도록 두고 관찰만 해요.

8 야생 동물 지킴이 되기

누가 **물범, 바다거북, 돌고래** 같은 야생 동물을 뒤쫓거나 만지거나 먹이를 주고 있나요? 길 잃은 야생 동물을 발견했다고요? 경찰서나 야생 동물 구호 단체에 알려요.

하와이몽크물범

9 해안 지킴이 되기

바닷물에서 살아 있는 **불가사리, 연잎성게, 성게**를 건져 내지 않아요. 물 밖에서는 살 수 없는 동물들이거든요. 또 해변에서 조개나 소라 껍데기도 가져오지 마세요. 이런 껍데기는 **소라게**의 집이 되고, 부서진 껍데기는 **어류**와 **문어**에게 숨을 곳으로 쓰여요.

10 고릴라 지킴이 되기

휴대전화, 노트북 같은 전자기기에는 **고릴라** 서식지에서 채굴한 콜탄이라는 광물이 들어가요. 이런 기기를 가능한 한 오래 사용하고, 다 쓴 기기는 재활용할 수 있도록 분리 배출하면 고릴라를 지키는 데 도움이 될 거예요.

설마 이게 진짜?

보이는 게 진짜예요. 우리 눈이 잘못 본 게 아니라고요!

다리가 너무 많지 않아?

파이핑플러버 또는 피리물떼새라고 하는 이 새는 다리가 몇 개일까요? 두 개예요. 나머지는 새끼들의 다리예요. 부화하고 약 2주 동안 새끼들은 어미나 아비의 품에 들어가서 보호받고 따뜻하게 지내요.

가짜 뱀

새도 개구리도 깜짝 놀랄 걸요! 바로 이 박각시나방의 애벌레는 위협을 받으면, 나뭇가지에서 몸을 늘어뜨린 뒤 비늘로 덮인 뱀 같은 모양의 배를 드러내요. 그러고는 몸을 부풀려 삼각형 뱀 머리처럼 만들어 천천히 흔들면 진짜 뱀 같아 보여요.

눈에 안 띄게 투명한

유리날개나비의 투명한 날개가 보이나요? 이 나비는 날개의 얇은 막이 투명해서 비행하는 동안 굶주린 새의 눈에 잘 띄지 않아요.

천천히 떨어지는 중

케냐의 아가마도마뱀이 공중으로 떠오를 수 있는 마법사는 아니에요. 나무 위에서 폴짝 뛰어서 꼬리로 균형을 잡으며 활공하듯 착륙하는 중이지요. 매끄럽게 날아서 완벽하게 착지해요!

이건 몰랐을걸! 7가지 꼬리에 관한 기막힌 사실들

1 거미원숭이는 긴 꼬리를 꼭 팔처럼 써서 나뭇가지에 매달릴 수 있어요.

2 먹이를 뒤쫓아 달리는 치타는 재빨리 방향을 틀 때 꼬리를 한쪽으로 휘둘러서 몸의 균형을 잡아요.

3 뱀의 한 종류는 거미처럼 보이는 꼬리를 흔들어서 새 같은 먹이를 꾀어요.

4 얼룩말은 긴 꼬리 끝을 파리채처럼 휘둘러서 파리를 잡을 수 있어요.

5 금조 수컷은 긴 꽁지깃을 머리 위로 기울여 우산처럼 펼친 뒤 짹짹거리며 춤을 추어서 짝을 꾀어요.

6 사자는 서로의 몸에 꼬리를 얹어서 호의를 표시하기도 해요.

7 기린의 꼬리는 2.4미터까지 자랄 수 있어요. 꼬리가 서프보드만큼 길어요!

은은하게 빛나는 반딧불 동굴

이 곤충들은 어떻게 지하 세계를 반짝이게 만들까요?

뉴질랜드의 북섬에서 강줄기가 어두컴컴한 동굴 속으로 흘러들어요. 배를 타고 들어가면 너무 컴컴해서 물이 아예 보이지 않아요. 물소리만 들려요. 그러다가 배가 어느 모퉁이를 도는 순간, 갑자기 무수한 청록색 불빛이 머리 위에서 반짝이는 곳이 나타나요. 이곳은 뉴질랜드 북섬의 와이토모 동굴계에 속하는 와이토모 반딧불 동굴이에요. 이 지역에서는 글로웜그로토라고 불러요. 은은하게 반짝거리는 불빛들을 보면 마치 딴 세상에 온 것 같아요. 사실 이 빛은 뉴질랜드에만 사는 곤충 종이 내는 거예요. 이 곤충은 어떻게 이런 놀라운 조명 쇼를 펼치는 것일까요? 한번 알아봐요.

반짝이는 동굴

와이토모의 석회암 동굴은 약 3000만 년 전부터 있었지만 사람이 발견한 지는 약 400년밖에 안 되었어요. 뉴질랜드에 들어온 최초의 민족인 마오리족이 이 동굴계의 입구를 발견했어요. 수백 년이 흐른 1887년에 비로소 마오리족 추장 타네 티노라우와 영국인 탐험가 프레드 메이스가 뗏목을 만들어서 동굴에 들어가 탐사를 시작했어요. 총길이가 290킬로미터에 달하는 칠흑처럼 어두운 동굴의 일부를 탐사했지요.

티노라우와 메이스는 놀라운 광경을 발견했어요. 동굴의 벽과 천장이 별처럼 반짝이는 것을 보았지요. 이 멋진 장관은 뉴질랜드반딧불이라고 하는 곤충 수천 마리로부터 나왔어요.

빛을 내는 '벌레'

이 곤충은 진짜 반딧불이는 아니에요. 사실은 모기만 한 버섯파리의 애벌레이지요. 생화학자 커트 크라우스는 이렇게 말했어요. "애벌레가 나비가 되는 것과 비슷하게, 이 애벌레도 언젠가는 파리가 될 거예요."

버섯파리 성체는 와이토모 동굴에 알을 낳아요. 부화한 애벌레가 먹이를 사냥하기에 딱 좋은 곳이거든요. "애벌레는 섬세한 덫을 놓아서 먹이를 잡아요." 크라우스가 말했어요. 이 덫은 동굴처럼 바람이 없고 고요한 서식지에서 가장 효과가 좋아요. 각다귀 같은 먹이를 잡지요.

어떻게 잡느냐고요? 이 애벌레는 길이가 3~4센티미터까지 자라는데, 입에서 나오는 거미줄 같은 긴 낚싯줄을 동굴 천장에서 수십 개씩 죽 늘어뜨려요. 이어서 끈끈한 점액을 뱉어서 줄에 방울방울 줄줄이 매달아 덫을 완성해요.

그런 다음 애벌레는 꼬리에서 일어나는 화학 반응으로 청록색 불빛을 뿜어내요. 생물 발광이라고 하는 현상을 일으키는 거예요. 다른 곤

뉴질랜드의 수도 웰링턴은 지구에서 가장 남쪽에 있는 수도예요.

뉴질랜드에는 사람보다 양이 더 많아요.

뉴질랜드의 원주민, 즉 최초의 주민인 마오리족은 이 섬나라를 '기다란 흰 구름의 땅'이라고 불러요.

버섯파리 애벌레는 먹이를 잡기 위해, 동굴 천장에서 끈끈한 덫을 늘어뜨려요.

버섯파리 애벌레는 빛을 내어 먹이를 '낚싯줄' 같은 덫이 있는 곳으로 꾀어요.

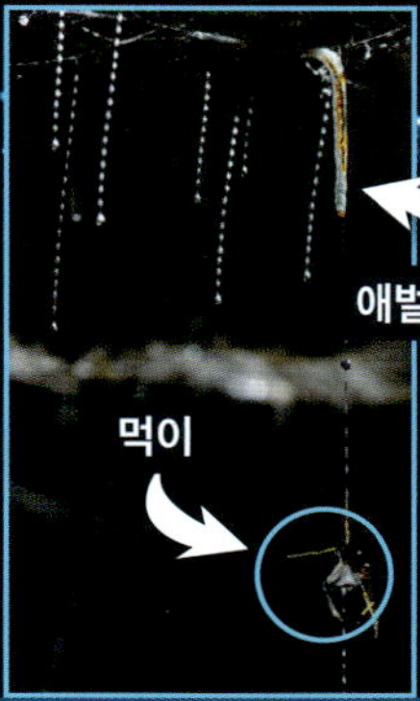

빛을 보고 찾아온 곤충은 끈끈한 점액이 붙은 덫에 걸려요.

충들은 이 불빛에 끌려서 다가왔다가 끈끈이에 달라붙어요.

그러면 애벌레는 줄을 타고 내려와 먹이를 잡지요. 애벌레 수천 마리가 놀라운 장관을 펼치곤 하기에, 관광객들이 몰려들어 구경해요.

발광 지킴이들

그런데 관광객이 너무 몰려들면 이 버섯파리 애벌레의 서식지가 망가질 수도 있어요. 사람들이 내뿜는 이산화 탄소는 애벌레가 덫을 설치하는 석회암 벽을 녹일 수 있어요. 히리아 코헤-러브 같은 원주민 동굴 안내인들이 와이토모 동굴의 가장 유명한 거주자를 지키기 위해 노력하고 있어요.

"동굴의 온도, 습도, 강물 수위, 이산화 탄소 농도, 풍속을 측정하는 감지기를 설치했어요." 와이토모 최초의 탐험가인 티노라우 추장의 후손인 코헤-러브가 말했어요. "동굴 상태가 안 좋아지면, 관광을 중단하지요."

다른 안내인들도 대부분 티노라우와 친척 관계이고, 스스로를 카이티아키, 즉 동굴 지킴이라고 여겨요. "후대를 위해서 이 동굴을 돌보고 있어요. 이 동굴은 우리에게 통가, 즉 소중한 보물이거든요."

별나디별난 곤충들

나비는 아름답고 반딧불이는 신비로워요. 그런데 곤충 세계를 더 자세히 들여다보면, 좀비 제작자, 폭발물 발사 전문가 등을 찾을 수 있어요.

방귀 발사 선수

이 엉덩이를 조심해요!

폭탄먼지벌레는 엉덩이로 정확히 겨냥하고 독한 냄새가 나는 뜨거운 산을 발사해서 포식자를 물리쳐요. 어떻게 이런 독한 액체를 몸속에 저장할 수 있을까요? 폭탄먼지벌레의 배에는 방이 여러 개 있고, 두 가지 화학 물질을 서로 다른 방에 보관해요. 위험이 닥치면 두 방의 문을 열어서 두 화학 물질을 섞어요. 잠시 후… 팡!

폭탄먼지벌레는 포식자에게 삼켜진 뒤에 독액을 발사하기도 해요. 과학자들은 개구리가 이 벌레를 삼켰다가 웩 하고 토하는 모습을 본 적도 있어요.

좀비 제작자

공포 영화에서는 과학자들이 우연히 좀비를 만들곤 해요. 그런데 **는쟁이벌** 암컷은 곤충을 일부러 좀비로 만들어요. 알을 낳을 때가 되면 암컷은 **바퀴**를 침으로 찔러서 마비시켜요. 그런 뒤 바퀴의 뇌를 찔러서 바퀴를 조종하는 화학 물질을 집어넣어요.

마비가 풀려서 바퀴가 다시 움직일 수 있게 되면, 는쟁이벌은 바퀴의 더듬이를 붙잡고 미리 준비해 둔 굴로 끌고 들어가요. 그러고 나서 바퀴 다리에 알을 낳아요. 튼튼한 바퀴는 맞서 싸우거나 달아나지요. 하지만 어떤 바퀴는 꼼짝하지 않고 가만히 있어요. 는쟁이벌은 나가서 작은 돌들로 굴 입구를 막아요. 사흘 뒤에 는쟁이벌 애벌레가 부화해서 바퀴를 먹으며 자라요.

의상 디자이너

날도래 애벌레는 몸이 길고 가늘고 배가 부드러워서 하천에 사는 모든 물고기의 먹잇감으로 알맞아 보여요. 그래서 알에서 나오자마자 변장을 해요. 애벌레는 먼저 돌, 막대기, 조개껍데기, 나뭇잎 조각을 찾아요. 그런 뒤 입 주위의 샘에서 나오는 특수한 실로 그것들을 몸에 붙여요. 이 실은 양면테이프 역할을 해요. 애벌레는 이렇게 만든 길이 2.5센티미터의 휴대용 피신처 안에서 최대 2년을 보내요. 날도래는 성체가 된 뒤에는 몇 주밖에 살지 못해요. 하지만 곧 새로운 세대가 깨어나서 다시 멋진 옷을 해 입을 거예요.

열 발생기

세계에서 가장 큰 말벌인 **장수말벌**은 꿀벌이나 말벌의 집을 공격할 때 망설이지 않아요. 몸길이 약 5센티미터의 이 침입자는 벌집에 있는 모든 성체의 머리를 물어뜯어요. 그런 뒤 벌집을 차지해서 꿀벌이나 말벌의 애벌레를 자기 새끼에게 먹이지요.

하지만 **토종 꿀벌**은 장수말벌에 맞설 전략을 지녔어요. 장수말벌 한 마리가 정찰하러 집에 들어오면, 500마리에 이르는 꿀벌이 곁에 달라붙어서 마구 날갯짓을 해요. 한 시간까지도 계속해요. 그러면 무리 한가운데의 온도가 섭씨 47도까지 올라가서 장수말벌은 죽지요. (꿀벌은 섭씨 50도에서도 살 수 있어요.) 죽은 말벌 정찰벌은 동료들에게 벌집이 있다고 알리지 못하므로, 꿀벌들은 안전해요.

여왕 선발전

인도점프개미 집단에서는 다스리던 여왕개미가 죽으면, 몇 시간 뒤에 무시무시한 전투가 시작돼요. 약 한 달 동안 암컷인 일개미들은 서로 더듬이로 때리고 아주 긴 턱으로 물어뜯으면서 싸워요. 평소에 사냥하는 데 썼던 턱이지요. 싸움에 진 일개미는 지쳐서 다시 곤충을 잡아 오고 새끼를 기르는 등 원래 하던 일로 돌아가요.

마지막까지 남은 가장 강한 암컷 몇 마리는 일종의 공주가 되지요. 일개미는 결코 진짜 여왕이 될 수 없지만, 이 공주들은 몇 년 동안 집단을 꾸려 나갈 수 있어요. 알을 낳을 준비가 되면, 이들의 뇌는 25퍼센트까지 줄어들어요. 여왕을 대신하는 일에 에너지를 더 많이 쓰기 위해서예요. 다행히 왕관을 쓰지 않으니까 머리가 작아져도 괜찮아요.

큰 고양이과, 나와라!

야생 고양이가 모두 큰 고양이과는 아니에요. 그럼 큰 고양이과란 무엇일까요? 야생 생물 전문가는 호랑이, 사자, 표범, 눈표범, 재규어, 퓨마, 치타를 큰 고양이과 동물로 구분해요. 공통점은 육식 동물로서 다른 동물을 잡아먹고 산다는 것이지요. 모두 강한 턱, 길고 날카로운 발톱, 칼날 같은 이빨을 갖춘 뛰어난 사냥꾼들이에요.

어미 재규어와
새끼 재규어들

어느 종일까?

표범속의 큰 고양이과 동물들은 공통점이 많아요.
하지만 차이점을 알면, 금방 구별할 수 있어요.

털

눈표범

눈표범은 산에서 사계절 내내 숨기 좋게 털에 점무늬가 있어요. 겨울에는 눈과 잘 섞이도록 새하얀 털이 나고, 여름에는 식물 사이에서 잘 들키지 않도록 황갈색 털로 덮여 있어요.

재규어

재규어의 털은 무늬가 표범과 비슷해요. 둘 다 장미 모양(로제트)의 검은 무늬가 있지요. 차이점은 뭘까요? 재규어의 장미 무늬는 가장자리가 울퉁불퉁하고 한가운데에 검은 점이 한 개 이상 있어요.

호랑이

호랑이는 대부분 몸에 세로로 줄무늬가 나 있어요. 호랑이가 웃자란 풀 사이에 숨어서 먹이를 기다릴 때, 이 줄무늬 덕분에 잘 안 보여요. 사람의 지문처럼, 이 줄무늬는 호랑이마다 다 달라요.

표범

표범은 누런 털로 덮여 있는데 등과 옆구리에 검은 장미 무늬가 있어요. 이 장미 무늬는 가장자리가 매끄럽고 둥글어요. 털 색깔과 무늬가 주변 환경과 비슷해서 눈에 잘 띄지 않아요.

사자

사자는 털이 옅은 갈색이나 황갈색이고, 꼬리 끝에 검은 털 뭉치가 달려 있어요. 수컷들은 대개 목덜미에 덥수룩한 갈기가 자라요. 갈기 덕분에 몸집이 크고 강해 보이지요.

표범
무게: 최대 90kg
몸길이: 1.3~1.9m

벵골호랑이(인도호랑이)
무게: 최대 325kg
몸길이: 1.5~1.8m

재규어
무게: 최대 158kg
몸길이: 1.5~1.8m

눈표범
무게: 최대 55kg
몸길이: 1.2~1.5m

아프리카사자
무게: 최대 261kg
몸길이: 1.4~2m

10가지 큰 고양이과 동물에 관한 놀라운 사실들

사자 무리는 적게는 **3마리**에서 많으면 **30마리**로 이루어져요.

보브캣이란 이름은 **꼬리가 짧은 고양이**라는 뜻이에요.

사자 성체가 **포효하는 소리**는 **8킬로미터 떨어진** 곳에서도 들려요.

표범은 자기보다 무거운 **먹이도** 잡아서 **나무 위 15미터**까지 **끌어 올릴** 수 있어요.

재규어의 시력은 낮보다 밤에 2배 더 좋아서 컴컴한 밤에 먹이를 쫓을 때 유용해요.

표범이 으르렁대는 소리는 마치 톱으로 나무를 켜는 소리처럼 들려요.

큰 고양이류는 냄새를 맡는 후각이 사람보다 20배 더 뛰어나요.

갓 태어난 사자 새끼는 반점 무늬가 있어요. 덕분에 풀밭에서는 눈에 잘 안 띄어요.

보브캣은 3미터까지 뛰어오를 수 있어서 먹이를 확 덮쳐 잡아요.

치타는 순간적으로 빠르게 달릴 수 있어서 때로는 자동차보다 빨라요.

구조된 치타

야생 동물 밀수업자에게서 구조된 생후 6주 된 새끼 치타들이 따뜻한 난롯불을 쬐고 있어요.

보전 활동가들은 어떻게 밀거래꾼으로부터 이 치타들을 구했을까요?

자동차 뒷좌석에서 새끼 치타 한 마리가 이빨을 드러내며 쉿쉿 소리를 냈어요. 목에는 밧줄이 매여 있고, 얼마 전까지는 그 밧줄로 나무줄기에 묶여 있었지요. 새끼는 눈을 이리저리 굴리면서 사방을 훑고 있었어요.

경계하는 치타에게는 차 안을 들여다보는 사람들이 똑같아 보였을 거예요. 바로 위험한 존재였죠. 누군가 애완동물로 팔려고 어미 치타에게서 훔친 새끼였기에 친절하게 대하는 사람을 접한 적이 거의 없었지요.

아스투르라고 불린 이 치타는 창밖으로 보이는 얼굴들이 다정한 표정을 짓고 있다는 사실도, 자신을 구조하러 온 사람들이라는 사실도 알지 못했어요.

새끼 치타 아스투르가 구조대의 우리에서 밖을 내다보고 있어요.

치타 형제들은 평생 같이 살기도 해요. 암컷은 새끼를 키우기 전까지는 대개 혼자 돌아다녀요.

아스투르 추적하기

이 사람들은 동아프리카 소말리아에서 독립한 지역인 소말릴란드에서 밀거래꾼이 치타를 파는 일을 막기 위해 애쓰는 보전 활동가들이에요. 구조대는 야생 동물 밀거래를 지켜보는 정보원으로부터 아스투르의 이야기를 들었어요. 누가 야생에서 아스투르를 훔쳐서 밀거래꾼에게 넘기려 한다고 했지요. 그러면 밀거래꾼은 그 치타를 애완동물로 팔 것이고요.

소말릴란드에는 야생에서 새끼를 훔쳐 오는 것이 불법임을 모르는 이들이 많아요. 기르는 염소를 잡아먹을 포식자를 없애는 동시에 돈도 좀 벌자고 훔치는 사람들도 있지요. 구조대는 밀거래꾼에게 아스투르를 팔려는 사람을 설득해서 돌려받고 싶었지요.

“잘 부탁하면 판매를 포기하고 새끼를 돌려주는 사람도 있어요.” 아프리카와 중동에서 치타 거래를 막기 위해 애쓰는 내셔널지오그래픽 탐험가 티모시 스팔라의 말이에요.

하지만 구조대가 판매자와 대화를 하기도 전에, 판매자는 차를 몰고 달아났어요. 그는 새끼를 훔친 것이 불법임을 알았고 체포될까 봐 겁이 났던 거지요. 곧 경찰이 따라잡았고, 아스투르는 구조대에게 맡겨졌어요.

검사 시간

구조대가 새끼를 건네받자마자 수의사 아스마 빌레 헤르시는 꼼꼼하게 살펴보았어요. 몸에 상처나 뼈가 부러진 곳이 있지는 않은지 검사했지요. 생후 약 7개월 된 아스투르는 지금까지 헤르시가 살펴본 새끼들보다 더 나이가 많았어요. 그리고 훨씬 더 사나웠죠.

"데리고 있던 사람들이 먹이를 잘 주지 않은 것 같아요. 배가 고프니까, 모두에게 사납게 굴었어요."

헤르시를 비롯한 구조대는 아스투르를 소말릴란드의 수도인 하르게이사로 데려가 자세히 검사하기로 했어요. 구조대는 이틀 동안 차를 몰아서 치타 보전 기금이 운영하는 구조 센터에 도착했어요. 구조된 새끼 치타를 돌보는 기관이에요. 수의사 안나 시자레크가 불안해하는 아스투르의 검사를 맡았지요. 먼저 진정시킨 다음, 꼼꼼하게 검사를 했어요.

"운 좋게도 아스투르는 치료받을 필요가 없었어요. 운 나쁜 새끼들은 건강이 아주 안 좋은 상태로 오죠."

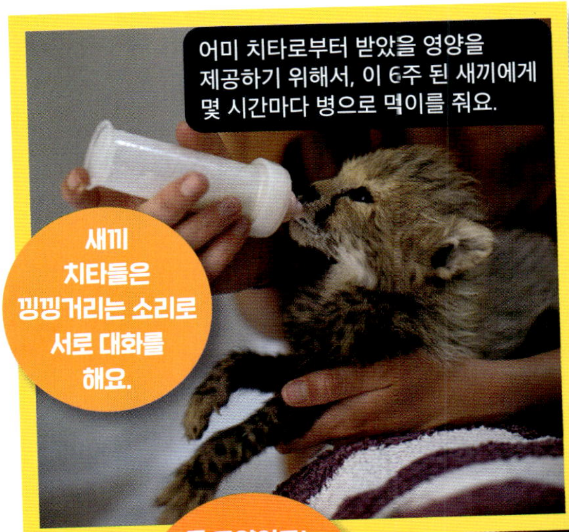
어미 치타로부터 받았을 영양을 제공하기 위해서, 이 6주 된 새끼에게 몇 시간마다 병으로 먹이를 줘요.

새끼 치타들은 낑낑거리는 소리로 서로 대화를 해요.

새로운 집

아스투르가 안전하다고 느끼고 구조 센터에서 잘 지낼 수 있도록, 활동가들은 편안한 환경을 조성했어요. 또 돌보는 사람을 믿기 시작하도록, 처음에는 짧게 다정하게 접촉하는 데 신경을 썼어요. 센터의 치타 돌보미인 조 보티글리에리는 아스투르가 왔을 때, 무섭게 보이지 않으면서 새끼 곁에 가만히 있는 것이 도움이 된다고 말했어요. "동물의 믿음을 얻으려면 시간과 인내심이 필요해요."

아스투르는 다른 새끼들보다 더 나이가 많았기에, 구조 센터에 적응하는 데 더 오래 걸렸지요. 아스투르는 다른 수컷들과 함께 지내고 있어요. 활동가들은 아스투르가 여전히 사람을 썩 좋아하지 않지만, "이리 와.", "앉아." 같은 말에 반응하는 법을 배웠다고 했어요. 아스투르가 말을 잘 들으면, 치타가 좋아하는 먹이인 영양 고기 같은 간식을 받아요.

치타 보호하기

너무 어릴 때 야생을 떠났기에, 아스투르는 스스로 야생에서 살아갈 방법을 알지 못해요. 그래서 남은 평생을 구조 센터에서 보내야 할 거예요. 그래도 동료 치타들과 함께 어울리면서, 여러 구조물을 오르내리며 놀고, 장난감도 쫓아다니고, 건강하게 돌보는 전문가들의 보살핌도 받을 거예요.

이 지역에서 치타 밀거래를 막기 위한 활동도 계속되고 있어요. 소말릴란드 환경 장관인 수크리 하지 이스마일 모하모우드는 이렇게 말해요. "이 동물들은 보호구역이 아니라 야생에 속해요. 우리는 아스투르 같은 치타가 안전하게 살아갈 수 있도록 노력할 겁니다."

큰 고양이류는 대개 밤에 사냥하지만, 치타는 낮에 사냥해요.

아스투르가 상처가 있는지 검사를 받고 있어요. 진정시키기 위해서 귀와 눈을 가렸어요.

똥으로 에너지를 생산하는 동물원

이 아프리카 야생 당나귀는 먹고 싸는 것이 '일'이에요!

사육사들이 귀한 똥을 모으고 있어요.

영국 콜든커먼

마웰 동물원에 사는 당나귀, 얼룩말, 기린은 재생 에너지를 생산해요. 어떻게 할까요? 똥을 눠서 하지요! 예전에는 동물 배설물을 퇴비 만드는 업체로 보냈어요. "그러다가 생각했죠. 이 똥을 우리가 직접 쓸 수도 있지 않을까?" 동물원의 지속 가능성 책임자인 덩컨 이스트가 말했어요.

건물은 석유를 태워서 난방하고는 해요. 하지만 석유는 한정된 자원이고 대기로 이산화 탄소를 배출해서 지구 온난화를 일으켜요. 열대 동물과 식물을 위한 온실을 새로 지을 때, 동물원은 동물 배설물을 난방하는 데 쓰기로 결정했어요.

사육사들은 먼저 초식 동물의 배설물을 짚과 톱밥 같은 동물 우리 바닥에 까는 재료와 섞어요. 그런 다음 꽉 눌러서 벽돌처럼 만들고 말려요. 마른 배설물 벽돌을 태워서 얻은 열로 물을 데우고 순환시키면 나무늘보, 악어, 도마뱀이 사는 건물을 따뜻하게 할 수 있어요. 이 벽돌도 태울 때 이산화 탄소가 나오지만, 동물에게 먹이는 식물을 키울 때 탄소를 흡수하니까, 환경에 미치는 영향은 더 적어요. 사육사 조 뉴넘이 말했어요. "난방할 때 똥 냄새는 안 나요."

진짜 동물 영웅들

큰돌고래들이 뉴질랜드 해안을 향해 헤엄치는 애덤 워커와 함께 헤엄쳤어요.

돌고래가 헤엄치는 사람을 지켜요

뉴질랜드 쿡 해협

장거리 수영선수 애덤 워커가 3시간째 헤엄치는데, 갑자기 큰돌고래 12마리가 다가와 그를 둘러쌌어요. 곧이어 워커는 크기와 모양이 다른 무언가가 자기 밑에서 헤엄치고 있는 것을 알아차렸어요. 바로 백상아리였어요.

워커는 상어가 언제부터 자신을 쫓아왔는지 몰랐지만, 돌고래들이 자신을 지키려고 한다고 생각했죠. "상어가 떠날 때까지 나와 함께 헤엄쳤어요. 한 마리는 옆으로 몸을 굴려서 나를 쳐다보며 헤엄쳤죠. 이렇게 말하는 것 같았어요. '우리가 뒤를 지켜 줄게.'"

해양 포유류 연구자인 로셸 콘스턴틴은 돌고래들이 워커를 지켰다고 장담할 수는 없다고 말해요. "하지만 돌고래는 무력한 존재를 돕는다고 알려져 있어요. 그리고 돌고래 무리는 홀로 다니는 상어에게 해를 끼칠 수 있으니까 상어가 돌고래들을 보고 물러났을 가능성이 높아요."

돌고래가 몰려온 이유가 무엇이든, 워커는 돌고래들에게 고마워해야 해요.

개가 고양이를 구해요

미국 몬태나주 빌링스

퍼그 종인 클로이는 거의 짖지 않아요. 당근 간식을 원할 대에만 흥분한 기색을 보이죠. 팽이처럼 빙빙 돌다가 냉장고를 바라보곤 해요. 그러던 어느 날, 아주 추운 아침에 이 조용한 강아지가 마구 짖기 시작했어요.

반려인 어맨다 비엘란드는 출근하려고 옷을 입는 중이었는데, 클로이가 나가겠다고 짖어 댔어요. 클로이를 내보내고 문을 닫았더니 이번에는 들어오겠다고 짖었어요. 이 방 저 방 따라오면서 크게 짖어댔어요. 비엘란드는 한숨을 내쉬었어요. "대체 뭘 원하니?" 그러면서 다시 밖에 나가라고 문을 열었어요.

그러자 클로이는 곧장 뒷마당 연못으로 달려갔어요. 그러더니 돌아보면서 앉았지요. "그제야 나는 뭔가 잘못되었다는 것을 알아차렸어요." 비엘란드는 연못으로 달려갔어요.

자신의 샴 고양이 윌로가 얼음이 깨지면서 물에 빠졌던 거예요! 비엘란드는 반쯤 얼어붙은 고양이를 꺼내어 담요로 감쌌어요. 이틀 동안 퍼그가 윌로 곁을 지켰어요. "놀라웠어요. 클로이가 없었다면 정말 큰일 날 뻔했지요."

선사 시대 연대표

인류는 약 30만 년 전에 지구에 출현했어요. 약 46억 년이라는 지구 역사와 비교하면 아주 짧은 기간을 존재했지요. 지구가 처음 생겨난 뒤로 많은 일이 일어났어요. 선캄브리아 시대에는 수백만 년 동안 산소 농도가 아주 높았어요. 고생대에는 단단한 껍질이 있는 연체동물, 척추동물, 양서류, 파충류가 등장했어요.

공룡은 중생대 내내 지구를 지배했어요. 약 6600만 년 전 공룡이 모두 사라졌고, 신생대에는 현생 인류가 등장했어요. 작은 연체동물이 출현한 이래로 쥐라기의 거대한 공룡이 돌아다니고 그 뒤로 인류가 등장할 때까지 지구에는 많은 변화가 일어났지요.

선캄브리아 시대

46억 년~5억 4100만 년 전

- 지구(그리고 다른 행성들)는 가스와 먼지로 이루어진 거대한 구름에서 태양이 생겨나고 남은 것으로 만들어졌어요. 그 구름은 근처의 초신성들이 폭발한 충격으로 만들어진 것이지요.
- 지구 대기에는 산소가 거의 없어서 숨이 막힐 듯했어요.
- 산소 농도가 증가할 때 초기 생명체가 출현했어요.

고생대

5억 4100만 년~2억 5200만 년 전

- 육지에 최초의 곤충과 다른 동물들이 출현했어요.
- 4억 5000만 년 전, 상어의 조상이 바다에서 헤엄치기 시작했어요.
- 4억 3000만 년 전, 식물이 육지에 자라기 시작했어요.
- 3억 6000만 년 전, 양서류가 물 밖으로 나왔어요.
- 대륙은 오랜 시간 동안 하나로 뭉쳤다가 쪼개지기를 반복했어요. 쪼개졌던 땅덩어리들이 다시 서서히 합쳐져서 '판게아'라는 하나의 초대륙이 되었어요.
- 3억 년 전, 파충류가 육지를 지배하기 시작했어요.

공룡은 왜 사라졌을까?

수 세기 동안 과학자들을 괴롭혀 온 수수께끼가 있어요. 공룡에게 과연 어떤 일이 일어난 것일까요? 지금까지 여러 이론이 나왔지만, 최근 연구를 보면 거대한 크레이터(주로 운석이 부딪혀 생긴 구덩이)를 만든 소행성이나 혜성의 충돌이 원인일 가능성이 가장 높아요. 그 충돌로 지진 해일, 지진 같은 자연재해가 일어나서 공룡의 생태계와 먹이 사슬을 파괴했어요. 또 화산이 뿜어낸 연기로 햇빛이 가려져 기후 변화가 심하게 일어났고요. 그 결과로 지구 생물 종의 4분의 3이 사라졌고, 공룡까지 전멸했지요.

공룡 시대

중생대

2억 5200만 년~6600만 년 전

중생대는 파충류의 시대이며, 공룡이 출현한 시대예요. 공룡은 1억 5000만 년 넘게 지구를 지배했어요. 크게 세 시기로 나뉘어요.

트라이아스기

2억 5200만 년~2억 100만 년 전

- 최초의 포유류가 출현했어요. 생쥐만 했지요.
- 최초의 공룡이 출현했어요.
- 꽃이 없는 양치류가 육지의 주된 식물이었어요.
- 트라이아스기 말에 거대한 초대륙 판게아가 쪼개지기 시작했어요.

쥐라기

2억 100만 년~1억 4500만 년 전

- 거대한 공룡이 육지를 지배했어요.
- 판게아가 계속 쪼개지면서 그 사이로 바다가 생겨났어요. 덕분에 상어와 바다악어 같은 해양 동물들도 번성했어요.
- 잎이 뾰족한 침엽수가 각 대륙으로 널리 퍼졌지요.

백악기

1억 4500만 년~6600만 년 전

- 대륙들이 현재의 모습을 갖추었어요.
- 가장 큰 공룡들이 출현했어요.
- 꽃식물이 육지에 널리 퍼졌어요.
- 포유류가 번성했고, 거대한 익룡이 하늘을 지배했어요. 작은 새들도 나타났고요.
- 기온이 극단적으로 변했어요. 공룡은 남극 대륙부터 북극권까지 넓은 지역의 사막, 습지, 숲에 살았어요.

신생대: 고진기(고제3기)~신진기(신제3기)

6600만 년~260만 년 전

- 공룡이 멸종한 뒤, 포유류가 지구를 지배하게 되었어요.
- 조류는 계속 번성했어요.
- 화산 활동이 많이 일어났어요.
- 기온이 내려가기 시작했고, 빙하기가 찾아왔어요.
- 대륙끼리 이어진 부분을 통해 많은 동식물이 새로운 땅으로 퍼져 나갔어요.

고생물학자의 현장 기록

고생물학자 로돌포 M. 살라스-기스몬디를 만나요

살라스-기스몬디는 아마존강 유역의 선사 시대 동물에 관한 모든 것을 밝혀내겠다는 목표를 세웠어요. 페루 최초의 척추동물 고생물학자 중 한 명으로서 그는 오래전에 살았던 자이언트펭귄, 땅늘보, 칼이빨호랑이, 악어의 화석을 발굴했어요. 화석을 연구하는 생활이 어떤 것인지 그의 말을 들어 볼까요?

Q: 어떻게 고생물학을 연구하게 되었나요?

A: 어릴 때, 아마 다섯 살쯤 공룡에 푹 빠졌어요. 공룡 그림을 그리고 공룡이 나온 책은 닥치는 대로 읽었어요. 그러다가 직접 화석을 찾기로 결심했고, 선사 시대 해양 포유류, 특히 남아메리카에 살았던 동물들의 화석을 연구하기 시작했어요.

Q: 화석을 찾으려 할 때 어떻게 하나요?

A: 먼저 그 지역을 잘 알고 화석을 본 적이 있는 동네 사람들과 이야기를 나누어요. 그 분들이 화석을 본 곳으로 안내할 거예요. 그러면 우리는 그 지역을 탐사하여 며칠이면 화석을 찾을 수 있어요. 우리는 동굴과 강 근처의 암석에서도 화석을 발견했어요. 화석은 어디에나 있어요.

Q: 정확히 무엇을 찾는 건가요?

A: 머리뼈와 이빨은 발견된 화석이 어느 종인지, 또 언제 살았는지를 파악하는 데 중요해요. 최근에 우리는 중요한 발견을 했는데, 아마존강의 지류인 나포강 기슭에서 신생대 신제3기의 마이오세 초기에 살았던 돌고래의 온전한 머리뼈를 찾아냈어요. 건기에 강물이 줄어들자 이 머리뼈가 들어 있던 2000만 년 전의 암석이 드러났어요.

Q: 지금까지 한 발견 중 가장 중요한 것은 무엇인가요?

A: 그나투수쿠스의 머리뼈예요. 1300만 년 전에 살았던 악어 종이에요. 지금의 페루 남서부인 원시 아마존강 유역의 습지에서 조개와 고둥을 사냥했던 악어 세 종 중 하나예요. 지구 역사상 한 곳에서 가장 많은 악어 종이, 무려 일곱 종이나 이곳에 살았다는 사실도 발견했죠.

Q: 야외 현장에 꼭 가져가는 도구는 무엇인가요?

A: 아마존에서는 대개 배로 이동하니까, 짐이 아주 가벼워야 해요. 그래도 곡괭이, 끌, 붓, 화석을 고정할 석고 같은 도구들은 다 챙겨요. 대개 야영을 하니까 텐트도 가져가야 하고요.

공룡, 이렇게 분류하자

공룡을 비롯해 여러 생물을 분류하는 일은 꽤 복잡해요. 그래서 과학자들은 분류를 더 쉽게 할 체계를 생각해 냈어요. 공룡은 아주 다양한 특징을 토대로 종류를 나누어요.
과학자들은 공룡을 크게 두 집단으로 분류해요. 골반이 새의 골반과 비슷하면 조반목, 도마뱀의 골반과 비슷하면 용반목이지요.

조반목

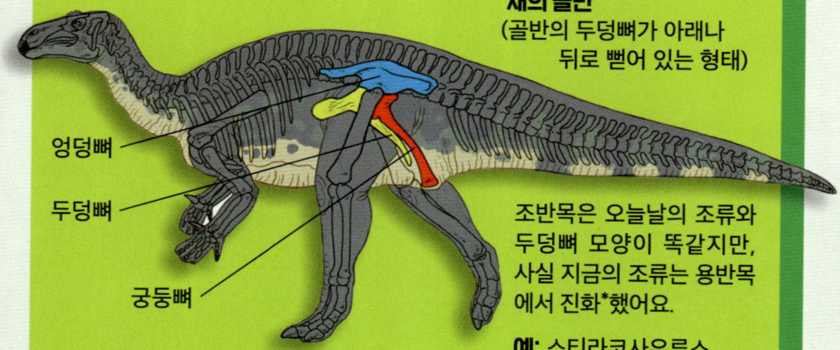

'새의 골반'
(골반의 두덩뼈가 아래나 뒤로 뻗어 있는 형태)

조반목은 오늘날의 조류와 두덩뼈 모양이 똑같지만, 사실 지금의 조류는 용반목에서 진화*했어요.

예: 스티라코사우루스

*진화: 생물이 세대를 거치며 환경에 적응해 변화하는 것.

용반목

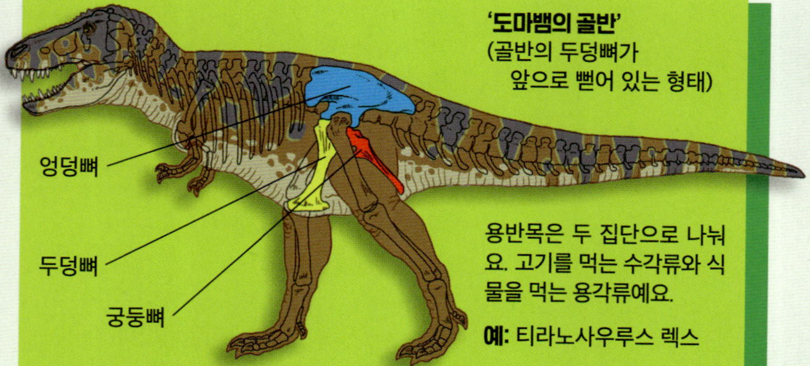

'도마뱀의 골반'
(골반의 두덩뼈가 앞으로 뻗어 있는 형태)

용반목은 두 집단으로 나눠요. 고기를 먹는 수각류와 식물을 먹는 용각류예요.

예: 티라노사우루스 렉스

모든 공룡은 이렇게 크게 두 갈래로 나눈 뒤, 비슷한 종끼리 묶어 더 나누지요. 예를 들어서 검룡과에 속하는 공룡들은 스테고사우루스처럼 목과 등에 골판이 있고 꼬리에 가시가 나 있다는 특징이 있지요.

공룡은 인류가 지구에 산 기간보다 **800배 더 오래** 살았어요.

티라노사우루스 렉스는 한 번에 고기 **45.4킬로그램을 삼킬** 수 있었어요.

오늘날의 **닭보다 크지 않은** 공룡도 있었어요.

브라키오사우루스는 **건물 5층 창문** 안을 들여다보고도 남을 만큼 키가 컸어요.

새로 발견된 공룡 4종류

인류는 수백 년 전부터 공룡의 화석을 찾아다니고, 발견해 왔어요. 지금까지 전 세계에서 적어도 1000종이 발견되었고, 앞으로 수천 종이 더 발견될 수도 있어요. 최근에는 거대하고 목이 긴 공룡과 드라이버 같은 이빨을 가진 거대한 바다 도마뱀 등의 화석이 발견되었어요.

1 이아니 스미티 (조반목)

학명: *Iani smithi*

이름 뜻: 로마 신화에서 두 얼굴을 가진 변화의 신인 야누스에서 따왔어요. 고생물학자 조슈아 에런 스미스를 기리는 뜻도 있어요.

길이: 3미터

시대: 중기 백악기

지역: 미국 유타주

2 벡티펠타 바레티 (조반목)

학명: *Vectipelta barretti*

이름 뜻: '와이트섬 방패'라는 뜻과 고생물학자 폴 배럿의 이름을 따왔어요.

길이: 3미터

시대: 초기 백악기

지역: 영국 와이트섬

3 추카로사우루스 디리피엔다 (용반목)

학명: *Chucarosaurus diripienda*

이름 뜻: '불굴의 파충류'

길이: 30미터

시대: 중기 백악기

지역: 아르헨티나

4 스텔라덴스 미스테리오수스 (용반목)

학명: *Stelladens mysteriosus*

이름 뜻: '별 이빨을 지닌 수수께끼의 동물'

길이: 4미터

시대: 후기 백악기

지역: 모로코

만약에 내가 공룡 시대에 떨어진다면 살아남을까?

질문에 답하며 생존 게임에 도전해 봐요!

조심해요! 방금 당신은 공룡이 돌아다니던 시대로 이동했어요. 티라노사우루스가 다가와요.

공룡의 시대는 약 2억 5200만 년 전에 시작되었고 약 6600만 년 전까지 이어졌어요. 과학자들은 당시에 거대한 소행성이 우리 행성에 충돌해서 모든 공룡이 사라졌다고 봐요.

현생 인류는 약 30만 년 전에야 지구에 출현했어요. 우리 인류가 공룡의 시대에 살았다면 무시무시한 포식자, 강력한 태풍 등 온갖 위험 속을 벗어나기가 힘겨웠을 거예요.

과연 여러분은 공룡의 시대로 간다면 살아남을 수 있을까요? 차례로 질문들에 답하면서 알아봐요!

모닥불을 피워서 볼게요.

나무 위로 올라가요.

강력한 태풍이 닥쳐와 주위가 물에 잠기고 진흙에 묻혔어요. 어떻게 하겠어요?

지면보다 높은 곳에 있는 동굴로 피해요.

아니요. 바다는 물속에 뭐가 있을지 모르잖아요.

지금 당장 물러나요.

공룡알 둥지를 발견했어요. 어떻게 하겠어요?

와! 누가 망 좀 봐 주면 좋겠다….

마이아사우라의 알과 새끼를 묘사한 모형이에요.

결과

만약에 결과 내용이 나와 안 맞더라도 걱정 마요. 이건 재미로 하는 거니까요!

와, 살아남기에 성공했어요.

무슨 공룡이 무섭나요? 사실 **티라노사우루스, 스피노사우루스** 같은 거대한 포식자 공룡은 위험하지 않아요. 여러분보다 훨씬 큰 다른 공룡들을 먹이로 삼을 테니까요. 또 여러분은 공룡보다 더 영리해요. 한 예로 육식 공룡 **알로사우루스**는 길이가 약 8.5미터에 무게가 2.7톤이지만 지능은 지금의 개와 비슷한 정도였을 거예요. 굶주린 육식 공룡과 마주쳤을 때 가만히 있으면, 아마도 이 세계에서 살아남을 수 있어요.

알로사우루스

살아남을 수도 있어요… 아마도 간신히.

여러분은 어쩌면 공룡의 시대에 살아남을 수 있을 거예요. 하지만 잘 살 수 있냐고 묻는다면요? 아니요, 그건 힘들어요. 그래도 괜찮아요! 2인용 침대만 한 커다란 발로 먼지구름을 일으키면서 달려오는 **티타노사우루스** 무리를 피하려고 애쓰는 동물이 여러분만은 아닐 테니까요. 잠자기도 어려울 수 있어요. 많은 육식 공룡은 밤에 뛰어난 시각과 후각으로 사냥하거든요. 여러분의 문제 해결 능력이 도움이 될 수 있겠지만, 가능한 한 잘 숨는 편이 살아남기에 가장 유리할 거예요.

티타노사우루스

으, 끝장났어요.

그렇다면 여러분은 현대에 더 적합하다는 뜻이에요. 뭐 어때요? 아무튼 공룡의 시대에는 에어컨도 수돗물도 없었고, 요즘은 생활하기에 더 풍족한걸요. 호기심 많은 여러분은 **안킬로사우루스** 같은 초식 공룡을 신나게 관찰할지도 몰라요. 그러나 안킬로사우루스가 포식자와 맞서 싸우는 데 쓰였을 꼬리 끝에 달린 뼈로 된 곤봉을 보면, 상식이 발동할 거예요. "제발, 나를 21세기로 돌려보내 줘!" (누구라도 이해할걸요.)

안킬로사우루스

잠깐 퀴즈!

동물의 세계에 대해서 내가 얼마나 아는지 퀴즈로 확인해 봐요!

답을 종이에 적은 뒤, 아래 정답과 맞추어 봐요.

1 **산비탈에서 흑겨자 덤불을 먹어서 산불 예방을 돕는 동물은 누구일까?**

a. 곰
b. 독수리
c. 염소
d. 돼지

2 **참일까, 거짓일까?** 검은 고양이는 불운을 가져와요. (   )

3 **공작의 길고 화려한 꽁지깃은 ________ 에서 자란다.**

a. 등
b. 꼬리
c. 머리
d. 발

4 **뉴질랜드의 어느 동굴은 ________ 때문에 빛난다.**

a. 햇빛
b. 빛나는 풀
c. 물의 인광
d. 곤충의 생물 발광

5 **참일까, 거짓일까?** 동물 배설물로 난방용 연료를 만들 수 있어요. (   )

너무 쉽다고요?
다음 장에 나오는 퀴즈에도 도전해 봐요!

정답: ① c, ② 거짓. 고양이의 색깔은 불운과 관련이 없다, ③ a, ④ d, ⑤ 참

이렇게 해 봐요!

아주 훌륭한 동물 보고서 쓰기

해마

선생님이 해마에 관한 보고서를 쓰라는 과제를 내 주더라도 걱정 마요. 보고서를 잘 쓰는 방법을 알려 줄게요.

잘 쓰기 위한 3단계: 보고서는 서술과 설명을 담아요(127쪽 '완벽하고 훌륭한 보고서를 쓰는 법' 참조). 주요 개념을 제시하고, 뒷받침할 증거를 자세히 적고, 결론을 내려야 해요. 이 기본 구조와 전체 흐름을 생각하면서 한 문단씩 써 나가면 보고서를 제대로 쓸 수 있을 거예요.

1. 서론

주요 개념을 제시해요.

해마는 독특한 특징을 많이 지닌 흥미로운 물고기예요.

2. 본론

주요 개념을 **뒷받침하는 증거**를 제시해요.

해마는 아주 작은 물고기예요.

해마는 머리가 말 모양이라서 '바다의 말'이라는 이름이 붙었어요.

해마는 거의 모든 지구 동물들과 다른 특이한 행동을 해요.

이어서 서술하고, 설명하고, 논술하여 이 요점들을 **확장**해요.

해마는 아주 작은 물고기예요.

해마는 태어날 때 건포도만 하고, 성체 해마는 대부분 찻잔 안에 들어갈 크기예요.

해마는 머리가 말 모양이라서 '바다의 말'이라는 이름이 붙었어요.

기다란 관처럼 생긴 주둥이가 달린 해마의 머리는 말의 머리와 닮았어요.

해마는 거의 모든 지구 동물들과 다른 특이한 행동을 해요.

다른 대다수 물고기와 달리, 해마는 평생을 같은 짝과 함께 살아요. 또 암컷이 아니라 수컷이 새끼를 낳는 유일한 종이기도 해요.

3. 결론

보고서 전체 내용을 **요약**해요.

독특한 생김새와 독특한 행동 때문에, 해마는 바다에서 가장 흥미로우면서 쉽게 알아볼 수 있는 동물에 속해요.

핵심 정보

보고서에는 다음과 같은 내용을 포함시켜요.

내가 다룰 동물은 어떤 모습일까요?
어떤 종과 가까울까요?
어떻게 움직일까요?
어디에 살까요?
무엇을 먹을까요?
포식자는 어떤 동물일까요?
얼마나 오래 살까요?
멸종 위기에 있을까요?
왜 관심을 갖게 되었나요?

사실과 허구 구분하기: 여러분이 보고서를 쓸 동물은 영화나 신화나 전설에 나왔을 수도 있어요. 그 동물이 묘사된 모습과 현실에서 실제로 어떻게 행동하는지를 비교하고 대조해요. 예를 들어, 펭귄은 애니메이션 영화 「해피 피트」에서처럼 춤을 출 수는 없어요.

교정과 수정: 어떤 글이든 마찬가지로 다 쓰고 나면 맞춤법, 문법, 문장에 오류가 있는지 검사해요. 남에게 교정을 맡기는 것도 도움이 되곤 해요. 여러분이 놓친 오류를 찾아낼 수도 있으니까요. 또 문장과 문단을 더 다듬을 수도 있지요. 설명을 덧붙이고, 글이 훨씬 더 잘 전달될 만한 동사, 부사, 형용사를 골라요.

창의력을 발휘하기: 시각 자료를 덧붙여서 보고서가 더 흥미로워 보이게 할 수 있어요. 온라인에서 동물 사진을 찾아 넣거나 직접 그려 넣어요! 동물 서식지 모형을 만들거나 이미지로 가상 서식지를 만들 수도 있어요. 창의력을 발휘해서 자신이 아주 좋아하는 동물을 알릴 방법을 찾아봐요.

최종 결과물 완성하기: 이 모든 사항들을 다 모으고 다듬어서 최종 보고서로 만들어요. 깨끗하고 말끔하게 작성하고, 인용한 참고 문헌도 적어 두어요.

우주와 지구

2021년 제임스 웹 우주 망원경을 발사하기 전에 여러 과학자들이 살펴보고 있는 모습이에요.

LOW RH
Marklift

화가가 상상해서 그린 우리 은하의 모습

1

지구에서 해왕성까지 날아가는 데 **8년**이 걸릴 수도 있어요.

2

쿠쿨라라는 소행성의 이름은 **뻐꾸기**의 영어 이름(cuckoo)에서 나왔어요.

3

지구에서는 언제나 달의 **같은 쪽**만 볼 수 있어요.

4

천왕성 표면의 온도는 **섭씨 영하 216도**까지 떨어지기도 해요.

5

게성운의 중심에 있는 어떤 별은 **1초에 30번** 자전해요.

지구 바깥의 우주에 관한 놀랍고 재밌는 사실들

6

화성에서는 파란색 저녁노을이 져요.

7

우주 비행사들은 우주 왕복선에서 감자를 길렀어요.

8

천왕성의 북극은 한 번에 약 42년 동안 햇빛을 받지 못해요.

9

최근에 토성에서는 미국 전체를 덮을 만큼 커다란 번개 폭풍이 일어났어요.

10

해왕성의 1년은 거의 지구의 165년이에요.

태양계 행성들

수성

태양으로부터 떨어진 평균 거리: 57,909,227킬로미터

적도에서 잰 지름: 4,879킬로미터

하루의 길이: 지구 시간으로 59일

1년의 길이: 지구 시간으로 88일

알려진 위성의 수: 0개

금성

태양으로부터 떨어진 평균 거리: 108,209,475킬로미터

적도에서 잰 지름: 12,103킬로미터

하루의 길이: 지구 시간으로 243일

1년의 길이: 지구 시간으로 225일

알려진 위성의 수: 0개

지구

태양으로부터 떨어진 평균 거리: 149,598,262킬로미터

적도에서 잰 지름: 12,750킬로미터

하루의 길이: 24시간

1년의 길이: 365.25일

알려진 위성의 수: 1개

화성

태양으로부터 떨어진 평균 거리: 227,943,824킬로미터

적도에서 잰 지름: 6,792킬로미터

하루의 길이: 지구 시간으로 24.6시간

1년의 길이: 지구 시간으로 1.88년

알려진 위성의 수: 2개

이 그림은 우리 태양계의 행성 8개와 5개의 왜소행성을 나타내요. 왼쪽부터 오른쪽으로 태양에 가까운 순서대로 늘어놓았어요. 상대적인 크기라든가 위치는 실제와 같지만, 천체들 사이의 상대적인 거리는 실제와 달라요.

왜소행성에 대해서는 92쪽을 참고하세요.

목성

태양으로부터 떨어진 평균 거리: 778,340,821킬로미터

적도에서 잰 지름: 139,820킬로미터

하루의 길이: 지구 시간으로 9.9시간

1년의 길이: 지구 시간으로 11.9년

알려진 위성의 수: 95개*

토성

태양으로부터 떨어진 평균 거리: 1,426,666,422킬로미터

적도에서 잰 지름: 116,464킬로미터

하루의 길이: 지구 시간으로 10.7시간

1년의 길이: 지구 시간으로 30년

알려진 위성의 수: 274개*

천왕성

태양으로부터 떨어진 평균 거리: 2,870,658,186킬로미터

적도에서 잰 지름: 50,724킬로미터

하루의 길이: 지구 시간으로 17.2시간

1년의 길이: 지구 시간으로 84년

알려진 위성의 수: 28개

해왕성

태양으로부터 떨어진 평균 거리: 4,498,396,441킬로미터

적도에서 잰 지름: 49,244킬로미터

하루의 길이: 지구 시간으로 16.1시간

1년의 길이: 지구 시간으로 164.8년

알려진 위성의 수: 16개*

*국제 천문 연맹에서 확인하고 정식 이름을 붙이기 전인 임시 위성을 포함한 개수예요.

왜소행성

기술이 발달한 덕분에 천문학자들은 망원경으로 예전에는 결코 볼 수 없었던 여러 천체들을 발견했어요. 새롭게 발견된 사실을 알려 줄까요? 명왕성 너머에 태양 주위를 돌고 있는 차가운 얼음 같은 천체들 무리가 있어요. 그 중 가장 큰 천체는 명왕성과 마찬가지로 왜소행성으로 분류되죠. 왜소행성은 달보다는 작지만 질량이 충분해서 스스로를 공 모양으로 유지할 수 있을 만큼 중력을 갖고 있어요. 거의 구체에 가까워요. 하지만 자기 궤도상의 작은 천체들을 다 흡수할 만큼의 중력은 없어요. 그래서 보다 크고 무거운 다른 행성들은 자기만의 공전 궤도를 가진 데 비해 왜소행성들은 다른 왜소행성이나 자기보다 작은 바위, 얼음덩어리와 함께 궤도를 돌아요.

지금까지 천문학자들이 발견한 왜소행성 중에 잘 알려진 5개는 케레스, 명왕성, 하우메아, 마케마케, 에리스죠. 이름을 붙이기에 앞서 추가 연구가 더 필요한 왜소행성들도 최근에 많이 발견되었어요. 천문학자들은 우리 태양계의 추운 바깥쪽에서 수백 개의 새로운 천체들을 관찰하고 있어요. 시간이 지나 기술이 더 발전하면, 우리에게 알려진 왜소행성의 무리는 분명 계속해서 늘어날 거예요.

케레스
- 하루의 길이: 지구 시간으로 9시간
- 1년의 길이: 지구 시간으로 4.39년
- 알려진 위성의 수: 0개

명왕성
- 하루의 길이: 지구 시간으로 6.39일
- 1년의 길이: 지구 시간으로 248년
- 알려진 위성의 수: 5개

하우메아
- 하루의 길이: 지구 시간으로 3.9시간
- 1년의 길이: 지구 시간으로 285년
- 알려진 위성의 수: 2개

마케마케
- 하루의 길이: 지구 시간으로 22.5시간
- 1년의 길이 지구 시간으로 305.34년
- 알려진 위성의 수: 1개*

에리스
- 하루의 길이: 지구 시간으로 1.1일
- 1년의 길이: 지구 시간으로 558년
- 알려진 위성의 수: 1개

*국제 천문 연맹에서 확인해 정식 이름이 붙기 전인 임시 위성을 포함해요.

블랙홀은 별을 도넛처럼 만들어서 집어삼킨다!

굶주린 블랙홀은 무엇을 먹을까요? 도넛은 어떨까요? 허블 우주 망원경이 바로 그런 장면을 포착했어요. 블랙홀이 우리 태양계만큼 거대한 '도넛' 모양으로 늘어난 별을 집어삼키는 모습을 기록했지요. 이 블랙홀은 약 3억 광년 떨어져 있는데, 놀랍도록 강력한 중력으로 별 도넛을 끌어당겨서 '삼키는' 중이에요.

이 현상을 조석 파괴 현상이라고 해요. 별이 블랙홀에 너무 가까워지고 블랙홀의 조석력이 별을 찢으면서 일어나요. 달이 지구를 끌어당겨 지구의 바다에 조석을 일으키는 방식과 비슷하지만, 훨씬 더 강력하지요!

천문학자들은 지금까지 블랙홀 주위에서 일어나는 조석 파괴 현상을 100번쯤 검출했어요. 그러나 이런 규모로 별이 늘어나서 부서지는 사건은 아주 드물어요. 이제 남은 문제는 이것뿐이죠. 과연 블랙홀은 무슨 맛의 도넛을 좋아할까요?

외계 생명체가 지구에 온다면 어떨까요?

인류는 먼 우주는커녕 우리 태양계도 아직 다 탐사하지 못했기에, 외계 생명체가 없다고 말할 수는 없어요. 외계 생명체의 존재를 발견한다면 얼마나 멋질까요? 태양계 바깥에서 지구를 찾아올 수 있는 외계 생명체는 우리보다 몇 광년은 앞서 더 발전한 놀라운 과학 기술을 지녔을 거예요. 아무튼 이 외계 여행자들은 별들 사이의 엄청난 거리를 돌아다니는 방법을 알아냈다는 뜻이니까요. 그러나 모든 사람이 외계 생명체를 환영할 준비가 되어 있는 것은 아니에요. 물리학자 스티븐 호킹은 외계 생명체가 존재한다고 믿었고, 외계인 방문자가 뛰어난 기술로 우리 행성의 자원을 약탈할 가능성이 있다고 했어요. 지구인이 노예가 되거나 전멸할 수도 있다고 생각했죠. 물론 어떻게 될지는 아무도 몰라요. 현 시점에서 외계 생명체는 아주 잘 숨어 있어요.

기발하고 괴상하고 웃긴 과학 사전!

우주에 관한 엄청 놀라운 사실들을 알아봐요.

우주 비행사의 **오줌**은 모아서 **정화 장치**를 거치면 **다시** 우주에서 **마실 물**이 **돼요!**

우주 비행사들은 나사 본부에서 보내 준 **특별 요리 재료**를 가지고 우주에서 **피자를 만들어 먹는 파티**를 열어 즐거운 시간을 보냈어요.

국제 우주 정거장(ISS)은 **92분**마다 **지구** 궤도를 돌아요. 이 말인즉슨 국제 우주 정거장에 탄 **우주 비행사**들이 **매일 해돋이와 해넘이를 16번씩** 본다는 뜻이에요!

중력이 약하다는 것은 우주 비행사가 한동안 우주 정거장에 머문다면 **키가 5센티미터까지 늘어날 수 있다**는 뜻이에요.

우주 비행사는 꽉 조이는 우주복을 입기에 **7시간 내리 일한다면** 반드시 **기저귀를 차야** 해요.

천문 관측 달력 2026년

하늘을 봐요!
월식부터 유성우까지, 2026년 밤하늘에서 일어나는 놀라운 주요 사건들을 살펴볼까요. (유성우는 가까운 별이나 별자리의 이름이 붙여져요.)

- **1월 3일~4일**
  용자리(사분의자리) 유성우가 가장 잘 보이는 날
  많으면 시간당 최대 100개의 유성이 보여요. 가장 인상적인 유성우 쇼에 속해요.
- **1월 10일**
  목성이 충*의 위치에 오는 날
  목성과 목성의 위성들이 지구에 가장 가까이 다가오는 날이에요. 저녁 하늘에 더 크고 더 밝게 보이지요.
- **3월 3일**
  개기 월식 동아시아, 오스트레일리아, 태평양, 북아메리카 대부분의 지역에서 볼 수 있어요. 지구가 태양과 달 사이에 놓여서 지구 그림자에 달이 완전히 가려져요.
- **3월 20일**
  춘분
  태양이 적도 바로 위에 놓이면서, 북반구와 남반구가 같은 양의 햇빛을 받는 날이에요.
- **4월 22일~23일**
  거문고자리 유성우가 가장 잘 보이는 날
  자정 이후에 가장 잘 보여요. 시간당 약 20개의 유성이 보일 거예요.
- **5월 31일**
  블루문이 뜨는 날 블루문은 파란 달을 뜻하지만, 실제로 달이 파랗지는 않아요. 그저 한 달에 보름달이 두 번 뜨는 일이 일어나는 것을 뜻해요.
- **8월 12일**
  개기 일식
  지구와 태양 사이에 달이 놓여서 태양을 거의 완전히 가려요. 유럽 일부 지역에서 가장 잘 보여요.
- **8월 12일~13일**
  페르세우스자리 유성우가 가장 잘 보이는 날
  시간당 최대 100개의 유성이 보여요! 페르세우스자리 쪽에서 가장 잘 보여요.
- **8월 28일**
  부분 월식 망원경이나 쌍안경으로 지구의 그림자가 달의 일부를 가리는 광경을 지켜봐요.
- **10월 21일~22일**
  오리온자리 유성우가 가장 잘 보이는 날
  시간당 최대 20개의 유성이 보여요. 오리온자리 쪽에서 가장 잘 보여요.
- **11월 20일**
  수성이 서방 최대 이각에 있는 날**
  해뜨기 직전에 수성이 지평선 위로 가장 높이 떠 있을 거예요. 동쪽 하늘에서 찾아봐요.
- **11월 24일**
  슈퍼문이 뜨는 날 달이 지구에 가장 가까이 다가와서 보름달이 평소보다 더 크고 더 밝게 빛나요.
- **12월 22일**
  동지
  북반구에서는 해가 가장 낮게 떠서 일 년 중 낮이 가장 짧아요. 반면 여름인 남반구에서는 낮이 가장 긴 하지예요.
- **12월 23일**
  슈퍼문이 뜨는 날
  2026년에는 슈퍼문이 세 번 뜨는데, 마지막으로 뜨는 날이에요. 보름달이 지구에 가장 가까워져서 평소보다 더 크고 밝아요.

- 관측 날짜는 여러분이 사는 지역에 따라 조금씩 달라질 수 있어요. 가까운 천문대에서 날짜를 확인해 봐요.

*충: 지구에서 볼 때 외행성이 태양과 정반대 위치에 오는 상태. 외행성 - 지구 - 태양의 순서로 위치한 때.
**서방 최대 이각: 지구에서 볼 때 내행성이 태양의 서쪽으로 가장 멀리 떨어져 있는 상태.

지구 속 들여다보기

지구 표면에서 중심까지의 거리는 적도에서 쟀을 때 약 6400킬로미터예요. 지구는 4개의 층으로 이루어졌어요. 바깥에서부터 얇고 단단한 지각, 암석으로 구성된 맨틀, 녹은 철로 이루어진 외핵, 마지막으로 고체에 가까운 철로 여겨지는 내핵이에요.

지각은 판*의 윗부분으로, 대륙 지각과 해양 지각을 포함해요. 두께는 5~100킬로미터예요.

맨틀은 뜨겁고 두꺼운 암석으로 약 2900킬로미터 두께예요. 상부 맨틀(적갈색)과 하부 맨틀(주황색)로 나눌 수 있어요.

외핵은 주로 철과 니켈로 이루어져 있고, 암석이 녹아 액체 상태예요.

내핵은 지구의 단단한 중심부이고, 주로 고체 상태의 철과 니켈로 이루어져 있어요.

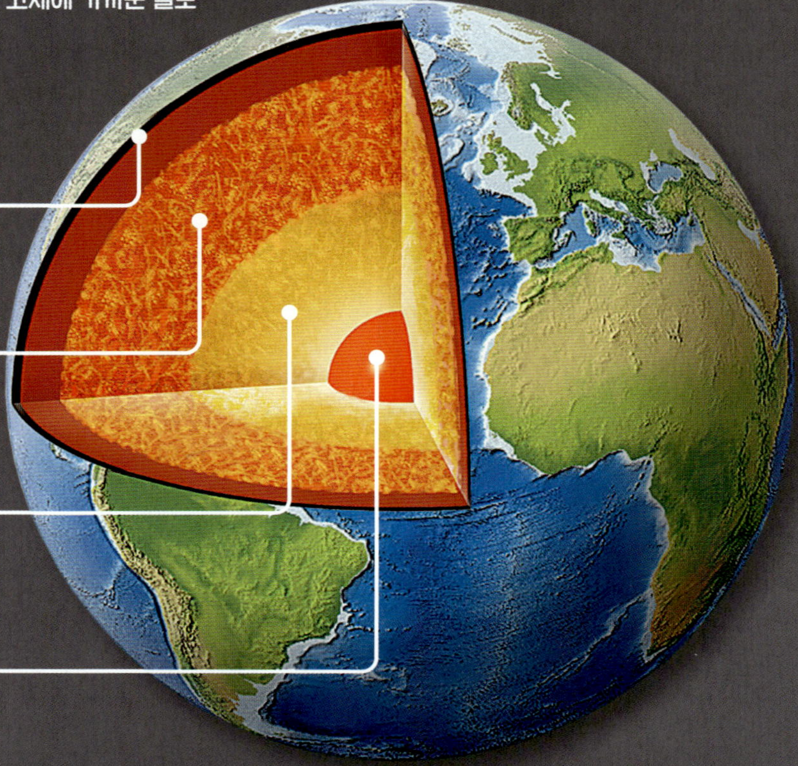

*판: 지구의 표면을 덮고 있는 단단한 조각으로 지각과 최상부 맨틀로 구성되며, 여러 개로 나뉘어 있고 계속해서 움직여요.

지구 반대편까지 땅을 파 들어가면 어떻게 될까?

마그마로부터 몸을 보호할 옷을 입고 성능 좋은 드릴을 챙기면 어느 지표면이든 뚫고 들어갈 수 있을까요? 땅을 파서 지구 반대편에 닿으려면 1만 2714킬로미터는 뚫어야 해요. 그 전에 지표면에서 가장 단단한 지각을 32킬로미터쯤 파고 들어가 맨틀에 도달해야 하죠. 맨틀의 열과 압력은 너무 높아 탄소가 다이아몬드로 바뀔 정도예요. 사람은 쭈그러들고 말겠죠. 살아남더라도 2900킬로미터를 더 파 들어가야 해요. 그러면 온도가 6000도 이상 되는 화성 크기만 한 핵에 도착할 거예요. 핵을 뚫고 계속 가면 지구 반대편의 맨틀과 지각을 만나요. 다 파면 지구 반대편에 머리를 내밀 수 있겠죠. 하지만 구멍을 빠르게 빠져나와야 해요. 땅속에 큰 구멍이 생기면 주변 암석이 무너져 빈 공간을 채우려고 할 테니까요. 빈 곳이 메워지며 작은 지진이 생길지도 몰라요. 그럼 돌아갈 길은 완전히 막히겠죠. 행운을 빌어요!

여러 가지 암석 알아보기

암석과 광물은 지구상 어디에나 있어요! 두 가지를 구별하기는 쉽지 않죠. 암석과 광물은 어떻게 다를까요? 암석은 주로 광물로 이루어졌고 자연에 존재하는 고체 물질이에요. 광물은 자연에 존재하는 고체인 무생물로 암석을 이루는 기본 요소예요. 암석은 흑연처럼 한 가지 광물로 구성될 수도, 여러 종류의 광물로 이루어질 수도 있어요. 하지만 모든 암석이 광물로 이루어지지는 않아요. 석탄은 식물성 성분으로 만들어졌고, 호박은 먼 옛날 나무에서 나온 송진으로 만들어졌어요.

화성암

화성암은 '불로 만들어진' 암석이란 뜻이죠. 마그마, 즉 암석이 뜨거워 녹은 액체가 차갑게 식어서 만들어져요. 마그마는 땅속 깊은 곳에 고였다가 지표면으로 천천히 나오는데, 폭발하듯 분출된 것을 '용암'이라고 해요. 용암층이 켜켜이 쌓여 만들어진 산이 화산이지요. 흔히 볼 수 있는 화성암으로 흑요석, 현무암, 부석이 있어요. 부석은 기포가 빠져나온 구멍이 많기 때문에 가벼워서 물 위로 떠요.

안산암

화강 반암

변성암

변성암은 변신을 아주 잘하는 암석이에요! 이 암석은 한때 화성암이거나 퇴적암이었다가 땅속 깊은 곳의 강한 열과 압력 때문에 변형된 거예요. 변성암은 완전히 녹지 않아요. 그 대신 열과 강한 압력이 암석을 뒤틀고 구부려서 모양이 아주 많이 바뀌지요. 변성암으로는 점판암, 대리암이 있어요. 대리암은 건물이나 기념물 조각상의 재료로 쓰인답니다.

운모 편암

호상 편마암

퇴적암

바람과 물, 얼음은 암석 표면을 끊임없이 닳게 해요. 이 과정에서 퇴적물이라는 작은 조각이 생겨요. 자갈, 모래, 진흙은 다 퇴적물 알갱이예요. 물은 경사진 곳을 흐르면서 퇴적물 알갱이를 호수나 바다에 옮겨 놓아요. 퇴적물 더미가 계속 쌓이다 보면 알갱이는 결국 압축되거나 한데 결합해요. 그 결과 새로운 퇴적암이 만들어져요. 사암, 석고, 석회암, 셰일은 이런 식으로 생겨난 퇴적암이에요.

석회암

암염

광물

• 숨겨진 이야기 •

모스 굳기계

숫자로 나타낸 단단함

지질학자는 암석과 광물의 단단한 정도를 1에서 10까지 숫자로 나타내요. 창안자인 프리드리히 모스의 이름을 따서 이것을 모스 굳기계라고 해요.

광물	굳기
활석	1
석고	2
방해석	3
형석	4
인회석	5
정장석	6
석영	7
황옥	8
강옥	9
금강석	10

우리 눈에 보이는 암석은 대개 단단한 고체 덩어리예요. 거의 모든 암석은 안에 광물이 들어 있지만, 깨지 않는 한 무엇이 들었는지 잘 보이지 않지요. 광물은 어디에나 있어요. 우리 지구에는 5000가지가 넘는 광물이 있으며, 다른 행성들에도 지구와 같거나 다른 광물들이 있어요. 모든 광물이 암석에서 흔하게 들어 있지는 않아요. 100가지가 안 되는 광물이 지구 지각의 대부분을 이루어요. 그중 장석, 운모, 석영 같은 몇몇 광물은 암석에 아주 흔하게 들어 있어요. 제빵사의 소금, 설탕, 밀가루나 다름없어요. 암석을 만드는 데 꼭 필요한 재료들이지요.

어떤 광물을 다른 광물과 구별되도록 하는 것이 무엇일까요? 눈에 보이지 않는 것, 강력한 현미경으로도 보이지 않는 성분들이 핵심이에요. 모든 물질은 원자라는 작은 알갱이로 이루어져요. 원자들은 결합해서 결정을 만드는데, 광물마다 이 결정을 만드는 방식이 달라요. 지질학자는 이 결정 구조를 보고 광물을 구별해요.

원자의 핵심, 원소

광물은 대개 두 가지 이상의 원소로 이루어져요. 원소마다 화학적 특성이 달라요. 원소는 세상의 모든 기체, 액체, 고체 물질을 만드는 구성 성분이에요. 산소라는 원소가 한 예예요. 산소는 우리가 호흡하는 공기에도, 마시는 물에도 들어 있어요. 많은 암석에도 들어 있지요. 산소를 가지고 있는 광물이 많으니까요. 지금까지 발견된 화학 원소는 118가지인데, 산소도 그중 하나예요.

광물의 특성 살펴보기

광물마다 특성이 달라요. 지질학자들은 이런저런 특성을 살펴보고 광물을 구별해요. 특성 때문에 광물들이 서로 달라져요. 결정의 형태는 광물의 특성 중 하나예요. 광물이 얼마나 단단한지, 얼마나 광택이 나는지 살피는 굳기와 광택도 광물의 특성이지요. 광택은 광물이 빛을 얼마나 잘 반사하는지에 따라 달라져요. 반짝이는 광물도 있고 칙칙한 광물도 있지요. 조흔색, 즉 광물을 하얀 도자기에 대고 긁었을 때 남는 자국의 색깔도 광물의 특성이에요.

같은 반 학생들은 나이, 사는 지역 등 공통점이 있어요. 광물들도 마찬가지예요. 들어 있는 공통 원소에 따라서 서로 다른 집단으로 묶여요. 가장 큰 광물족은 규산염 광물이에요. 주성분인 산소와 규소가 합쳐진 규산염에 다른 종류의 원소들이 섞여 이루어진 광물로 사장석, 석영 등이 있지요. 또 어떤 광물족들이 있는지 살펴볼까요?

붕산염 광물: 산소와 붕소가 결합할 때 생겨요.

탄산염 광물: 주로 탄소와 산소로 이루어지고 칼슘 같은 원소가 섞여 있어요.

할로겐 광물: 염소나 불소(플루오린) 같은 원소가 금속과 결합해서 생겨요.

수산화 광물: 둘이 금속 원소와 결합할 때 생겨요.

산화 광물: 산소가 철 같은 금속과 결합할 때 생겨요.

원소 광물: 금과 은처럼 한 가지 원소로만 이루어진 광물이에요.

황산염 광물: 황 원자 1개를 산소 원자 4개가 둘러싸고 있는 화합물을 중심으로 형성된 광물이에요.

황화 광물: 황이 납 같은 금속과 결합할 때 생겨요.

10가지 암석과 광물에 관한 멋진 사실들

남아프리카 공화국에서 거의 **30억 년** 된 **에메랄드**가 발견되었어요. 지금까지 발견된 에메랄드 중 **가장 오래된** 거예요.

과학자들은 용암이 어떻게 흐르는지 연구하려고 **10억 년 된** 현무암을 **녹여요.**

암석의 기원과 형성 과정을 연구하는 **암석 전문가**를 **암석학자**라고 해요.

브라질에서 발견된 한 **정동 암석***을 자르자 **쿠키 몬스터**처럼 웃음 짓는 얼굴이 나타났어요.

*정동 암석: 광물의 결정이 빈 공간의 중심을 향하여 자라면서 만들어진 암석.

황철석은 종종 **금으로 착각되어요.** 그래서 **바보의 금**이라는 별명이 있어요.

베트남 할롱만의 **거대한 암석층**은 침입자를 막기 위해 **용들**이 만들었다는 전설이 있어요.

인도에서는 **광물**인 **은**을 종잇장처럼 아주 얇게 펴서 만든 **바락**으로 **디저트를 장식**해요.

다이아몬드를 섭씨 **763도** 이상으로 가열하면 **기체가 되어 흩어질** 거예요.

동굴 천장에 생기는 **종유석**은 **자라는 데** 거의 **20만 년**이 걸리기도 해요!

중국 장예 단샤 국립 지질 공원에는 층층이 쌓인 **사암 지층**이 **무지갯빛**을 띠고 있어요.

뜨거운 화산

증기가 부글부글 솟아오르는 화산 속에서는 대체 무슨 일이 벌어지고 있을까요?

화산 내부를 들여다보면, '화도'라 불리는 길쭉한 통로가 보일 거예요. 불의 길을 뜻하는 화도를 통해 지각 아래의 마그마 방에 괴어 있던 마그마가 산꼭대기에 난 구멍, 분화구까지 연결돼요. 화도에서 마그마가 가지를 뻗어 갈라진 틈을 만들기도 해요.
화산 안쪽의 압력이 높아지면 화산 가스는 빠져나갈 구멍을 찾아서 결국 지표면을 향해 올라와요! 이때 용암, 화산 가스, 화산재, 돌멩이가 분화구에서 뿜어져 나와요.
이를 화산이 분화한다고 해요.

화산의 여러 종류

분석구

캐나다 이브콘산

분석구는 우묵한 그릇을 뒤집어 놓은 듯한 모양이에요. 뜨거운 용암과 화산재가 격렬하게 뿜어나와 만들어지지요. 몇 년에 걸쳐 연기를 뿜다가 크게 분화하기도 해요.

성층 화산

칠레 리칸카부르산

원뿔 모양의 성층 화산은 이전에 분화했을 때 나온 용암과 화산 쇄설물이 단단히 굳고 시간이 갈수록 겹겹이 쌓여서 만들어져요. 이 화산에서 뿜어낸 자욱하고 뜨거운 화산재는 시간당 수백 킬로미터의 속도로 날아가요.

순상 화산

미국 하와이주 마우나로아산

비탈면이 완만하고 넓은 모습이 전사들이 쓰던 방패를 닮았어요. 보통 느리게 분화해서, 용암이 맹렬히 공중으로 솟구치는 대신 후드득 떨어지거나 줄줄 흘러내리지요.

용암돔

미국 워싱턴주 세인트헬렌스산

끈적한 용암이 쌓여서 종 모양을 이룬 화산이에요. 분화구는 용암이 굳어서 막혀 있는 경우가 많아요. 화산 속 압력이 높아지면 다시 분화할 수 있어요.

불의 고리

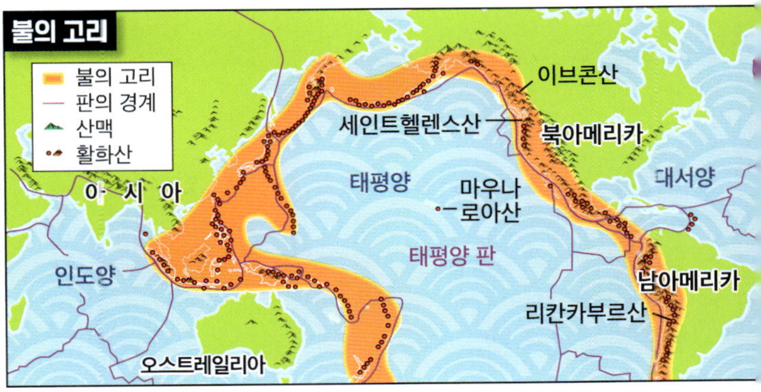

화산은 모든 대륙에서 발견되지만, 대부분은 '불의 고리'라고 하는 환태평양 조산대를 따라 자리해요. 불의 고리는 말굽 모양으로 생겼으며, 약 4만 킬로미터에 이르는 태평양 연안 지역을 가리켜요. 지구 표면을 이루는 단단하고 커다란 판 여러 개가 이곳에서 만나요. 판들은 서로를 향해 움직이다가 부딪치곤 해요. 그러면 어떻게 될까요? 화산이 분화하고 지진이 발생해요. 실제로 전 세계에서 기록된 지진의 90퍼센트와 활화산의 약 75퍼센트가 이 불의 고리에서 나타나요. 지구 표면이 여러 개의 판으로 이루어졌고 그 판들이 움직이고 있다고 설명하는 이론을 '판 구조론'이라고 해요.

초화산: 강력한 슈퍼화산

하와이섬의 마우나로아는 지구에서 가장 부피가 큰 활화산이에요.

가장 큰 화산

화산의 크기는 어떻게 결정할까요? 한 가지 방법은 높이를 측정하는 거예요. 그러면 미국 하와이의 마우나케아가 1위예요. 이 화산은 정상의 높이가 해발 4205미터이지만, 사실 태평양 바닥에서 솟았으니까 물속에 잠긴 높이까지 재야 하거든요. 물속에 잠긴 부분이 3배는 길어서 전체 높이는 1만 211미터예요! 세계에서 가장 높은 화산이면서 가장 높은 산이지요. 바닥에서 꼭대기까지의 높이가 8849미터인 네팔 히말라야산맥의 에베레스트산보다도 높아요. 마우나케아는 약 4500년 전에 마지막으로 분화했지만, 지금도 활화산이라고 여겨져요. 여전히 그 안에 마그마가 들어 있기 때문이에요. 계속 잠들지 않을 가능성이 있다는 뜻이에요.

면적이 얼마나 넓은지로 따지면, 일본 해안에서 1609킬로미터 떨어진 타무 산괴가 세계에서 가장 큰 화산이에요. 사화산이고 순상 화산으로 면적이 25만 8999제곱킬로미터여서 미국 뉴멕시코주보다 커요. 세계에서 가장 부피가 큰 활화산인 마우나로아보다 약 50배 더 넓죠. 마우나로아는 겨우 5180제곱킬로미터예요. 과학자들이 타무 산괴를 발견한 것은 1993년이었어요. 처음에는 서로 다른 화산 3개인

미국 옐로스톤 국립 공원의 캐슬 간헐천

인도네시아 아낙 크라카타우 화산, '크라카타우의 아이'

줄 알았어요. 타무 산괴는 알아보기가 쉽지 않거든요. 태평양 속 1981미터 아래에 잠겨 있으니까요!

가장 강력한 분화

미국 와이오밍주, 몬태나주, 아이다호주 세 주에 걸쳐 있는 옐로스톤 국립 공원은 미국에서 가장 오래된 국립 공원이에요. 또 초화산이 있는 곳이기도 해요. 초화산은 일반 화산보다 수천 배 더 강력한 화산을 말해요. 초화산은 산처럼 생기지 않았어요. 대개 땅이 드넓게 움푹 파인 모습이죠. 이렇게 파인 곳을 '칼데라'라고 해요. 칼데라 지하에는 거대한 마그마 방이 있어요. 화산이 분화해 엄청난 양의 마그마가 뿜어져서 거대한 마그마 방이 비워지면, 위가 무너지면서 움푹 들어간 지형이 생겨요. 옐로스톤은 사실 세 개의 칼데라로 이루어졌어요. 210만 년 전, 130만 년 전, 64만 년 전에 대규모로 분출하면서 생겼어요. 다행히도 옐로스톤 칼데라 아래 마그마가 다시 채워지고 있다는 증거는 전혀 없으며, 과학자들은 가까운 미래에 다시 화산 분화가 일어나지는 않을 것이라고 봐요.

1938년에 공개된 옐로스톤 국립 공원 포스터

불행히도 1600년의 과학자들은 후아이나푸티나라는 페루의 작은 화산이 남아메리카에서 가장 크고 지구 전체에서도 가장 큰 축에 속하는 폭발을 하리라고 예측할 수 없었어요. 후아이나푸티나 화산은 터지기 전에 나흘 동안 강한 지진을 일으켰어요. 분화가 시작되자 화산재 기둥이 거의 35.5킬로미터 상공까지 치솟았어요. 요란하게 천둥이 치고 어둠이 40시간 동안 이어졌어요. 분출이 끝날 즈음에는 121킬로미터 떨어진 바다까지 뜨거운 진흙이 쏟아졌지요.

200여 년 뒤 인도네시아 크라카타우섬에서 또 다른 엄청난 폭발이 일어났어요. 1883년 크라카타우 화산은 아주 뜨거운 기체와 암석을 뿜어내 바다 너머 약 38.6킬로미터 떨어진 섬까지 빠르게 날려 보냈어요. 화산이 분화하는 소리가 4828킬로미터 떨어진 곳에서도 들렸지요. 화산재는 거의 6116킬로미터 떨어진 곳까지 날아갔고요. 너무나 강력한 분화였기에 1년도 채 지나지 않아서 지구 기온이 떨어졌고, 4년이 더 지난 뒤에야 정상으로 돌아왔어요. 지금도 크라카타우는 작게 분화하면서 다시금 대폭발을 일으킬 준비를 하고 있어요. 하지만 그 일이 언제 일어날지는 아무도 몰라요.

잠깐 퀴즈!

우주와 지구에 대해서라면 확실히 알고 있다고요? 다음 문제를 풀어 보세요!

답을 종이에 적은 뒤, 아래 정답과 맞추어 봐요.

1. **참일까, 거짓일까?** 퇴적암은 용암이 식어서 생겨요. (   )

2. **조석 파괴 현상이 일어날 때, 블랙홀은 별을 끌어당겨서 어떤 모양으로 만들까?**
   a. 도넛 **c.** 피자
   b. 아이스크림 콘 **d.** 핫도그

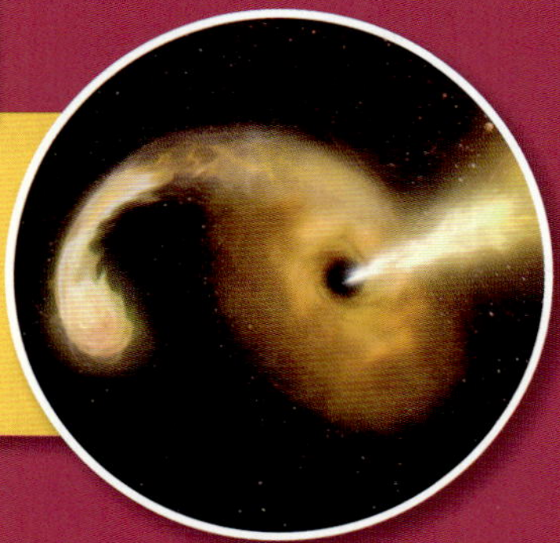

3. **국제 우주 정거장은 지구 궤도를 한 바퀴 도는 데 시간이 얼마나 걸릴까?**
   a. 92분 **c.** 92시간
   b. 92일 **d.** 92년

4. **화성의 저녁노을은 무슨 색깔일까?**
   a. 자주색 **c.** 초록색
   b. 빨간색 **d.** 파란색

5. **참일까, 거짓일까?** 중국에는 무지갯빛 줄무늬가 있는 산이 있어요. (   )

너무 쉽다고요?
다음 장에서 나오는 **퀴즈**에도 도전해 봐요!

정답: ① 거짓. 퇴적암은 물에 운반되는 알갱이가 쌓여서 생겨요, ② a, ③ a, ④ d, ⑤ 참

이렇게 해 봐요!

과학전람회 준비하기

책을 통해서도 과학을 많이 배울 수 있어요. 하지만 과학을 직접 경험하기 위해서는 실험실에 가서 실제로 해 봐야 하죠. 청소년을 위한 과학전람회나 과학 탐구 대회에 나가 보세요. 도전할 수 있는 과학 프로젝트는 많아요. 자, 고글과 실험용 가운을 챙기고 실험을 시작해 봐요. 과학 탐구 주제는 여러분이 고르는 경우가 많을 거예요. 자신이 흥미를 느끼는 주제를 고르도록 해요.

과학에서 조사와 발견의 기초는 바로 과학적 방법을 쓰는 것이에요. 다음 여러 단계를 거쳐 실험을 해 봐요.

관찰과 조사: 질문하고 문제를 발견해요.

가설: 여러분이 알아보고 싶은 질문을 떠올렸다면, 그 질문에 대해 가능한 답도 생각해요.

실험: 여러분의 가설이 맞는지 틀리는지 어떻게 알까요? 시험해 보면 되죠. 실제로 실험을 하는 거예요. 여러분의 질문에 답할 수 있는 실험을 설계해야 해요.

분석: 실험 결과를 모으고 일관된 과정을 거쳐 조심스레 측정해요.

결론: 여러분이 얻은 결과가 가설을 뒷받침하나요?

발견한 결과 보고: 실험하고 발견한 결과를 논문으로 작성해 사람들에게 알려요. 논문은 여러분의 실험 전체를 요약해야 하죠.

보너스!

여러분의 프로젝트를 한 단계 더 밀고 나가 봐요. 학교에서 해마다 과학전람회나 과학 탐구 대회가 열릴 수도 있지만, 지역 대회와 전국 대회도 열려요. 상을 놓고 다른 학생들과 겨루어 봐요.

실험 설계하기

여러분이 할 수 있는 실험 유형 3가지!

모형 만들기: '분출하는 화산' 모형을 만들어요. 간단하고 분명하게 해요.

시연하기: 터널형 인공 장치인 풍동에 토네이도를 일으키는 것처럼 과학 원리를 직접 보여 줘요.

조사하기: 과학전람회에서 잘 쓰이는 방법이에요. 가설을 세우고 적절한 과학 실험을 하고 과학적 방법을 활용해 질문에 대한 답을 찾아요.

탐험과 발견

내셔널지오그래픽 탐험가 루 소마위라가 오스트레일리아 오지에서 사암뱀목거북을 들어 보이고 있어요.

용감하게 미지의 세계로

세 내셔널지오그래픽 탐험가가 동물과 자연, 인류의 역사를 새롭게 발견한 이야기를 들어 보세요.

갈색짖는원숭이들이 브라질의 우림에서 오싹한 소리를 내고 있어요.

동물을 연구하는 생물학자

브루노 알베스 부자토는 전 세계의 거미를 연구해요. 다음은 세계에서 가장 강한 독을 지닌 거미 중 하나인 오스트레일리아의 시드니깔때기그물거미를 조사할 때 겪은 일이에요.

"자연의 관찰자가 되고 자연을 정복하려고 하지 않는 사람들이 더 많아져야 해요. 우리와 지구를 공유하는 동식물들을 이해하는 것은 중요해요."

"시드니깔때기그물거미는 주로 땅속에 살아요. 그런데 내 추적 장치에 한 마리가 높은 바위 위에 있다고 나온 거예요. 나는 새로운 은신처를 발견했다고 생각했죠. 그래서 다가갔더니 갑자기 도마뱀붙이가 불쑥 튀어나왔어요.

내가 추적하던 신호는 도마뱀붙이에게서 나오고 있었어요. 녀석이 거미를 먹은 거지요! 발신기는 도마뱀붙이를 연구실로 데려온 뒤 배설물에 섞여 나왔어요. 거미의 새 은신처 대신 거미의 포식자를 발견한 셈이에요.

아무리 경험이 많다고 해도, 이런 독거미를 추적하는 일은 늘 위험해요. 이 거미는 여러분의 손바닥만 하고 커다란 송곳니가 나 있어요. 물리면 즉시 병원에 가야 해요.

하지만 이 종은 아직 제대로 연구가 되어 있지 않아요. 우리는 이 거미를 발견하면 이산화 탄소를 써서 잠재워요. 그런 뒤 발신기를 붙여서 추적하지요. 도마뱀붙이에게 잡아먹히지 않는다면요!"

시드니깔때기거미의 등에 추적 장치가 붙어 있어요.

부자토가 거미로부터 나오는 신호를 추적하고 있어요.

생물학자가 되고 싶다면?

배울 것: 생물학, 곤충학
읽을 것: 로빈 월 키머러, 『청소년을 위한 향모를 땋으며』
볼 것: 애니메이션 「벅스 라이프」

원숭이를 연구하는 영장류학자

에이제이(AJ) 하디는 브라질 남동부에서 갈색짖는원숭이를 연구해요. 열대 우림에서 지켜본 이 동물들의 의사소통에 관한 이야기를 들려줄 거예요.

"원숭이 같은 동물을 자세히 보고 있으면, 우리가 서로 아주 가까운 친척이고 서로 얼마나 긴밀하게 얽혀 있는지 느끼게 돼요."

"우림에서 나는 화난 아르마딜로벌 떼와 길이 2미터의 보아뱀에게 쫓기곤 했어요. 하지만 나를 환영하는 우림 동물도 있어요.
나는 갈색짖는원숭이를 연구해요. 중앙아메리카와 남아메리카에 사는 동물이에요. 몇 달 동안 세 무리를 연구했더니, 친숙해져서 그 원숭이들은 나를 보면 알아보고 흥분해서 소리를 지르곤 했어요.
짖는원숭이의 '짖는 소리'는 목으로 으르렁거리는 소리예요. 짖는원숭이들은 목에 골프공만 한 목뿔뼈가 있는데, 목뿔뼈는 풍선처럼 속이 비어 있어요. 흥분하거나 자기 위치를 알려야 할 때 이 목뿔뼈 안으로 공기를 보내어 소리를 만들 수 있어요.
한번은 내가 관찰하던 짖는원숭이 무리 옆에서 그물침대에 누워 쉬고 있었어요. 잠시 후 어린 원숭이 몇 마리가 호기심에 다가와서 나를 지켜보았는데, 성체 한 마리가 내 앞에서 꾸벅꾸벅 조는 거예요! 대개 동물은 상대를 정말로 신뢰하지 않으면 그렇게 앞에서 잠을 자지 않아요. 그 순간 나는 아주 특별한 느낌을 받았어요. 내가 숲의 일부가 된 듯했지요."

영장류학자가 되고 싶다면?

배울 것: 인류학과 생태학
읽을 것: 오웬 데이비, 『원숭이 Mad About Monkeys』
볼 것: 다큐멘터리 「제인」, 영장류학자 제인 구달 이야기

유골을 연구하는 고고학자

비나 무슈리프-트리파티는 고고학 유적지에서 발견되는 사람 유골을 연구해요. 여기서는 인도의 오래된 동굴을 탐험할 때의 이야기를 들려줄 거예요.

"과학 연구는 조각 그림 퍼즐을 맞추는 것과 비슷해요. 조각을 더 많이 찾아서 끼우고 맞출수록, 우리 세계를 더 많이 알게 되지요."

"나는 고고학 발굴 현장에서 나오는 사람 뼈를 모아 연구해요. 그중에는 수백수천 년 된 유골도 있어요. 올드레이디스파이더 동굴이라는 곳에서 새로운 방을 막 발견했을 때였어요. 헤드램프만 켠 채로 미끄러져 내려가야 했지요. 게다가 아주 천천히 움직여야 했어요. 자칫하면 사암 천장이 무너질 수도 있었으니까요. 들어가니 뼈가 여기저기 흩어져 있었어요. 뼈를 밟지 않도록 아주 조심해야 했지요.
고대 DNA 연구는 인류가 어디에서 왔는지 엿보게 해 줘요. 고대 인류가 살던 동굴은 우리보다 앞선 시대에 어떤 문화가 있었는지 느끼게 하지요. 고대인과 그들의 삶이 우리와 연결되어 있다는 느낌을 받아요."

무슈리프-트리파시가 올드레이디스파이더 동굴에서 장갑을 낀 손으로 사람 유골을 살펴보고 있어요.

고고학자가 되고 싶다면?

배울 것: 역사학, 고고학
읽을 것: 앤 밀라드, 스티브 눈, 『DK 어린이 그림 세계사 *A Street Through Time*』
볼 것: 영화 「인디아나 존스」

과학자의 엉뚱한 실수들

내셔널지오그래픽 탐험가들도 실수를 해요. 나중에 그 일을 떠올리면서 깔깔 웃곤 하지요.

스리랑카 인근의 바다에서 향유고래들이 똥을 누고 있어요.

누구 똥이야?

과학자
마우리시오 칸토르

직업
행동생태학자

조사 지역
에콰도르 갈라파고스 제도

"우리는 향유고래를 따라가면서 수면에 떠오르는 똥을 배로 건져 올렸어요. 이 똥을 연구실로 가져와 연구하면 고래의 사회생활을 더 상세히 알아낼 수 있어요. 그래서 각각의 똥 표본을 병에 담고, 그 동물의 이름과 속한 집단을 적은 라벨을 붙였어요. 그다음에는 병을 액체 질소 통에 넣었지요. 액체 질소는 온도가 영하 196도여서 똥은 즉시 꽁꽁 얼어서 신선하게 보관돼요.

그런데 액체 질소 통을 연구실로 가져와서 열었더니, 글쎄 라벨이 다 떨어져 있었어요! 어느 똥이 어느 고래의 것인지 알 수 없었어요. 라벨 스티커를 잘못 주문하는 바람에, 너무 낮은 온도에서 다 떨어져 버린 거예요. 그날 나는 연구실에서 온갖 놀림을 받았어요. 인기 만점이 아니라 똥 만점이 되었지요.

과학은 바로 이런 식으로 이루어져요. 많은 실패를 겪고, 그러면서 배우는 거죠. 다행히 그 여행에서 수집한 다른 자료들은 쓸 수 있었어요. 아무튼 라벨을 잘 사야 한다는 걸 확실히 배웠어요!"

동굴에서 길 잃기

과학자
비올레타 젤랴즈코바

직업
생물학자 겸 균학자 (곰팡이 연구자)

조사 지역
불가리아 라이초바두프카 동굴

관박쥐

젤랴즈코바가 불가리아의 이바노바보다 동굴에서 곰팡이 표본을 채집하고 있어요.

"최근에 동료 연구자와 함께 불가리아에서 가장 깊은 동굴 중 하나로 들어갔어요. 동굴에 사는 관박쥐를 연구하러 간 거예요. 닿은 이들이 탐사했던 동굴이라서, 사람이 들어갈 수 없는 좁은 곳에는 표지판이 설치되어 있을 거라고 생각했어요.
우리는 면봉으로 박쥐의 코와 동굴 벽을 문질러 표본을 채집하면서 지하로 300미터 이상 내려갔어요. 우리는 이 동물의 몸에서 자라는 곰팡이를 연구하거든요. 동굴은 갈수록 점점 좁아졌어요. 그러다가 내 몸이 꽉 끼고 말았어요! 나는 몹시 혼란에 빠졌어요. 이미 많은 사람들이 여기까지 내려오지 않았나? 돌아가는 수밖에 없었죠.
나는 몸을 이리저리 비틀면서 뒤로 기어 나왔어요. 뒤에서 동료가 내 꼴을 보고 깔깔 웃었어요. 우리는 축 처져서 입구로 향했어요. 그리고 그제야 표지판이 보였어요!
그날 우리가 박쥐로부터 얻으려던 것들을 다 채집하긴 했지만, 과학을 할 때 더 주의를 기울여야 한다는 중요한 교훈까지 얻었지요!"

실패한 물고기 찾기

과학자
해나 노드하우스

직업
과학 기자

조사 지역
카자흐스탄 시르다리야강

"우리는 50년 동안 목격된 적 없는, 시르다리야철갑상어라는 물고기를 찾으려고 했어요. 첫날 자정 무렵에 나는 뭔가 이상한 느낌이 들어서 깨어났어요. 작은 개미 수백 마리가 내 목을 기어 다니면서 깨물고 있었어요!
서둘러 개미를 떨어냈지만, 물린 자국들이 크고 빨갛게 남았죠. 그때 개미들이 어디로 향하는지 알아차렸어요. 앞문에서 곧장 내 가방을 향해, 나와 동료들을 기어 넘어가는 중이었어요.
내가 수분 보충을 위해 물에 타 먹는 슈거 파우더가 담긴 통이 비행 중에 부서져서 가방에 쏟아졌던 거예요. 그 사실을 나는 몰랐고, 개미는 알았던 거죠!
슈거 파우더를 청소한 뒤에도 개미는 매일 밤 다시 나타났어요. 나는 물건을 더 꼼꼼히 챙기고 도착하면 가방을 늘 살펴봐야 한다는 교훈을 얻었어요.
우리는 2주 동안 시르다리야강에서 바닥을 파낸 준설 구간을 돌아다니면서 어류 10종을 찾아냈어요. 하지만 시르다리야철갑상어는 찾지 못했어요. 다시 가서 찾아볼 계획이에요. 그러니 결코 포기하지 않는 태도도 배운 셈이지요."

노드하우스의 팀은 이런 물고기는 발견했지만 스리다리야철갑상어는 못 찾았어요.

세계의 8가지 경이로운 일을 해낸 10대들

나이는 숫자에 불과함을 보여 준 어린 탐험가들을 만나 봐요.

1 암벽 타기

아시마 시라이시는 10대에 어른들도 꿈만 꾸는 암벽 타기 기록을 세웠어요. 사진은 2008년 시라이시가 고향인 미국 뉴욕시의 센트럴파크에서 볼더링을 하는 모습이에요. 밧줄도 장비도 없이 높이 6미터 남짓한 암벽을 오르는 것이지요.

2 신기록 수립

2014년, 당시 16세 소년인 **루이스 클라크**는 남극 대륙 해안에서 남극점까지 스키를 타고 간 사람 중 가장 어린 사람이 되었어요. 약 1130킬로미터를 영하의 온도에 시속 193킬로미터의 강풍을 뚫고 거의 50일 동안 나아갔어요.

3 마차 여행

미국 서부로 가요! 한 가족이 마차를 타고 **오리건 트레일**을 통해 대평원을 가로지르는 모습이에요. 19세기 중반에 어떤 아이들은 4개월 동안 거의 3200킬로미터를 여행해서 오리건주나 캘리포니아주에 도착했어요. 그곳에서 새로운 삶을 시작했지요.

4 북극점 여행

2016년 4월 14세의 오스트레일리아 모험가 **제이드 하마이스터**는 스키를 타고 북극점에 도달한 사람 중 가장 어린 사람이 되었어요. 순록의 도움을 전혀 받지 않았어요! 하마이스터는 이 놀라운 여행 중에 무거운 썰매를 끌고 150킬로미터를 가기도 했어요.

5 용감한 부녀

2011년 말 영국의 **어밀리아 헴플먼-애덤스**는 탐험가인 아빠 데이비드 헴플먼-애덤스와 함께 용감하게 남극 대륙으로 갔어요. 아빠와 딸은 극심한 추위 속에서 17일 동안 156킬로미터를 스키를 타고 나아갔지요. 어밀리아는 당시 16세로 가장 어린 나이에 남극점에 도달한 사람이 되었어요.

북 치는 소년 6

미국 남북 전쟁(1861~1865년)에는 14세 청소년도 참전했어요. **북 치는 소년**은 다양한 박자의 북소리로 전쟁터에서 '후퇴', '공격' 같은 장교의 명령을 병사들에게 전달하는 역할을 맡았어요.

7 서핑, 파도타기

킬리언 게린은 네 살 때부터 파도를 타기 시작했어요. 10대 때 프로 선수가 되었고 시간을 쪼개 프랑스와 코스타리카를 오가면서 파도를 탔어요. 시간이 있을 때면 좋은 파도를 찾아서 전 세계도 돌지요.

8 단독 항해

오스트레일리아의 16세 소녀 **제시카 왓슨**은 홀로 요트를 타고 210일 동안 세계 일주를 한 끝에 2010년 5월에 시드니항에 도착했어요. 혼자 힘으로 길이 10미터의 요트를 몰아서 4만 2600킬로미터 넘게 항해했어요.

지구는 우리의 사랑을 더욱더 필요로 해요. 그리고 우리가 지구를 도울 수 있는 방법이 여기 있어요! 내셔널지오그래픽 키즈 편집자 앨리슨 쇼가 10가지 방법을 알려 줄 거예요.

10가지 우리 행성 지구를 보호할 방법들

채소를 더 많이 먹어요.

"사람들이 아마존 우림의 나무를 베어 내는 주된 이유는 소 목장을 만들기 위해서예요. 우리가 고기를 덜 먹고 단백질을 다른 식품을 통해 얻는다면, 목장을 더 넓힐 필요가 줄어들고 넓은 우림을 지킬 수 있어요."

화장실 휴지를 바꾸어요!

"부모님께 지속 가능한 대나무, 재활용 종이, 밀짚으로 만든 휴지를 쓰자고 말해요. 이유도 말해야겠죠? 한 사람이 한 해에 변기로 흘려보내는 휴지는 12.7킬로그램쯤 되는데, 대부분 숲에서 벤 나무로 휴지를 만들어요. 지속 가능한 방식으로 만든 휴지를 쓰면 나무를 구할 수 있어요."

변기에 아무것이나 버리지 않아요.

"변기에는 사람의 배설물과 물에 녹는 휴지만 넣도록 해요. 약이나 반려동물 배설물 같은 것은 하수 처리 시설에서 제대로 처리가 되지 않은 채 바다로 흘러갈 거예요. 해양 동물을 병들게 할 수 있어요."

기금 모금회를 열어요.

"마음이 가는 친환경 활동 주제를 찾아요. 부모님의 허락을 받고 음료나 안 쓰는 물건을 파는 벼룩시장을 열어서 얻은 수익금을 환경 보호 단체에 기부해요."

지역 재활용 센터를 견학해요.

"재활용이 어떻게 이루어지는지 직접 보면, 재활용하는 법을 더 잘 이해하게 될 거예요. 꼼꼼하게 재활용하는 법을 배워서 평생 실천하기로 해요."

동네에서 쓰레기를 주워요.

"장갑과 쓰레기 봉지를 준비해요. 자기 동네를 돌아다니면서 쓰레기를 줍기로 해요. 그러면 동네도 깨끗해지고, 쓰레기가 하수도나 주변 물길로 들어가서 바다로 흘러가거나 해양 동물의 입에 들어가는 일도 줄일 수 있어요."

물건을 덜 사요.

"과소비는 지구에 엄청난 문제예요. 새로운 물건을 만들 때 석유 같은 천연자원을 쓰고, 나중에 버려지는 쓰레기도 늘어나니까요. 친구 생일 파티에 간다고요? 장난감 대신에 동물원이나 수족관 입장권을 선물해 봐요."

야생 동물을 집에서 키우지 않아요.

"야생 동물을 잡아 애완동물로 판매하거나 집에 데려와 키우는 사람들도 있어요. 부모님께 그런 동물을 사서 반려동물로 삼으면 안 된다고 말하세요. 야생 동물은 자연으로 돌려보내거나 구조 센터로 보내야 해요."

바닷가에서 껍데기를 가져오지 않아요.

"과학자들은 전 세계의 해안에서 껍데기가 사라지고 있다는 것을 발견했어요. 껍데기는 해안 생태계에 중요해요. 소라게의 집이 되고, 어류와 문어의 피신처가 되고, 해초와 조류가 달라붙을 곳을 제공해요. 또 해안의 껍데기 조각들은 침식을 막아 줘요. 예쁜 껍데기가 있으면, 사진만 찍고 놓아두세요."

동네 동물원과 수족관을 방문해요.

"야생 동물을 지키고 구조하는 일에 힘쓰는 곳을 방문하면 더 좋아요. 미국의 스미스소니언 국립 동물원은 황금사자타마린을 멸종 위기에서 지키는 일에 힘쓰고 있어요. 동물원과 아쿠아리움 협회의 온라인 사이트에서 믿을 만한 동물원 목록을 볼 수 있어요."

야생 동물 사진의 촬영 비결

사진가들이 동물 몰래 동물의 사진을 찍는 네 가지 방법

야생 동물 사진가는 멋진 사진을 찍기 위해 교묘한 방법을 쓰곤 해요. 여기 놀라운 사진이 네 장 있어요. 이 사진을 찍기 위해 어떻게 은밀히 다가갔는지 사진가들의 말을 들어 볼까요?

재규어 찾기

사진작가: 스티브 윈터
동물: 재규어
지역: 브라질 판타나우

"재규어는 큰 고양이과 동물이에요. 몸을 숨기는 데 아주 뛰어나지요. 나는 이 어린 재규어를 찍기 위해서 카메라 덫을 설치해야 했어요.
카메라 덫은 동물이 보이지 않는 광선을 지날 때 찰칵 사진을 찍어요. 문제는 어디에 설치할지 알아내는 거예요. 그래서 GPS 목걸이를 달아서 재규어의 움직임을 추적하는 과학자들에게 조언을 구했어요.
나는 굵은 나뭇가지에 카메라 덫을 설치했어요. 딱 3주 뒤에 이 생후 10개월쯤 된 재규어가 안 보이는 광선을 지나갔어요. 카메라를 바라보면서요!"

새끼 새 무리

사진작가: 제이 플레밍
동물: 아메리카대백로
지역: 미국 메릴랜드주 체서피크만

"대백로 같은 섭금류는 작은 섬에서 새끼를 길러요. 나는 이 새의 둥지를 찾기 위해서 카약을 타고 8킬로미터나 노를 저으면서 아주 꼼꼼하게 수색했어요. 새끼는 피부가 녹색이어서 풀 속에 있으면 잘 안 보이거든요.
이 2주 된 새끼들은 키가 겨우 30센티미터 남짓해요. 그 높이에 맞추어 사진을 찍기 위해, 난 카약에 누워야 했어요. 카약이 움직이지 않게 발은 진흙에 푹 집어넣고요. 한번에 여러 장을 찍을 수 있도록 카메라도 조정했지요."

얼음으로 뛰어오르기

사진작가: 폴 니클렌
동물: 황제펭귄
지역: 남극 대륙 로스해

"황제펭귄은 물에서 얼음으로 잘 기어오르지 못해요. 일단 물 위로 높이 뛰어오른 뒤 얼음에 내려앉아야 하죠. 그러려면 먼저 잠수해야 해요. 깊은 곳에서부터 예각으로 빠르게 헤엄쳐 올라오면서 속도를 높여요. 나는 펭귄이 물 밖으로 뛰어오르는 순간을 정달로 찍고 싶었어요. 나는 6주 동안 돌아다니면서 일부 펭귄들이 좋아하는 착륙 지점을 찾았어요. 펭귄이 공중으로 1.8미터까지 뛰어올라 얼음 가장자리에 내려앉는 것을 알고는, 이 펭귄들을 본 곳에서 납작 엎드린 채 기다렸어요. 펭귄이 올라오는 데 방해되지 않도록 조심하면서요. 그런데 원하는 사진을 찍지 못했어요. 이윽고 내가 물에 너무 가까이 있다는 것을 깨달았어요. 그래서 더 물러나서 얼음덩어리 뒤에 숨어서 기다렸죠. 거기서 마침내 이 순간을 찍을 수 있었어요. 펭귄 한 마리가 얼음에 내려앉고 다른 한 마리는 공중에서 내려오고 있는 바로 이 모습을요."

물고기의 얼굴

사진작가: 비르기테 빌름스
동물: 흰동가리
지역: 파푸아 뉴기니 해안

"흰동가리는 날쌔요. 자기 집 주변을 요리조리 홱홱 계속 움직여요. 흰동가리의 집은 사실 살아 있는 말미잘이에요. 안전한 집을 얻은 보답으로 흰동가리는 말미잘을 뜯어 먹는 프식자나 다가오는 침입자를 막아 줘요. 나와 같은 사진가도요. 나는 흰동가리 사진을 찍으려고 많이 시도했는데, 너무 빨리 돌아다녀서 찍을 수가 없었어요. 카메라 셔터를 아무리 빨리 눌러도 꼬리만 찍히거나 아예 찍히지 않았죠. 그래서 요령을 찾아야 했어요. 나는 해류에 밀리지 않을 곳을 골라서 몸을 바닥에 고정했어요. 그리고 인내심을 갖고 기다렸죠. 자기 집에 누군가 다가오면 흰동가리는 방어 행동을 하거든요. 흰동가리가 나타날 만한 곳에 카메라를 향하고, 먹이를 찾아 나올 때까지 기다렸어요. 그렇게 해서 나를 쳐다보는 이 모습을 찍은 거예요. 정말 기뻤어요!"

회색여우 촬영 후기

NATIONAL GEOGRAPHIC PHOTO ARK JOEL SARTORE

내셔널지오그래픽 탐험가 조엘 사토리는 생물 종의 사진을 언제 찍어야 할지 잘 알아요. 그 순간이 오자마자 셔터를 눌러요. 찰칵!

이 회색여우는 미국 미네소타주 세인트폴 교회의 창틀로 떨어졌다가 구조되었어요. 야생 동물 재활 센터는 여우가 회복되자 내셔널지오그래픽 탐험가 조엘 사토리에게 전화했어요. 사토리는 동물원, 수족관, 구조 센터에 사는 동물의 사진을 찍는 일을 해요. 사진을 본 사람들이 동물을 보호할 생각을 갖기를 바라면서 하는 일이지요. 이 작업에 사토리는 내셔널지오그래픽 '포토 아크: 동물들을 위한 방주'라는 이름을 붙였어요. 지금까지 거의 1만 7000종의 동물 사진을 찍었지요.

사토리는 미국 네브래스카주에서 몇 시간 떨어진 곳에 사는데, 아직 회색여우의 아종인 초원회색여우의 사진을 찍은 적이 없었어요. 구조대원들은 사토리에게 이 어린 여우의 사진을 찍어 줄 수 있는지 물었지요. 사토리는 보는 사람의 시선이 오로지 동물을 향하도록 언제나 동물 뒤에 흑색 또는 백색 배경을 두고 사진을 찍어요. 모든 동물이 똑같이 중요하다는 의미를 보여 주기 위한 의도예요. 사토리는 이 여우를 작고 하얀 포토박스 안에 데려다 놓고 사진을 찍기로 했어요.

"여우는 주위를 킁킁거리며 냄새를 맡더니, 마치 무슨 일이 일어날지 기다리는 양 똑바로 섰어요."

루 소마위라: 파충류 연구자

뱀과 악어를 무서워하는 사람도 많지만, 내셔널지오그래픽 탐험가 루 소마위라는 아니에요. 파충류와 어울리는 것이 소마위라가 하는 일이거든요. 스리랑카에서 태어난 소마위라는 전 세계를 돌아다니면서 미끈거리고 비늘로 덮인 동물들을 연구해요. 이 놀라운 탐험가의 이야기를 들어 볼까요?

뿔코도마뱀

Q: 어릴 때부터 파충류를 좋아했나요?

A: 나는 생물 다양성이 아주 높은 곳인 스리랑카에서 자랐어요. 그래서 어릴 때 동물들과 지낼 기회가 많았어요. 여덟 살 때 논에서 놀다가 그물로 물뱀을 잡았는데 너무 멋졌어요. 그 뒤로 파충류에 푹 빠졌지요.

Q: 뱀과 악어를 연구하기로 마음먹은 이유가 무엇인가요?

A: 둘 다 동물 세계에서 관심을 덜 받고 있거든요. 귀엽지도 사랑스럽지도 않지만, 수수께끼 같으며 사람들에게 오해받고 있지요. 연구하면 할수록 흥미가 더 생겨요.

Q: 야생에서 겪은 가장 무서운 일은 무엇인가요?

A: 강한 독을 지닌 인도코브라에게 물린 적이 있어요. 악어에게도 두 번 물렸지요. 정말 아찔했어요! 다행히 응급 구조사 자격증을 갖고 있어서, 응급실에 가기 전에 스스로 어느 정도 치료를 할 수 있었어요.

Q: 지금까지 한 발견 중 가장 마음에 드는 것은 무엇인가요?

A: 최근에 인도양의 인도네시아 앞바다에서 무리를 지어 사냥하는 바다뱀 종을 발견했어요! 바다뱀 20여 마리가 떼 지어 물고기를 뒤쫓는다고 상상해 봐요. 믿어지지 않았죠. 누가 심해 잠수를 하다가 이 뱀 떼의 사진을 찍어서 소셜 미디어에 올린 적이 있었어요. 무슨 일이 일어나는지 궁금했던 거죠. 그래서 우리가 그곳을 탐사해 그 바다뱀들이 함께 사냥한다는 것을 알아냈지요.

Q: 앞으로 어떤 연구를 할 거예요?

A: 100만 년 동안 살아왔으며 세계에서 가장 큰 파충류인 코모도도마뱀의 진화를 연구하고 있어요. 다른 종들이 멸종하는 와중에도 어떻게 오랫동안 살아남을 수 있었는지 살펴볼 거예요. 아마도 사람과 상호 작용을 하고 사람 음식물의 도움을 받았을 가능성이 있어요! 동물이 사람의 혜택을 본 사례가 되겠지요.

Q: 파충류에 관해 바로잡고 싶은 잘못된 속설을 하나 꼽아 보겠어요?

A: 가장 흔한 오해는 파충류가 위험하다는 거예요. 사실이 아니에요. 뱀을 예로 들면, 우리가 괴롭히지 않는 한 어떤 뱀도 위험하지 않아요. 뱀이 독을 만들려면 에너지를 많이 써야 해요. 그래서 꼭 필요할 때가 아니면, 이를테면 목숨이 위험하거나 깜짝 놀라지 않는다면 굳이 독을 쓰지 않아요. 게다가 대부분의 뱀은 독이 없어요. 뱀은 건드리지 않으면 알아서 지나갈 거예요!

웨들해에서 얼음에 갇힌 인듀어런스호 옆에 선원들과 썰매 개들이 서 있어요.

얼음에 갇히다!

탐험가들은 100년 전에 침몰한 이 배를 어떻게 발견했을까요?

선원들의 몸은 계속 덜덜 떨렸어요. 1915년 11월 21일, 남극 대륙 해안의 유빙에 발이 묶여 있었지요. 자신들이 버리고 떠난 배 인듀어런스호가 저 멀리 보였어요. 배가 얼음에 갇히고 바닷물에 잠겼기 때문이에요.

갑자기 배의 목재가 쪼개지는 소리가 들렸어요. 유빙이 배를 꽉 눌렀다가 멀어졌어요. "그 순간 배가 빠르게 가라앉았고 그 위를 영구히 얼음이 뒤덮었다."라고 탐험 대장 어니스트 섀클턴은 썼어요. 그 뒤로 106년 동안 인듀어런스호는 해저 3048미터에 가라앉아 있었죠.

모험이 잘못되다

1914년 섀클턴은 선원 27명과 함께 남극 대륙을 육로로 횡단하는 탐험에 나섰어요. 먼저 남극 대륙까지 배로 가야 했지요. 길이 44미터의 이 배는 극지방의 추운 물에 견딜 수 있게 만들었어요. 바다를 떠다니는 위험한 유빙을 버틸 수 있도록 아주 두꺼운 널로 지었지요. 그러나 아르헨티나 부에노스아이레스를 떠난 지 3개월 만에 배는 너무 두꺼워 뚫고 나갈 수 없는 유빙에 갇히고 말았어요. 유빙은 배를 가둔 채로 9개월 동안 북쪽으로 밀려갔어요. 10월쯤에는 얼음이 점점 더 세게 배를 짓눌러 널의 틈새가 벌어지면서 서서히 물이 스며들었어요. 10월 27일 섀클턴은 배를 버

어니스트 섀클턴

얼음에 밀려 옆으로 쓰러진 인듀어런스호

수중 카메라로 찍은 침몰한 배의 모습

려야겠다고 판단해서 선원들에게 장비와 식량을 모두 챙기라고 했어요. 탐험대는 얼음 위로 2.4킬로미터쯤 걸어가서 텐트를 쳤어요. 몇 주 뒤, 인듀어런스호가 웨들해 아래로 가라앉는 것을 지켜보았어요.

집으로 향하는 기나긴 여정

처음에 선원들은 구명정을 얼음 위로 해안까지 끌고 가려고 했어요. 하지만 눈과 얼음은 평탄하지 않아서 걷기조차 힘들었어요. 결국 북쪽으로 흘러가는 유빙 위에 텐트를 쳤어요. 선원들은 그 뒤로 5개월 동안 펭귄, 물범, 바닷말을 먹으면서 견뎠어요.

이윽고 얼음이 깨지면서 구명정이 빠져나갈 만큼 물길이 열렸어요. 탐험대는 7일 동안 161킬로미터 넘게 항해한 끝에 무인도인 엘리펀트섬에 도착했어요. 하지만 거기에서 오래 살아남기는 힘들었어요. 섀클턴은 선원 5명과 함께 구조를 요청하러 가기로 했지요. 그들은 모든 것을 얼리는 매서운 폭풍이 이는 바다를 16일 동안 1287킬로미터를 나아간 끝에 사우스조지아섬에 도착했어요. 섬에 도착한 다음에는 36시간을 걸어서 반대편에 있는 고래잡이 기지까지 갔어요. 모두 지저분하고 춥고 지친 모습이었지요. 그래도 살았어요.

섀클턴은 새 배를 타고 그 무인도로 돌아가서 남은 선원들을 구조했어요. 28명 모두가 살아남았죠. 그러나 인듀어런스호는 바다 밑에 가라앉은 채였어요.

사라진 배를 발견하다

해양 고고학자 멘선 바운드는 웨들해에서 멀지 않은 포클랜드 제도에서 자랐어요. 모험가들의 이야기에 자극을 받은 바운드는 바닷속으로 사라진 인듀어런스호를 찾겠다고 결심했지요.

2019년 바운드가 대원들을 모아서 그 배를 찾으러 나섰지만 실패했어요. 바운드 팀은 2022년 2월 다시 탐색에 나섰다가 인듀어런스호와 똑같이 유빙에 갇혔어요. 다행히 몇 시간 뒤 조류가 밀려들면서 빠져나올 수 있었어요.

바운드는 당시 선원들의 기록을 꼼꼼하게 훑어서 탐색할 해역을 정했어요. 원격 조종 수중 카메라를 활용해 3주 넘게 면적 277제곱킬로미터의 바다 밑을 훑었어요. 항구로 돌아갈 날이 고작 사흘 남았을 때, 유빙이 밀려와 바운드는 다른 곳을 탐색해야 했지요.

2022년 3월 5일, 카메라에 찍힌 영상을 본 대원들은 흥분했어요. 부러진 돛대, 밧줄, 신발, 배의 종이 보였어요. 다음 날 카메라는 수심 3.2킬로미터에서 배의 뒤쪽, 즉 고물에 붙은 청동 명판을 비추었어요. 배의 이름이 인듀어런스호라고 쓰여 있었지요. 바운스는 이렇게 말했어요. “직접 보면 눈이 번쩍 뜨일 거예요. 마치 시간을 거슬러 올라간 기분이었죠. 섀클턴이 바로 뒤에 서 있는 양 느껴졌어요.”

인듀어런스호가 잠긴 해역은 현재 유적지로 지정되어 있어요. 즉 연구하거나 촬영하려면 허가를 받아야 해요. 허가를 받아 접근하더라도 배를 만져서는 안 돼요. 지구 온난화에 따른 수온 상승과 약탈로부터 배를 보호할 방안을 연구하는 이들도 있어요. 지금으로서는 바다 밑에 있는 편이 더 안전해요.

곤충학자가 궁금해?

곤충학자인 새뮤얼 램지(일명 '새미 박사')는 온종일 곤충과 함께 놀아요. 내셔널지오그래픽 탐험가이기도 한 새미 박사는 연구를 통해서 꿀벌 같은 곤충을 보호하는 일이 중요하다는 점 등을 사람들에게 알리는 일도 해요. 이제 새미 박사가 곤충 연구자가 어떤 일을 하는지 자세히 알려 줄 거예요.

노린재와 곤충은 다른가요?

노린재는 곤충강에 속하는 한 집단이에요. 곤충은 여러 집단으로 나뉘어요. 그중에 노린재류는 입에 침이 달려 있어요. 입이 일종의 빨대 같아서 액체만 먹어요. 빈대와 매미가 노린재류에 속해요. 사마귀는 노린재류가 아니에요. 입으로 씹을 수 있거든요.

곤충과 노는 것을 어릴 때부터 늘 좋아했나요?

어릴 때에는 정말로 그랬어요. 나중에 벌레를 잡고 곤충에 대해 배우면서 돈을 버는 직업이 있다는 것을 알았을 때, 정말로 흥분했어요. 일곱 살 때였는데, 곧바로 부모님께 곤충학자가 될 거라고 말했지요.

곤충의 가장 큰 매력이 뭐라고 생각하나요?

곤충은 정말 멋져요. 곤충은 감정도 있고, 의욕도 있고, 지능도 있어요. 생물 중에서 가장 다양한 집단이에요.

곤충학자로 일하면서 이루고 싶은 일은 무엇인가요?

나는 과학 연구를 통해 현실 세계의 문제를 해결하는 것을 정말 좋아해요. 내 연구를 토대로 우리 삶에 곤충이 얼마나 중요한지 사람들에게 알리고 싶어요. 예를 들어, 작물은 누가 꽃가루를 옮겨 주어야 씨를 맺을 수 있기에 벌이 없으면 우리에게 식량도 없어요. 우리 연구실에서는 벌에게 번지는 유행병을 막고 벌을 지킬 수 있는 방안을 찾고자 애쓰고 있어요.

침에 쏘일까 봐 겁나지 않아요?

연구자들은 보호 장비를 갖추지만, 사고는 종종 일어나요. 대개는 괜찮아요. 하지만 높은 산꼭대기에서 말벌을 조사하다가 쏘인다면 제때 치료를 받기 어렵겠지요. 그러니 늘 조심해야 해요.

현장에서 가장 아찔했던 경험을 이야기해 주세요.

태국에서 땅굴에 사는 벌을 연구할 때였어요. 벌집을 찾아서 땅을 파고 있는데, 무엇인가 내 옷 속을 기어다니는 게 느껴졌어요. 옷은 방호복이었는데, 깜빡하고 지퍼를 안 올려서 벌들이 들어온 거예요. 벌은 내 얼굴 주위로도 윙윙 날아다녔지요. 다행히 벌들이 내 머리카락에 얽혀서, 쏘이지는 않았어요. 그래도 빨리 산에서 달려 내려와 옷을 벗고 벌들을 떨어내야 했어요. 동료들은 깔깔 웃고 난리였어요.

야외 조사 하러 갈 때 꼭 챙기는 물품이 있나요?

보호 장갑, 모기장, 벌레 퇴치제를 챙겨요. 채집통과 표본을 보존할 액체 질소 통도 챙기고요. 공중에서 곤충을 잡는 포충망도 가져가요.

곤충학에 관심 있는 어린이에게 조언해 줄 수 있나요?

많이 읽으세요! 끊임없이 질문하고 책에서 답을 찾아요. 곤충의 학명이 무슨 뜻인지 알고 싶으면, 라틴어와 그리스어 공부도 하면 좋아요.

마지막으로, 가장 좋아하는 곤충은 뭐예요?

사마귀예요! 어떤 사마귀는 나뭇가지에 거꾸로 매달려 있다가 땅을 기어가는 뱀을 낚아채서 산 채로 먹어요. 정말 놀라워요.

놀라운 곤충들!

여러분은 곤충을 얼마나 자주 생각하나요?

아마 모기에게 물리면 그제야 곤충을 생각할 거예요. 밤에 반딧불이를 보거나 정말로 엄청난 일이 일어날 때 생각하겠지요. 2024년 미국에서 매미 수백만 마리가 한꺼번에 땅 위로 올라오는 사건이 벌어졌을 때처럼요! 그런데 곤충은 우리 눈에 안 보일 때에도 늘 중요한 일을 하고 있는 영웅이에요. 꽃밭에 가득한 예쁜 꽃들을 보거나, 새의 노래를 듣거나, 빵에 꿀을 발라 먹거나, 텃밭에서 채소를 뜯을 때에도 우리는 곤충에게 고마워해야 해요! 곤충은 놀랍도록 다양하고 멋질 뿐 아니라, 환경과 우리의 삶에도 꼭 필요한 존재예요.

곤충은 우리의 식량인 작물뿐 아니라 세계 대다수 식물의 꽃가루를 옮겨요. 또 작물에 해를 끼치거나 사람을 무는 다른 벌레들도 잡아먹고, 어떤 종의 수가 너무 불어나지 않게 막기도 해요. 곤충은 동물 배설물도 치우고 수생 생태계에 쌓인 잔해도 분해해서 환경을 건강하게 만들지요. 또 조류, 어류, 파충류, 양서류, 박쥐, 사람 등 많은 종의 먹이가 되지요. 꿀, 밀랍, 비단, 색소 등 우리가 쓰는 많은 것들도 만들어요. 그 밖에 온갖 놀라운 일도 하지요.

그러니 곤충을 무시하거나 무서워할 필요가 없어요. 우리 이웃인 곤충이 어떤 일을 하는지 더 깊이 알아보고 이해하기로 해요!

잠깐 퀴즈!

탐험과 발견에 대해서 얼마나 많이 아는지 다음 문제를 풀어서 확인해 볼까요!

답을 종이에 적은 뒤, 아래 정답과 맞추어 봐요.

1. **참일까, 거짓일까?** 지구를 보호하는 한 가지 방법은 물건을 덜 사는 것이에요. (　　　　)

2. **내셔널지오그래픽 탐험가 조엘 사토리는 얼마나 많은 동물 종의 사진을 찍었을까?**
   - **a.** 1만 7000종
   - **b.** 1700종
   - **c.** 170종
   - **d.** 17만 종

3. **시드니깔때기그물거미가 주로 사는 곳은 어디일까?**
   - **a.** 나무
   - **b.** 낙엽 밑
   - **c.** 땅속
   - **d.** 바위 사이

4. **내셔널지오그래픽 탐험가 루 소마위라는 무리를 지어 사냥하는 ＿＿＿＿＿ 종을 발견했다.**
   - **a.** 기린
   - **b.** 바다뱀
   - **c.** 거북
   - **d.** 생쥐

5. **참일까, 거짓일까?** 과학자는 결코 실수를 하지 않아요. (　　　　)

너무 쉽다고요?
다음 장에 나오는 **퀴즈**에도 도전해 봐요!

정답: ① 참, ② a, ③ c, ④ b, ⑤ 거짓. 과학자도 실수를 해요(112-113쪽 참조).

이렇게 해 봐요!

완벽하고 훌륭한 보고서를 쓰는 법

과제로 보고서를 써야 한다고요? 숙제가 에베레스트산에 오르는 것처럼 부담스러운가요? 겁내지 마세요. 여러분은 도전할 준비가 됐으니까요! 다음 각 단계별 도움말을 차근차근 따라 하다 보면 엄청나 보이는 숙제도 끝낼 수 있어요.

1

브레인스토밍

보고서의 주제는 정해져 있기도 하지만, 가끔은 그렇지 않기도 하죠. 어떤 경우든 여러분은 무슨 내용을 쓰고 싶은지 정해야 해요. 먼저 자유롭게 아이디어를 떠올려 봐요. 주제에 대해 생각나는 걸 뭐든지 적는 거예요. 그런 다음 적은 내용을 읽으면서 어떤 아이디어가 가장 좋은지 생각해 봐요. 어떤 내용을 가장 다루고 싶은지 스스로에게 묻고요. 보고서의 목적을 계속 떠올려야 해요. 이 주제로 숙제의 목표를 달성할 수 있나요? 그렇다면 다음 단계로 넘어가요.

2

주제를 문장으로 써 보기

여러분이 쓸 보고서의 주제, 어떤 대상에 대한 여러분의 생각을 문장으로 적어 봐요. 다시 한번 이 보고서의 목표에 맞나 고민해야 해요. 주제 문장이 보고서의 내용을 독자들에게 잘 설명할 수 있는지 생각해 봐요.

3

아이디어의 윤곽 그리기

일단 훌륭한 주제 문장을 썼다면, 이제 그 문장을 보다 자세한 정보와 사실, 생각, 사례로 뒷받침해야 해요. 이런 뒷받침하는 내용은 여러분의 주제 문장에 던지는 단 하나의 질문, '왜 그럴까?'에 대한 답이에요. 바로 이 점이 연구와 조사, 때로는 보다 많은 브레인스토밍이 이루어져야 할 대목이에요. 그런 다음 이 내용들을 가장 의미가 잘 통하는 방식으로 짜요. 예컨대 중요한 순서로 배열할 수 있겠죠. 그러면 끝!

4

제자리에, 준비, 쓰기 시작!

앞서 그린 윤곽을 따라 주제 문장을 뒷받침하는 각각의 내용을 문단의 줄거리로 삼아요. 독자들이 잘 이해할 수 있도록 내용을 정확히 서술하는 단어를 사용해요. 보다 자세한 부분은 구체적인 정보를 활용해 이야기를 전개하거나 여러분의 주장을 펼쳐요. 그리고 그 내용이 보고서 전체의 주제 문장과 관련이 있는지 점검해요. 글이 매끄럽게 흘러가도록 내용을 채워 넣어요.

5

마무리하기

보고서 전체를 요약하는 결론을 내고, 주제를 다시 이야기하면서 글을 마무리해요.

6

고치고 다듬기

맞춤법이 맞는지, 오탈자가 없는지, 문법에 맞는지 확인해요. 명료하고 이해하기 쉬우며, 흥미로운 글인지 살펴봐요. 서술하는 동사와 형용사를 적절히 활용해요. 다른 사람에게 글을 읽고 여러분이 실수한 부분을 지적해 달라고 하는 것도 도움이 돼요. 그런 다음 필요한 만큼 수정해서 두 번째 원고를 만들어요. 만족할 만한 최종 원고가 나올 때까지 이런 교정 고정을 최소 한 번 이상 반복해요.

케냐에서 새끼 사자가 어미 사자의
머리에 올라타서 장난치고 놀아요.

게임과 퍼즐

이상하고 웃긴 동물 알아맞히기

겨울바람이 불어와 추운 곳에 사는 동물들의 사진이 이상하게 변했어요. 힌트를 보고 무슨 동물인지 알아맞혀 봐요.

정답: 354쪽

1 판 왕 대 다

_ _ _ _

힌트:
이 동물은 중국의 산비탈 숲에 살아요. 다음 질문의 답이기도 해요. "전 세계에서 사랑받는 흑백색의 동물은?"

2 숭 이 일 본 원

_ _ _ _ _

힌트:
아시아에 사는 이 영장류는 눈이 내리는 겨울이면 온천에 몸을 담그고 친구들과 수다를 떨어요.

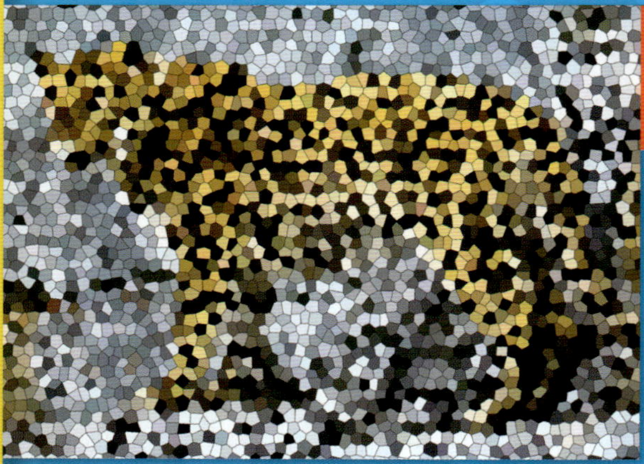

3 표 아 무 범 르

_ _ _ _ _

힌트:
점무늬가 있는 이 고양이는 털이 빽빽하게 나서 러시아 동부와 중국 북부의 추운 숲에서도 잘 지내요. 사는 지역에서 이름을 따왔어요.

4 홍 관 북 조 부

_ _ _ _ _

힌트:
북아메리카에 사는 이 동물 가수는 춥고 어두운 겨울 동안 마른 나무에 화려한 색깔로 활기를 불어넣어요.

수다쟁이 동물들

내 세계에 온 걸 환영해!

동물이 소셜 미디어를 쓴다면 무슨 말을 할까요? 이 티라노사우루스 렉스가 하루 동안 주고받은 메시지를 읽어 볼까요?

티라노사우루스 렉스

사용자 이름: 공룡여왕
사는 곳: 북아메리카 서부, 약 6800만 년 전
친구들:

트리케라톱스
삼중뿔

안킬로사우루스
묵직꼬리

에드몬토사우루스
삽주둥이

오전 9:00

공룡여왕: 내 이빨? 진짜 날카로워. 내 발? 왕 크지. 내 코? 아주 예민해. 내 위장? 배고파. 모두 숨어 있는 편이 좋을 거야. 내가 먹이를 찾는 중이니까.

묵직꼬리: 내 냄새를 따라오지는 마! 내 묵직한 꼬리로 한 대 맞을 테니까!

삽주둥이: 우리 무리한테 경고 신호를 보내야겠어. **공룡여왕**이 사냥 중이라고. 달아나! #그녀는무서워 #하지만느리지 #티렉스경주

삼중뿔: **공룡여왕**, 내 뿔 세 개와 만나지 않는 편이 좋을 걸. 나도 만만찮아. #몸무게8톤

오전 10:00

공룡여왕: 흠, 고기 냄새가 난다-. 죽은 동물이 있나 보-. 이제 식전 놀이 좀 하고 식사할 수 있겠어. #던지고받기

묵직꼬리: 먹을 거 찾아서 좋겠다. 근데 저기… 맛있니? #초식주의자

삽주둥이: 휴! 이제 내 뿔을 짝에게 자랑하는 데 쓸 수 있겠어. 공룡여왕과 싸우는 쪽이 아니라. #평화와사랑

삼중뿔: 나도 친구들과 습지로 돌아가서 느긋하게 지낼 수 있겠어. #물멍

오후 3:00

공룡여왕: 내 귀염둥이 아기가 달리기 경주에서 이기겠지? #세젤귀아기공룡

삽주둥이: 와, **공룡여왕**도 다정한 면이 있네! 우리 아기들도 무척 귀여워. 내 몸길이의 겨우 20분의 1이야. 너무 사랑스러워.

삼중뿔: 티라노사우루스도 아기는 귀여울 수 있지. 청소년이 되면 무시무시해져! 내가 몇 년 전에 싸운 적이 있거든.

묵직꼬리: 티라노사우루스 청소년은 언젠가 길이 12미터까지 자랄 거야. 물어서 뼈까지 부술 수 있을 거고. #귀엽지않아

공룡여왕: 에헴, 나는 지구 역사상 가장 무시무시한 포식자로 손꼽힌다고. 너희도 내 말에 동의하지?

알쏭달쏭 세상 관찰

이건 뭘까?

멋진 타원

다음은 타원형의 사물을 가까이에서 찍은 사진들이에요. 사진 아래 적힌 힌트를 보고 무엇인지 알아맞혀 봐요.

정답: 354쪽

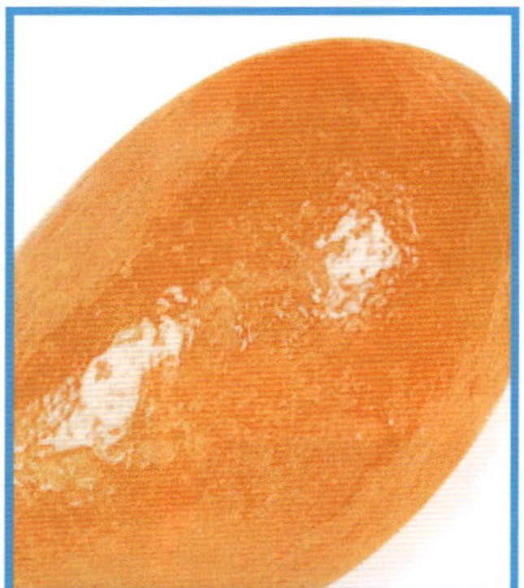

빈리젤

창리유

고기물

선행비

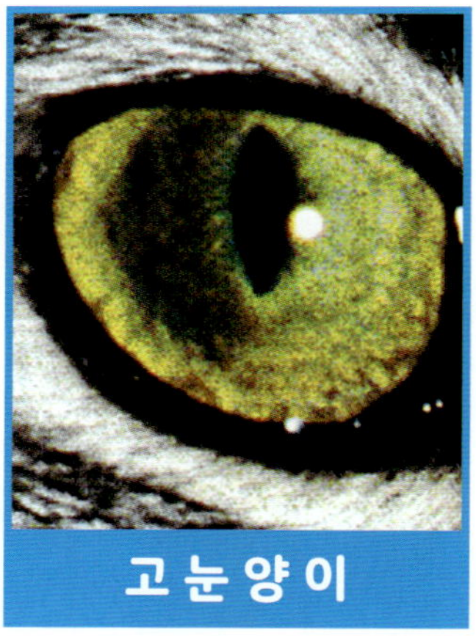

고눈양이

경장기

벌레정딱

팔오

위키

재미있고 우스운 빈칸 채우기

요란법석 농장

친구와 함께 밑줄 아래 힌트를 보고 빈칸에 알맞은 말을 채워 이야기를 완성해 봐요. 소리 내어 읽어 보면서 가장 재미있는 이야기로 다듬어 봐요.

오전 ________(숫자) 시, 우리 가족은 짐을 꾸려서 차에 올라탔어요. 매년 캠핑을 가거든요. ________(가수 이름)의 노래를 신나게 따라 부르면서 가는데, 갑자기 ________(시끄러운 소음) 소리가 들렸어요. 자동차의 ________(명사)가(이) 터진 거예요. 그런데 자동차 긴급 출동 서비스는 내일이나 온대요. 그때 트럭이 다가왔어요. "안녕하세요, 난 이 근처에 사는 농부 ________(친구 이름)예요. 도와드릴까요?" 그렇게 해서 우리는 ________(명사) 농장에서 하루 지내기로 했어요. 나는 ________(가구 이름)에 앉아서 농부에게 우유 짜는 법을 배웠어요. 소들에게 가까이 갔더니 암소가 내 머리를 ________(동사)기 시작했어요. 그래서 대신 ________(형용사) 착유기를 작동시키는 일을 맡기로 했지요. 내가 레버를 당기자 내 ________(신체 부위)에 걸려 관이 빠지면서 ________(액체 종류)가 사방으로 ________(동사)기 시작했어요. 나는 기계로부터 ________(동사)다가 그만 쌓여 있는 ________(명사) 더미를 들이받았어요. 더미가 무너지고 ________(동물)들이 날뛰었어요. 나는 문 쪽으로 ________(동사)어요. 그러다가 미끄러져 ________(동물) 우리 안으로 들어갔어요. 다음 휴가는 좀 차분하게 보내고 싶어요.

숨바꼭질 동물 탐정 숨은 동물 찾기

동물은 주변 환경에 몸을 잘 숨기곤 해요. 아래 목록의 동물이 숨어 있는 사진을 찾아서 빈칸에 알파벳을 적어 보세요.

정답: 354쪽

1. 난초사마귀 (   )
2. 할리퀸유령실고기 (   )
3 흰소쩍새 (   )
4. 속눈썹살무사 (   )
5. 텍사스뿔도마뱀 (   )
6. 대왕문어 (   )
7. 붉은어깨금강앵무 (   )

D

E

F

G

수다쟁이 동물들

동물이 소셜 미디어를 쓴다면 무슨 말을 할까요? 이 범고래가 하루 동안 주고받은 메시지를 한번 볼까요?

범고래

사용자 이름: 바다판다 **사는 곳:** 남극해

좋아하는 것: 높이 뛰기와 빨리 헤엄치기

친구들:

남극크릴	웨들해물범	황제펭귄
찬물크릴	동글이물범	왕새

오전 10:00

바다판다: 내 새 프로필 사진 어때? '좋아요'를 좀 받을 수 있을까? #물위로찰칵셀카

찬물크릴: 사진은 뭐 하려고?

동글이물범: **바다판다**가 나 같은 먹이를 찾으러 물 위로 뛰어오르는 모습이네. 저런 사진에 함께 찍히면 안 돼. 깊이 잠수해야지.

왕새: 오, 셀카 사진 고마워, **바다판다**. 덕분에 나도 **동글이물범**을 따라잡을 기회가 생겼어.

찬물크릴: 모든 일은 물속에서 일어나잖아. **동글이물범**은 육지에서 뒤뚱거리고, **왕새**는 얼음에서 느린데 뭘.

왕새: 맞아, 하지만 헤엄칠 때는 나를 따라올 수 없지. 난 물속에서 초속 3미터로 나아갈 수 있다고!

바다판다: 우리 경주할래?

오후 2:30

바다판다: 누구 우리 무리 못 봤어? 우리 범고래는 40마리씩 몰려다니는데? 내가 울음소리로 불러도…. 대답이 없네.

찬물크릴: 겨우 40마리? 우리 크릴은 수십억 마리가 모인다고. 사람들 말이 우주에서도 보인대!

동글이물범: **바다판다**야, 내가 본 것 같아. 음, 북쪽이었어! 맞아. 북쪽으로 쭉 가 봐.

왕새: 내가 위성 위치 확인 장치가 되어 줄게. 너희 무리는 위도대를 옮겨 다니는 걸 좋아하나 봐.

동글이물범: 브라질 서퍼들에게 안부 전해 줘. #실없는농담

오후 4:30

바다판다: 우리 무리를 찾았어! 휴. 내가 없어지는 바람에 엄마는 무척 심란했을 거야. 큰일 생겼을까 봐.

동글이물범: 범고래 떼에 둘러싸인 채 얼음 위에 갇힐 때 같은 큰일? 농담 아니야. 진짜 큰일을 겪어 본 적 없나 보다.

찬물크릴: 진정해, 친구들. 나와 우리 무리처럼 그냥 해류에 몸을 맡겨 봐. 다 괜찮다고.

왕새: **바다판다**는 엄마가 화낼까 봐 그래. 난 이해가 안 돼! 부화한 지 3개월 된 내 아기는 몇 달 뒤에 독립할 텐데.

바다판다: 그래 인정해…. 내가 좀 엄마 껌딱지야. #등지느러미는언제크지

온 가족이 함께하는
깜짝 퀴즈

부모님과 대결해 봐요. 상으로 가장 많이 맞힌 사람의 소원을 하나 들어주면 어때요? 정답: 354쪽

미국 알래스카주 디날리 국립 공원 및 보전 구역

1 **________은(는) 넓은 면적의 땅을 보호할 수 있어요.**

A. 주택 단지 개발
B. 공원과 유원지 개발
C. 국립 공원
D. 농구 협회

2 **세탁 세제는 아니지만 물과 섞어서 얼룩을 지우는 데 쓸 수 있는 액체는?**

A. 구강 세정제
B. 오렌지 주스
C. 버터밀크
D. 식초

이 실험을 하고 싶으면, 먼저 부모님의 허락을 받아요.

3 **욕조에 따뜻한 물을 채우는 데 들어간 에너지로 ________에 80분 동안 전기를 공급할 수 있어요.**

A. 텔레비전
B. 전자레인지
C. 전구
D. 유명 가수 콘서트

4 **매일 약 ________종의 생물이 사라져요.**

A. 1~20
B. 30~70
C. 80~120
D. 150~200

5 **다음 중 30분 동안 탔을 때 가장 많은 열량을 소모하는 교통수단은?**

A. 스케이트보드
B. 세발자전거
C. 인라인스케이트
D. 스쿠터

6 **________는(은) 세계에서 가장 멸종 위기에 처한 동물에 속해요.**

A. 마운틴고릴라
B. 혹등고래
C. 레서판다
D. 재규어

7 **다음 중 옥수수로 만들 수 있는 것은?**

A. 빨대
B. 테이프
C. 풍선
D. 휴지

8 **학자들은 해수면 상승 때문에 2050년경에 ________ 제도에서는 사람이 살 수 없을 것으로 추정해요.**

A. 바하마
B. 케이맨
C. 필리핀
D. 몰디브

9 **시애틀에서 자전거 도로를 따라 달릴 수 없는 지역은?**

A. 강변
B. 동굴
C. 도심
D. 해안

진짜? 가짜? 옛 표지판

보이는 것이 다 진짜는 아니에요. 다음 중에서 진짜가 아닌 것 2개는 무엇일까요?

정답: 354쪽

1

2

3

4

5

6

7

재미있고 우스운 빈칸 채우기

파티 동물들

친구와 함께 밑줄 아래 힌트를 보고 빈칸에 알맞은 말을 채워 이야기를 완성해 봐요. 소리 내어 읽어 보면서 가장 재미있는 이야기로 다듬어 봐요.

나는 두 친구와 함께 우리 집에서 ________(유명인) 팬클럽 모임을 열고 다 함께 편지 쓰기를 하기로 했어요. ________(친구 이름)은(는) ________(반려동물)를(을) 데리고 왔어요! 다른 친구들도 ________(동물)을(를) 데려와서 이윽고 ________(큰 숫자)마리가 되었어요. 의아해진 나는 내가 보낸 초대장을 다시 읽어 보았지요. 아뿔싸! "필기구를 가져오세요"가 아니라, "동물을 데려오세요"라고 적혀 있었어요. 갑자기 머리 위로 ________(새 종류)가 ________(동사)고, ________(파충류)가(이) ________(신체 부위)을(를) 타고 내려가는 느낌이 들었어요. 곧이어 ________(명사)에서 개가 ________(동사)고, 화채 그릇에서 ________(수생 동물)가(이) 헤엄치고 있었지요. ________(명사) 주위에서는 ________(형용사) ________(설치류)가 ________(액체 종류)를 튀기면서 고양이를 뒤쫓고 있었어요. 이 모든 ________(지저분한 것)를(을) 다 청소하고 정리하려면 ________(부사) 많은 시간이 걸리겠어요!

알쏭달쏭 세상 관찰

이건 뭘까?

나란히 나란히

다음은 줄지어 선 사물을 멀리서 찍은 사진들이에요. 사진 아래 적힌 힌트를 보고 무엇인지 알아맞혀 봐요.

정답: 354쪽

바해라기

콩두완

자차동

자거전

대군악

감물

지단주택

미노도

자의장경기

온 가족이 함께하는 깜짝 퀴즈

부모님과 대결해 봐요. 상으로 가장 많이 맞힌 사람의 소원을 하나 들어주면 어때요?

정답: 354쪽

1 1950년대 말에 등장한 플라스틱 훌라후프는 ________에서 나왔어요.

A. 원숭이가 쓰는 둥근 가지
B. 스웨덴 아이들이 갖고 놀던 바퀴 테두리
C. 공장 일꾼들이 쓰는 금속 고리
D. 오스트레일리아 아이들이 갖고 놀던 대나무 고리

2 대개 사람은 머리카락이 매일 ______가닥씩 빠져요.

A. 75 **C.** 135
B. 105 **D.** 155

3 네덜란드에서는 빵을 _______(으)로 먹는 것이 가장 예의 있다고 여겨져요.

A. 손 **C.** 발
B. 나이프와 포크 **D.** 젓가락

4 해적 검은수염은 뱃사람을 사로잡으면 겁주기 위해 자기 모자 밑에 ______를 넣었어요.

A. 검은 물감 **C.** 단검
B. 타는 심지 **D.** 쥐

5 아이언맨의 정체는 무엇일까요?

A. 피터 파커
B. 스콧 랭
C. 토니 스타크
D. 브루스 배너

6 고양이는 왜 나무 위에 올라가서 가만히 있을까요?

A. 경치를 좋아해서
B. 높은 곳에 올라가니 겁이 나서
C. 구부러진 발톱 덕분에 쉽게 올라갈 수 있지만, 내려오기는 어려워서
D. 비밀 친구인 새와 만나느라

7 엘리게이터는 북아메리카와 ______에 사는 악어 종류예요.

A. 한국 **C.** 일본
B. 중국 **D.** 유럽

8 고속 도로 중 약 절반 구간에는 속도 제한이 없는 나라는 어디일까요?

A. 스위스 **C.** 일본
B. 독일 **D.** 보츠와나

9 애니메이션 「인크레더블」에서 에드나 모드가 슈퍼히어로 가족의 복장에 넣지 않으려고 한 물건은 무엇일까요?

A. 망토 **C.** 허리띠
B. 가면 **D.** 장갑

10 1922년 미국 걸스카우트는 어떤 쿠키를 구워서 팔았을까요?

A. 초콜릿 칩 **C.** 트밀 쿠키
B. 민트 쿠키 **D.** 설탕 쿠키

수다쟁이 동물들

동물이 온라인 활동을 한다면, 무슨 이야기를 할까요? 재미로 올린 동물들의 소셜 미디어 게시글을 읽으면서 알아볼까요?

동물 여행 후기

레몬상어에 붙어서 대양 여행하기

늘씬한 빨판상어

모든 빨판상어처럼 나도 멋지게 여행해. 머리에 달린 빨판으로 고래, 상어, 가오리 같은 큰 해양 동물에 달라붙어서 다니지. 느긋하게 쉬고 있으면, 숙주가 나를 새롭고 놀라운 곳으로 데려다준다고.

얼마 전에는 레몬상어를 타고 대양을 여행하기로 했어. 처음에는 정말 신났어. 내 상어가 워낙 먹이를 많이 먹어서, 내가 먹을 찌꺼기도 많았어. 상어는 대개 나를 건드리지 않는데, 이번에는 다른 레몬상어가 나를 먹으려 했지 뭐야! 다음 휴가 때는 장수거북에게 붙어 다닐까 봐.

아우우!

내 평점 읽어 보기!

개미 '방'

휘파람가시나무

기린

★☆☆☆☆

이 나무가 처음 눈에 띄었을 때, 잎이 맛있어 보였어. 그래서 나는 목을 쭉 뻗어 입을 벌리고 긴 혀를 쭉 내밀어서 잎을 휘감았지. 그런데…, 아야! 개미가 나를 문 거야! 이 나무에는 속이 빈 혹 같은 것이 자라. 그 안에 개미들이 사는 방이 있어. 개미는 집을 얻는 대가로 나무를 지키는 거지. 자기들은 좋겠지만, 개미한테 물린 나는 영 마음에 안 들어!

돌고래점핑스타그램

구름표범
동남아시아

127 좋아요

구름표범 내 패션쇼 무대에 온 걸 환영해. 짠, 무대는 바로 이 숲이야! 나 같은 모델은 한 번도 본 적 없을걸. 나는 나무타기 선수야. 구름무늬 덕분에 난 나뭇가지와 잎 사이에 몸을 잘 숨길 수 있어. 앉아 있는 내 모습도 예쁘지?

꿀조합

친구 | 프로필 | 내 사진

나랑 친구 맺기!

반짝반짝엉덩이

동물 공작거미
좋아하는 것 귀뚜라미, 숲 바닥에 닿을락 말락 거미줄에 매달려 있기
싫어하는 것 거미를 못 들어오게 막는 댄스 클럽

나와 함께 춤출 거미 있니?

자기소개 함께 춤출 상대를 구한다고? 딴 데서 찾을 필요 없어. 발을 옮길 때마다 무지갯빛으로 반짝이는 내 엉덩이를 봐. 멋지지? 나는 잔가지에서 다리를 휘젓고 두드리면서 살랑살랑 몸을 흔들 수 있지. 내 요구 조건은 하나야. 나를 싫어하지 마. 어떤 암컷은 수컷의 춤이 마음에 안 들면 잡아먹는다니까. 나는 내일도 춤을 추고 싶어.

유대류를 위한 선물…

아마존

동물계 최고의 쇼핑몰

향기 좋은 꽃

꽃다발

고객 평점
★☆☆☆☆
별로 맛없음.
코알라 구매 확인

다른 가게에서 사는 편이 낫겠어.

내 생일 선물로 친구가 이 예쁜 꽃다발을 보냈어. 고맙긴 한데, 난 유칼립투스만 먹어. 그래서 이 꽃들은 먹을 수가 없었어. 이 꽃들을 어쩌지? 그냥 보기만 해야 하나?

이상한 숨은 그림 찾기

파도타기 대회!

남아프리카의 어느 해안에서 특별한 파도타기 대회가 열렸어요. 해양 동물들이 자신의 파도타기 실력을 마음껏 뽐내는 자리에서 온갖 일들이 벌어져요. 이 별난 대회장을 둘러보고 이상한 점을 20가지 찾아봐요.

정답: 354쪽

STRIKA ENTERTAINMENT
못 말리는 친구들
1
저기도 없네….
어디 있지?
여기 어딘가에 분명히 있을 거야!
아틀라스, 뭘 찾고 있는 건데?
2
메이저의 새 고무 뼈다귀! 나한테 빌려줬는데, 내가 그걸 어디다 묻었는지 까먹었어!
냄새로 찾아봤어?
네 발자국은? 따라가 봤어?
3
다 찾아봤어!
메이저가 낮잠에서 깨기 전에 찾게 제발 도와줘!
4
흠…. 이런 상황에서는 고생물학자의 도움을 받는 게 좋겠어!
고… 뭐라고?
5
화석 찾는 전문가야!
6
잠시 뒤…
고생물학자는 화석 찾는 전문가야. 뼈, 식물, 발자국의 화석을 찾아내.
우리가 누구든 간에, 복장은 완벽해! 탈룰라 공주, 너 정말 잘 어울려!
그냥 룰루라고 해!
음, 인디애나 본즈라고 해도 돼!

7
친구들은 땅을 파기 시작했어요….
여기는 고대 곰 유적지가 분명해!
8
난 새로운 종을 발견한 것 같아!
9
선사 시대의 해양 동물이 살았던 증거를 발견했어!
10
가-까워지고 있어! 냄새가 나!
파팍!
퍽퍽!
휙!
11
잠시 뒤…
얘들아! 너희 뭐해?
메이저! 깼구나! 우리가 뭐하냐면… 그러니까….
12
어라? 너 뼈다귀 찾은 거야?!
응? 계속 갖고 있었는데? 네가 까먹고 안 갖고 갔더라? 빌려준 자리에 그냥 있던데?
13
아틀라스, 정말 잃어버렸는지부터 알아봤어야지!
뭐, 적어도 네가 묻은 다른 모든 것들은 어디에 있는지 알아냈잖아.
정원이 엉망이 되어 버렸네.
동물들은 또 어떤 말썽을 부릴까요? 다음 편을 기대하세요!

우리를 웃겨 주는 유머

뭐가 그렇게 웃길까요? 이 미국너구리들도 농담을 좀 아는가 봐요.

조금 웃기는 농담

다음 문장을 빨리 세 번 읽어 봐요.

**개구리
세 마리가
세 번씩
세차게
세수해.**

직원:
요리하면서 왜 그렇게 실실 웃어요?

요리사:
달걀을 깰 때마다 개망초가 생각나서요.

똑똑, 똑똑.

거기 누구세요?
윙윙.
윙윙이 누구지?
아, 나를 무는 모기!

Q 망아지는 왜 풀밭에서 뛰어다닐까?

A 망둥어가 아니라서.

Q 물고기의 몸에서 가장 단단한 것은?

A 이빨

동물의 엉뚱한 실수들

동물도 실수를 해요!

동물
털수염물범

서식지
북극해

실수한 곳
노르웨이 스피츠베르겐 근처

찰칵 순간
털수염물범은 흔들리지 않는 유빙 위에서 쉬곤 해요. 그런데 이 얼음 뗏목은 좀 균형이 안 맞아서 흔들리나 봐요.

동물
갈라파고스땅거북

서식지
에콰도르 갈라파고스 제도

실수한 곳
이사벨라섬

찰칵 순간
이 거북은 긴 목을 쭉 뻗어서 위쪽에 있는 맛있는 잎을 뜯어 먹을 수 있어요. 그러다가 꼬여서 자기 발에 밟혔나 봐요!

동물
유럽토끼

서식지
원산지는 유럽과 아프리카 북서부이지만, 지금은 남극 대륙을 제외한 전 세계에 살고 있어요.

실수한 곳
일본 오쿠노시마

찰칵 순간
어린 토끼들이 서로 깨물며 장난치다가 뒤로 폴짝 뛰었는데, 그만 발라당 넘어졌어요.

농담 반 진담 반?

이름: 갈릴레오, 허블, 핼리

종아하는 활동:
나무 꼭대기에서 밤하늘 쳐다보기

좋아하는 장난감:
망원경

싫어하는 것:
흐린 밤

우주가 진공 상태라면, 누가 진공청소기를 돌린 걸까?

달이 깨졌나 봐. 한 조각이 떨어져 나간 게 분명해.

오랑우탄 수컷 성체는 얼굴에 플랜지라고 하는 살덩이가 양쪽 뺨에서 목까지 자라요. 오랑우탄의 둥근 얼굴을 달덩이에 비유하곤 해요.

우주 비행사가 읽으려고 우주로 책을 가져갔는데 손에서 내려놓을 수가 없었대. 왜냐고? 우주니까 떠 있을 수밖에!

방금
전화벨 소리야?
누가 이렇게
랑랑거리지?
똑똑,
똑똑.
거기 누구세요?
경찰이에요.
경찰이라고요?
빨리 와 주세요. 우리가 곧
우주로 발사되려고
해요!

알쏭달쏭 수수께끼

새끼 **브라키오사우루스**가 **빠져들기**는 **쉽지만**, **빠져나오기**는 **어려운** 것은?

말썽.

메리 공주의 **아빠**는 **딸**이 **다섯 명**이에요. 네 딸의 이름은 차례로 **아, 에, 이, 오**예요. **다섯째 딸**의 이름은 뭘까요?

메리.

내보내기보다 간직하기가 더 어려운 것은?

숨.

나는 **문**도 **자물쇠**도 **열쇠**도 없는 **작은 함**이에요. 안에 황금색 보물이 들어 있지요. **나는 누구일까요?**

달걀.

다리 6개에 귀 4개이며, 갑옷을 입은 것은 무엇일까?

말을 탄 기사.

요정이 **파란** 소파, **파란** 벽, **파란** 카펫이 있는 **단층집**에 살아요. 그 집의 **계단**은 **무슨 색**일까요?

단층집이라 계단은 없어요.

키가 아주 **많지만**, 어떤 **문**도 열지 **못하는** 것은?

피아노.

깃털처럼 **가볍지만**, 헤라클레스가 몸에 지닌 채 5분도 **못 버티는** 것은?

숨.

곱씹어 보면 웃긴 이야기

"우리 개구리를 산책시키는 중이야!"

"엄마가 간식 먹기 전에
배를 깨끗이 하라고 했지?"

"저, 치열 교정 장치는
언제 뺄 수 있어요?"

"잠깐만, 아기 이유식은
거의 다 되어 가!"

조금 웃기는 농담

Q 런던의 이층버스에 어울리는 점심 도시락은?

A 더블버거.

Q 고블린이 이용하는 대중 교통수단은?

A 트롤리버스.

Q 혹등고래가 먹는 먹이는?

A 고래밥.

브레드: 엄마가 교통경찰한테 일곱 살 아들을 신고했대.

스테이시: 왜?

브레드: 장난감 자동차를 타다가 벽을 들이받았대.

Q 물고기와 생쥐가 함께 사는 곳은?

A 어항이 있는 집.

Q 노래기가 지네에게 뭐라고 했을까?

A "과속하지 마. 발들이 꼬일라."

Q 기타 주인은 왜 기타를 배 밖으로 던졌을까?

A 신나게 연주하는 바람에 배가 흔들린다고 친구들이 투덜거려서.

말장난 유머

조각 케이크를
8개 모으면
케이크
한 판이에요!

생물학자는
죽은 생물도
연구해요.

화성에 주거지를
개발하는 데에는
천문학적인 비용이
들어요.

말장난 때문에
웃음이
팝콘처럼
펑펑
터지곤 해요.

보통 사람들은
농구 선수를
우러러봐요.
농구 선수가
보통 더
크니까요.

토끼는
사실 당근보다
토끼풀을
더 좋아해요.

바다는
아주
친절해요.
늘 물결을
흔들며
인사하거든요.

돼지에게 꿀 이야기는 하지 마요.
이미 꿀꿀거리고 있잖아요.

농담 반 진담 반?

이름: 끼익훗훗 경

좋아하는 활동:
중세 갑옷의 투구 안에 숨기

좋아하는 장난감:
중세 갑옷

싫어하는 것:
투구의 얼굴 가리개가
내려와서 깜깜해지는 것

고대 그리스에서 올빼미는 지혜의 상징이었어요. 그러나 중세 유럽에서는 마녀와 관련 있다고 여겼지요.

곱씹어 보면 웃긴 이야기

"그거 받으려면
뭘 해야 돼?"

"최근에 좀 불안해서
껑충껑충 대신에
폴짝폴짝 뛰고 싶은
기분이라고 하셨죠?"

"스쿨버스가 너무 커서
길이 막혀 버렸네."

조금 웃기는 농담

똑똑, 똑똑.

거기 누구세요?
노벨.
노벨이 누군데요?
노 벨. 벨이 없네요.
그래서
노크했어요.

Q 아이스크림을 구운 베이크드 알래스카는 무슨 맛일까요?

A 따끈하고도 차가운 맛.

다음 문장을 빠르게 세 번 읽어 봐요.

코가 긴 코끼리들이 코로 꼬리를 물고 가요.

Q 태즈메이니아데빌 한 마리를 닭장에 넣으면 뭐가 나올까요?

A 데빌드 에그*.

대통령: 조지 워싱턴과 에이브러햄 링컨이 지금 살아 있다면, 무엇으로 우리를 가장 놀라게 할까요?

부통령: 옛날식 머리 모양?

대통령: 아니, 나이죠!

*데빌드 에그: 삶은 달걀을 반으로 갈라 노른자에 겨자 등을 섞은 뒤 다시 채운 요리.

꽤 긴 이야기…

과학 수업을 마치기 직전에 베인스 선생님이 일어나서 학생들에게 말했어요.

"자, 이제 내가 좋아하는 원소를 알아 오기로 한 숙제를 내세요."

"제 숙제는 여기 있어요. 저는 헬륨을 골랐어요. 제가 풍선을 좋아해서요." 존이 대답했어요.

"잘했어, 존." 베인스 선생님이 말했어요.

"저는 구리를 골랐어요. 우리 개의 이름이거든요." 케이트가 외쳤어요.

"좋은 이름이구나." 베인스 선생님이 말했어요. "프레디는 숙제 냈니?"

"네, 선생님이 좋아하실 거예요." 프레디가 말했어요.

"어? 아무것도 안 쓴 빈 종이잖아. 어떤 원소를 골랐는데?"

선생님이 묻자, 프레디가 설명했어요.

조금 웃기는 농담

다음 문장을 빨리
세 번 읽어 봐요.

**미미의
믹서기로
밀가루 반죽을
만들어요.**

나무늘보가
나무를 기어오르는데
달팽이 세 마리의
공격을 받았어요.
잠시 쉬면서
회복된 나무늘보는
경찰서를 찾았어요.
경찰관이 물었지요.
"그 달팽이들이
어떻게 생겼나요?"
나무늘보는 말했어요.
"너무 빨라서 못 봤어요."

Q

**기린은
왜
목이 길까요?**

A 발냄새를 피하려고요.

Q

**슈퍼맨과
평범한 사람의
차이점이
뭘까요?**

A 슈퍼맨은 바지 위에
속옷을 입어요.

똑똑, 똑똑.

거기 누구세요?
누예요.
누가 누군데요?
아프리카에 사는
누는 이런 얘기를
많이 들었겠죠?

혀가 꼬이는 말

빠르게 세 번씩 읽어 봐요.

빵집에서 토핑을 빵빵하게 올린 빵을 사요.

빨간 로켓을 빨리 발사해요.

농구장에서 농구공을 농구대로 던져요.

비니 쓴 사람이 비커를 비워요.

물에 사는 물고기는 물을 떠나 살 수 없겠죠?

검정 야구복을 입고 검정 야구 배트를 검처럼 휘둘러요.

이름이 장미인 미인이 장터에서 장미를 골라요.

문화와 생활

중국 북서부에서 열린 용선 축제에서 무용수들이 춤을 추고 있어요.

2026년 세계의 여러 가지

로사르(티베트의 새해)

2월 18일부터

티베트에서는 새해를 3일에서 15일까지 며칠에 걸쳐 축하해요. 로사르는 가족이 모여서 전통 음식을 먹고 춤을 추고 노래하면서 전통문화를 즐기는 때예요. 또 새해의 시작을 기념하는 종교 행사도 열려요.

라마단과 이드 알피트르

2월 18일*~3월 20일

세계 각지의 이슬람교도는 이슬람 음력에서 아홉 번째 달에 기도하고 명상하고 해가 뜰 때부터 질 때까지 금식하며, 예배와 선행을 하는 데 집중해요. 라마단이 끝나면 이드 알피트르 축제가 이어져요. 함께 기도하고 잔치를 벌이면서 라마단이 끝난 것을 축하하지요.

송크란

4월 13일~15일

태국의 새해 축제인 송크란은 거리에서 몰려다니며 물싸움을 하는 등 다양한 방법으로 물을 뿌리면서 즐기는 시간이에요. 물장난에는 지난해를 '씻어 낸다'는 상징적인 의미가 담겨 있어요.

춘분

3월 20일

북반구에서는 봄이 시작되고 남반구에서는 가을이 시작되는 날이에요. 춘분에는 낮과 밤의 길이가 거의 같아요. 여러 지역에서 봄이 온 것을 축하하는 축제와 행사가 열려요.

하지 축제

6월 21일

북반구에서 낮이 가장 긴 날이에요. 여름이 왔음을 축하하기 위해 모닥불을 피우는 등 야외 행사도 많이 열려요.

욤 키푸르

9월 20일**

유대교의 속죄일이에요. 금식하고 기도하면서 자신의 죄를 용서해 달라고 비는 날이지요. 이날이 지나면 전통 음식을 차려 먹어요.

메이크 어 디퍼런스 데이

10월 24일

미국에서 자원봉사에 나서는 날이에요. 지역 사회가 힘을 모아서 긍정적인 변화를 일으키기 위해 크고 작은 노력을 기울이지요.

기념일

각 기념일은 해마다 날짜가 달라지기도 해요.
그러니 해가 바뀌면 달력을 꼭 확인하세요.

하누카

12월 4일**~12일

8일 동안 이어지는 유대교의 기념일이에요. 빛의 축제라고도 하지요. 역경에 맞서 종교적 자유를 되찾은 일을 기념해요. 밤마다 전통 촛대에 불을 켜고, 기름으로 요리한 음식을 먹고, 선물을 교환하고, 노래를 부르고, 전통 놀이를 하지요.

화해의 날

12월 16일

남아프리카 공화국에서 인종 차별 분리주의 정책인 아파르트헤이트가 끝나고 민주주의가 시작된 것을 기념하는 날이에요. 전국에서 다양성, 문화, 용서를 주제로 행사가 열려요.

크리스마스

12월 25일

예수 그리스도의 탄생을 기념하는 기독교 축일이에요. 대개 나무를 장식해 크리스마스트리를 만들고, 선물을 교환하고, 모임을 갖지요.

*지역에 따라 날짜가 조금씩 달라요.

**해가 진 뒤에 시작해요.

2026년 달력

1월

일	월	화	수	목	금	토
				1	2	3
4	5	6	7	8	9	10
11	12	13	14	15	16	17
18	19	20	21	22	23	24
25	26	27	28	29	30	31

2월

일	월	화	수	목	금	토
1	2	3	4	5	6	7
8	9	10	11	12	13	14
15	16	17	18	19	20	21
22	23	24	25	26	27	28

3월

일	월	화	수	목	금	토
1	2	3	4	5	6	7
8	9	10	11	12	13	14
15	16	17	18	19	20	21
22	23	24	25	26	27	28
29	30	31				

4월

일	월	화	수	목	금	토
			1	2	3	4
5	6	7	8	9	10	11
12	13	14	15	16	17	18
19	20	21	22	23	24	25
26	27	28	29	30		

5월

일	월	화	수	목	금	토
					1	2
3	4	5	6	7	8	9
10	11	12	13	14	15	16
17	18	19	20	21	22	23
24	25	26	27	28	29	30
31						

6월

일	월	화	수	목	금	토
	1	2	3	4	5	6
7	8	9	10	11	12	13
14	15	16	17	18	19	20
21	22	23	24	25	26	27
28	29	30				

7월

일	월	화	수	목	금	토
			1	2	3	4
5	6	7	8	9	10	11
12	13	14	15	16	17	18
19	20	21	22	23	24	25
26	27	28	29	30	31	

8월

일	월	화	수	목	금	토
						1
2	3	4	5	6	7	8
9	10	11	12	13	14	15
16	17	18	19	20	21	22
23	24	25	26	27	28	29
30	31					

9월

일	월	화	수	목	금	토
		1	2	3	4	5
6	7	8	9	10	11	12
13	14	15	16	17	18	19
20	21	22	23	24	25	26
27	28	29	30			

10월

일	월	화	수	목	금	토
				1	2	3
4	5	6	7	8	9	10
11	12	13	14	15	16	17
18	19	20	21	22	23	24
25	26	27	28	29	30	31

11월

일	월	화	수	목	금	토
1	2	3	4	5	6	7
8	9	10	11	12	13	14
15	16	17	18	19	20	21
22	23	24	25	26	27	28
29	30					

12월

일	월	화	수	목	금	토
		1	2	3	4	5
6	7	8	9	10	11	12
13	14	15	16	17	18	19
20	21	22	23	24	25	26
27	28	29	30	31		

디왈리

힌두교의 빛 축제

디왈리는 인도의 가장 큰 축제이자 가장 중요한 기념일이에요. 해마다 10월이나 11월에 힌두교도, 시크교도, 불교도 할 것 없이 수많은 사람들이 5일 동안 축제를 열지요.

디왈리는 디파발리 또는 디파왈리라고도 하는데, '빛의 행렬'을 뜻해요. 사람들은 등불과 전등으로 집과 공공장소를 꾸며요. 하늘에서는 불꽃놀이가 펼쳐져요. 빛은 선이 악에게 승리한 것을 상징해요. 이 축제가 어디에서 기원했는지는 지역마다 다르게 설명해요. 남인도 사람들은 힌두교 신 크리슈나가 악마를 무찌른 날이라고 하지요. 서인도에서는 다른 신인 비슈누가 악마 왕 발리를 지하 세계로 보낸 날이라고 해요.

5일 동안 이어지는 디왈리는 하루하루마다 나름의 전통이 있어요. 첫째 날은 장을 보고 집 청소를 하면 행운이 찾아온다고 해요. 둘째 날에는 집을 꾸며요. 셋째 날에는 가족이 모여서 잔치를 열지요. 넷째 날에는 선물을 주고받아요. 마지막 날에는 남자 형제들이 시집간 누이들을 방문해서 식사하지요.

어떤 이들은 디왈리 불꽃놀이의 폭죽 소리가 지상의 사람들이 즐거워한다는 사실을 신에게 알리는 신호라고 믿어요.

지금은 불꽃놀이가 디왈리 축제의 가장 큰 부분을 차지해요. 하지만 대규모 불꽃놀이는 최근에 생긴 풍습이에요. 1900년대까지는 불꽃놀이에 비용이 너무 많이 들어서, 왕실만 즐길 수 있었어요.

디왈리 동안에 사람들은 점토로 만든 작은 기름 램프인 **디야**를 줄줄이 늘어놓고 불을 켜요.

이건 몰랐을걸! 6가지 겨울철 명절 음식에 관한 놀라운 사실들

1 하누카 때에는 기름에 튀겨 잼을 넣은 도넛인 **수프가니요트**를 먹어요. 하누카는 옛날에 성전을 밝힌 **기름 등불**이 꺼지지 않았던 **고대의 기적**을 기념하는 축제거든요.

2 아프리카 부르키나파소의 **모시족** 조상들은 **바세가**라는 수확제를 열었어요.

3 아시아에서는 **동지**를 다양하게 기념해요. 한국에서는 **팥죽**을 먹고 중국에서는 **탕위안**을 먹어요. 일본에서는 **호박**을 먹고 **유자 목욕**을 해요.

4 한국에서는 **정월 대보름**에 **오곡밥**을 먹고, **부럼**을 깨 먹으면서 행운을 빌어요.

5 베네수엘라에서 **크리스마스이브**에 먹는 음식인 **아야카**는 옥수숫가루 반죽 안에 최대 20가지 재료를 채워 넣어요.

6 미국에서 아프리카계 미국인들이 즐기는 **크완자** 축제는 아프리카 언어인 스와힐리어로 **'수확한 첫 열매'**라는 뜻이에요.

나는 무슨 띠일까?

내가 태어난 해를 찾아봐요.

동아시아에서는 음력에 따라 12년 주기로 운세가 돌아간다고 여겨요. 이 순서를 나타내는 띠가 있지요. 띠를 상징하는 동물도 있어요. 어떤 사람이 태어난 해에 그해의 동물 이름을 붙여 'OO띠'라고 하지요. 나는 무슨 띠일까요? 내 띠의 동물은 어떤 특성이 있을까요?

쥐띠

1972, 1984, 1996, 2008, 2020년 출생

'치즈' 하고 웃어 봐요! 난 매력적이고 인기 있고 창의적이에요. 화가 나면 날카로운 이빨을 드러내기도 해요!

소띠

1973, 1985, 1997, 2009, 2021년 출생

영리하고 끈기 있고 강한 사람이에요. 지도자이긴 하지만, 결코 뽐내지 않아요.

호랑이띠

1974, 1986, 1998, 2010, 2022년 출생

친절한 사람이에요. 하지만 누군가 자기 방에 허락도 없이 들어오면 무척 화를 낼 거예요!

토끼띠

1975, 1987, 1999, 2011, 2023년 출생

야심과 재능이 있어서 기회를 잘 잡아요. 또 소문에 늘 귀를 기울이고 있지요.

용띠

1976, 1988, 2000, 2012, 2024년 출생

기운이 넘쳐요! 건강하고, 활기차고, 정직하고, 용감해서 살아 있는 전설이 될 수도 있어요.

뱀띠

1977, 1989, 2001, 2013, 2025년 출생

말수가 적은 편이고, 아주 영리한 사람이에요. 늘 비상금을 지니고 있는 듯해요.

말띠

1978, 1990, 2002, 2014, 2026년 출생

행복이 삶의 목표예요. 영리하고 열심히 일하지요. 말이 너무 많다고 선생님이 주의를 줄 수도 있어요.

양띠

1967, 1979, 1991, 2003, 2015년 출생

새끼 양처럼 점잖고, 예술성이 있고 동정심이 많고 지혜로워요. 수줍음이 많은 사람도 있어요.

원숭이띠

1968, 1980, 1992, 2004, 2016년 출생

원숭이처럼 성급하게 행동하는 사람은 아니에요. 기억력이 뛰어나고, 문제를 해결하는 능력도 뛰어나요.

닭띠

1969, 1981, 1993, 2005, 2017년 출생

자신의 모험담을 자랑하곤 하지만, 사실 수줍음이 많아요. 생각이 깊고, 유능하고, 용감하고, 재주가 많지요.

개띠

1970, 1982, 1994, 2006, 2018년 출생

무리의 지도자가 되는 일이 종종 있어요. 충직하고 정직해요. 비밀도 잘 지키는 사람이에요.

돼지띠

1971, 1983, 1995, 2007, 2019년 출생

용감하고 정직하고 친절한 사람이에요. 하지만 한 가지 일에 집중하지 않는 편이에요.

핼러윈의 은밀한 역사

장난 안 치고 오싹오싹한 사실만 알아볼까요?

핼러윈에는 특별한 복장을 하고 사탕을 받으러 다니는 것이 좋다고요? 하지만 예전의 핼러윈은 전혀 다른 모습이었어요. 사실 지난 2000년 동안 이날은 많은 변화를 겪었지요. 이 연대표를 보면서 핼러윈의 오싹한 역사를 살펴보기로 해요.

역사학자도 오래된 사건은 일어난 정확한 날짜를 모르는 경우가 많아요. 그래서 연도나 연대 뒤에 "경"이라는 단어를 붙이곤 해요. '가까운 때'이나 '그 무렵'이라는 뜻이에요.

1 기원후 50년경 지금은 대개 1월 1일에 새해를 맞이하지만, 고대 아일랜드의 켈트족은 11월 1일에 새해를 맞이하는 행사를 열었어요. 또 죽은 이의 영혼이 전날 밤에 나타나 행사를 망칠 수도 있다고 믿었어요. 그래서 10월 31일에 아일랜드의 켈트족은 유령을 쫓기 위해 모닥불을 피우고 영혼이 산 사람인 줄 알아보지 못하게 유령으로 위장했어요. 다음 날에는 사윈 축제를 열어 새해를 축하했어요.

2 기원후 43년 약 100년 뒤 로마인은 켈트족 영토 대부분을 점령한 상태였어요. 그래도 켈트족의 축제는 사라지지 않았지요. 로마인은 자신들의 가을 축제를 사윈과 합쳐서 10월 31일 해가 질 때부터 11월 1일 해가 질 때까지 축제를 열었어요. 그중에는 과일과 나무의 여신인 포모나를 기리는 행사도 있었어요. 포모나의 상징은 사과예요. 핼러윈 때 하는 물통에 띄운 사과를 입으로 건져 내는 놀이가 어디서 나왔을까요?

3 7세기 로마인은 기독교 정복자들에게 자리를 내주었어요. 기독교인은 사윈 축제를 반기지 않았어요. 대신에 11월 1일을 모든 성인의 날(만성절)로 정했지요. 그래도 사람들은 여전히 전날 밤에 모닥불을 피우고, 유령 복장을 했어요. 이 행사를 만성절 전야제, 즉 영어로 올 핼로즈 이브(All Hallow's Eve)라고 했는데, 이 말이 줄어들어서 핼러윈이 되었어요.

4 1400년대 사윈은 이제 금지되었어요. 그러나 전날 밤에 유령을 쫓아내는 전통은 사라지지 않았지요. 아일랜드 전역, 잉글랜드, 스코틀랜드 일부 지역에서 사람들은 그 축제를 계속했어요. 여전히 만성절 전날이면 가면을 쓰고 유령 복장을 했고, 이제는 집집을 돌아다니며 노래하거나 재주도 선보였어요. 그러면 음식이나 작은 선물을 받았지요. '트릭 오어 트릿'과 비슷하지 않나요? 당시에는 머머링이라고 했어요.

5 **1600년대 초기** 영국인이 나중에 미국이 될 지역에 정착촌을 짓기 시작했을 때, 만성절 전야제 전통도 전해졌어요. 뉴잉글랜드에 정착한 청교도들은 그 축제를 인정하지 않았지만, 더 남쪽인 메릴랜드와 버지니아 같은 곳에 정착한 사람들은 유령 이야기를 나누고, 점을 치고, 춤을 추면서 즐겼지요.

6 **1800년대 중반기** 1845년 이후에 아일랜드인 수백만 명이 미국으로 이민을 왔어요. 그리고 핼러윈 축제를 전국으로 퍼뜨리는 데 기여했어요. 아일랜드에서는 순무에 얼굴을 새기고 속을 파낸 뒤, 안에 촛불을 넣는 전통이 있었어요. 순무가 스팅지잭이라는 악령을 막아 준다고 했지요. 이렇게 순무에 불을 켠 것을 잭오랜턴이라고 했어요! 나중에는 감자, 사탕무, 호박에도 얼굴을 새겼어요.

7 **1900년대 초기** 20세기에 핼러윈은 장난스러운 축제가 되었어요. 어른들은 창문을 흔들고 문을 쾅 닫으면서 초자연적인 힘이 작용하는 척했어요. 장난을 치는 사람들에게 집을 건드리지 말고 가라고 사탕을 주는 사람도 나타났어요(현재 핼러윈 때 '트릭 오어 트릿'이라고 말하며 다니는 행동은 여기에서 나왔어요). 그 뒤에 지역 지도자들은 축제 분위기를 바꾸고자, 부모들에게 아이들이 핼러윈 복장을 하고 집집을 돌아다닐 때 예의 바르게 사탕을 달라고 하도록 가르치기를 권유했어요.

8 **1960년대** 트릭 오어 트릿은 사실 20세기 중반에 본격적으로 출현했어요. 그전까지 아이들은 대개 장난감, 돈, 과일을 선물로 받았어요. 사탕만이 아니었죠. 1960년대에 핼러윈 때 기업들이 작은 막대 사탕을 팔기 시작하면서, 핼러윈은 지금 같은 '사탕 축제'가 되었어요.

9 **현재** 핼러윈은 어린이도 어른도 즐기는 축제예요. 반려동물까지 포함해서 온 가족이 괴기스러운 복장을 하고 "사탕 주세요." 하며 돌아다니지요. 2023년에 미국에서 사람들이 핼러윈을 즐기기 위해 의상, 사탕, 장식에 지출한 돈은 약 120억 달러(16조 원)였어요.

세계의 8가지 날아오르는 열기구

열기구는 계속 신기록을 세우며 떠오르고 있어요.

1 위로 높이!

저 하늘로 모험을 떠나요! 이 열기구는 **픽사의 영화 「업」**에서 집이 풍선들에 매달려서 하늘로 날아오르는 장면을 고스란히 흉내 냈어요. 보통 열기구의 주머니에 작은 열기구 600개를 꿰매 붙여서 만든 거예요.

2 어둠의 세력이 날아오를 때

도와줘요, 오비완! 타이완에서 높이가 26미터에 이르는 **다스베이더** 열기구가 날아올랐어요. 비밀리에 만들었고 완성까지 8주가 걸렸어요. 포스의 균형을 맞추기 위해서, 제작자들은 요다 열기구도 만들었어요. 요다는 좀 더 작지만, 당연히 강한 포스를 지녔어요.

3 돼지는 어디 있지?

새총은 필요 없어요. 이 **앵그리 버드**는 녹색 돼지도 없이 혼자서 24미터 높이까지 하늘을 날아다닐 수 있는 열기구이거든요. 2014년 미국 뉴멕시코주에서 열린 앨버커키 국제 열기구 축제 때 날아오른 열기구 수백 대 중 하나였지요.

4 물 밖의 물고기

이 노란 **물고기**는 물속이 아니라 파란 하늘에서 헤엄치는 열기구예요. 놀랍게도 최초의 열기구에는 사람이 아니라 동물이 탔어요. 1783년에 양, 오리, 닭을 태운 열기구가 하늘을 날았지요.

5 소원을 빌어요!

촛불을 꺼 볼까요! 이 3단 **생일 케이크**는 2011년 멕시코 레온에서 열린 국제 열기구 축제 때 날린 거예요. 이 축제는 라틴아메리카에서 해마다 열리는 가장 큰 열기구 행사로 약 200대가 날아올라요. 조명 쇼, 음악, 장터도 함께 즐길 수 있어요.

맛있게 날아오르다 6

말레이시아 푸트라자야에서 열린 국제 열기구 축제 때 띄운 열기구예요. 꼭지 부분을 잘라낸 **오렌지**처럼 생겨서 사람이 타는 바구니가 마치 과즙이 떨어지는 듯해 보여요.

7 짹짹!

이건 **트위티** 열기구예요. 유명한 노란 카나리아 캐릭터를 닮은 이 열기구는 2016년 미국 뉴욕주 글렌폴스에서 열린 애디론댁 열기구 축제 때 선보였어요. 옆에는 트위티의 강적인 실베스터 열기구도 있었죠. 이 축제에서는 약 100대의 열기구가 날아올랐어요.

8 아주 큰 열기구

백파이프를 불고 있는 **플라잉 스코츠맨** 열기구는 높이가 47.5미터나 되었어요. 스코틀랜드 전통 복장을 한 모습이지요. 격자무늬는 잉크를 가늘게 쏘는 잉크젯 기술로 그렸어요. 그리고 진짜 스코틀랜드 사람이 조종했지요. 멋지긴 하지만, 장거리 여행에는 알맞지 않아요.

10가지 식품에 관한 맛있는 사실들

달콤한 향이 나는 **바닐라**는 **초콜릿을 만드는 데** 주로 쓰여요.

1904년에 열린 **만국 박람회**에는 **아몬드**로 만든 실물 크기의 코끼리가 전시되었어요.

아스파라거스 줄기는 **하루** 만에 **25센티미터**까지 자랄 수 있어요.

이탈리아에는 **젤라토 박물관**이 있어요.

바나나 껍질 안쪽에 있는 **실처럼 기다란 가닥**은 바나나의 **체관*** 다발이에요.

*체관: 식물에서 영양분이 이동하는 통로.

로즈메리 향기를 맡으면 **기억력**이 높아질 수 있어요.

빨간 식용 색소의 원료는 **벌레를 짓이겨서** 얻기도 해요.

사과를 하루에 **한 품종씩 먹는다면** 모든 품종을 다 맛보는 데 **20년**이 걸릴 거예요.

젤리빈 딱 한 알을 **만드는 데** 최대 **21일**이 걸릴 수도 있어요.

어떤 **개**들은 **발바닥**에서 **옥수수 칩** 같은 고소한 **냄새**가 나요.

돈의 비밀 세계의 동전과 지폐

캐나다에서 발견된 공룡인 **파키리노사우루스**가 새겨진 **희귀한 캐나다 동전도** 있어요.

영국의 파운드는 8세기부터 쓰여 온 세계에서 **가장 오래된 통화**예요.

미국에서는 **1달러 지폐**보다 **100달러 지폐**가 더 많이 유통되고 있어요.

코스타리카의 **콜론 지폐**에는 **갈색목세발가락나무늘보** 같은 토착종 동물들의 그림이 다양하게 실려 있어요.

중국의 고대 동전 중에는 **칼**이나 **열쇠** 모양인 것도 있어요.

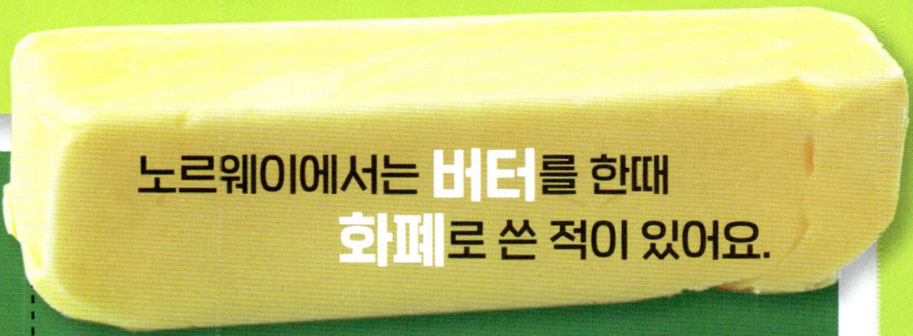

노르웨이에서는 **버터**를 한때 **화폐**로 쓴 적이 있어요.

오스트레일리아 달러는 **벅**이나 **오지**라고도 해요.

영국의 새 지폐에는 2022년에 서거한 **여왕 엘리자베스 2세** 대신에 **국왕 찰스 3세**의 초상이 실려 있어요.

중세 때 이탈리아 사람들은 **파르메산 치즈** 덩어리로 대금을 지불하기도 했어요.

바하마에는 **불가사리** 동전과 **파인애플** 동전도 있어요.

고대 멕시코 지역의 아스테카 왕국은 **카카오 콩**을 화폐로 썼어요.

많은 나라의 지폐에는 보는 각도에 따라 색이 달라지는 **나비의 날개**에서 착안한 **위조 방지** 기술이 쓰여요.

용돈을 더 받는 요령!

부모님께 쿠폰을 만들어 드려요.

내 돼지 저금통에 용돈을 넣어 주시면 부모님께서 쓸 수 있는 심부름 쿠폰을 만들어 선물하세요.

NATIONAL GEOGRAPHIC KIDS

기발하고 괴상하고 웃긴 과학 사전!

세계의 언어

대략 **7100**가지 **언어**가 **전 세계**에서 쓰이고 있어요.

세계의 언어는 각기 다른 **문자 체계**를 갖췄어요. **문자**가 **12개**밖에 안 되는 언어도 있고, **문자**가 **74개**나 되는 언어도 있어요.

남아프리카의 **은우우어**는 **52**개의 **자음**으로 이루어져요. **혀로 딸깍거리는 소리**를 내는 언어이지요.

1500년대 이래로, **미국에서는** **115**개 **언어**가 **사라졌어요.**

세계 인구의 약 15퍼센트는 중국어로 말해요.

전 세계에서 적어도 12가지 언어가 "허"라는 말을 기쁘거나 슬퍼서 혼란스러운 기분을 나타낼 때 써요.

인도에서 쓰는 언어는 2300가지나 돼요.

세계에는 글자가 없는 언어도 다수 있어요.

영어를 공식적인 언어로 채택한 나라는 50개국이 넘어요.

신화 속 신비한 괴물들

프랑켄슈타인의 괴물이나 킹콩보다 훨씬 이전에, 그리스 신화에는 장엄한 괴물들이 있었어요. 날카로운 이빨과 발톱을 지니고 불을 뿜는가 하면, 수수께끼와 어려운 문제를 내는 괴물도 있었죠. 이런 그리스 신화의 괴물들은 (맞서 싸워야 한다면 아주 무섭겠지만) 경이롭기도 해요!

스핑크스

이 거대한 괴물은 사자의 몸, 여성의 머리, 독수리의 날개, 뱀의 꼬리를 지녔어요. 아무것도 모르는 사람 앞에 불쑥 나타나서 수수께끼를 내죠. “목소리는 하나인데, 아침에는 네 발로 걷다가 오후에는 두 발로 걷고, 저녁에는 세 발로 걷는 동물은 무엇이지?” 수수께끼에 답하지 못한 사람은 잡아먹혔어요. 수수께끼의 답을 스핑크스와 마주치지 않은 사람을 위해 공개하자면, 바로 ‘사람’이에요. (시간은 사람의 생애를 하루에 빗대어 나타내요!)

그리스 신화는 동화책이나 만화책으로도 많이 나와 있어요.

티폰

"모든 괴물의 아버지"라고 불리곤 했던 티폰은 가이아의 자식이에요. 티포에우스라고도 불려요. 용 머리가 여러 개 달리고, 뱀을 다리로 쓰고, 날개가 수백 개 있는 아주 거대한 괴물이었지요. 당연히 입에서 불을 뿜을 수 있었고요. 티폰은 신들을 없애려고 했지만, 제우스는 티폰과 싸워 이기고 티폰을 지하 세계 깊은 곳에 가두었어요. 그리고 영원히 나올 수 없도록 그 위에 높은 산을 올려놓았어요.

하르피아이

새의 몸에 여자의 얼굴을 한 사나운 괴물이에요. 날카로운 발톱으로 사람을 움켜쥐어서 신이나 여신에게 데려갔어요. 저승의 신, 하데스를 위해 종종 일했고, 지하 세계로 가는 사람을 괴롭히곤 했지요. 산들바람으로 사람을 띄워서 옮기는 바람의 정령이라는 이야기도 있어요.

세이렌

반은 새이고 반은 사람인 아주 아름다운 존재예요. 해안의 바위에 앉아서 지나가는 배를 향해 노래를 불러요. 아주 아름다운 소리로 노래하지요. 노래를 들은 사람은 그 매력에 사로잡혀 배에서 뛰어내리고 세이렌을 향해 헤엄쳐요. 이윽고 세이렌에게 잡아먹히죠. 세이렌은 오늘날의 인어 이야기에 영감을 주었어요.

세계의 종교

전 세계에는 다양한 종교가 있어요. 기독교, 이슬람교, 유대교처럼 초월적이며 오직 하나인 신을 믿는 일신교가 있지요. 반면에 힌두교, 대다수의 토속 신앙처럼 여러 신을 믿는 다신교도 있어요.

모든 주요 종교는 아시아 대륙에서 기원해서 전 세계로 퍼졌어요. 세계에서 신자가 가장 많은 기독교는 크게 세 종파가 있어요. 로마 가톨릭교, 동방 정교회, 개신교로 나뉘지요. 종교가 있는 인구의 약 4분의 1을 차지하는 이슬람교는 주요 종파가 두 개 있어요. 수니파와 시아파이지요. 힌두교와 불교는 세계 종교인의 5분의 1을 차지해요. 그리고 약 4000년 전에 출현한 유대교는 신자가 거의 1500만 명이지만 종교인 전체의 약 2퍼센트에 못 미치는 규모예요.

기독교

약 2000년 전 현재의 이스라엘 지역에서 태어난 예수의 가르침을 토대로 한 기독교는 사람들을 적극적으로 개종시키면서 전 세계로 퍼졌어요. 사진은 스위스의 기독교도들이 부활절에 등불과 십자가를 들고 행진하는 모습이에요.

불교

약 2400년 전 인도 북부에서 작은 나라의 왕자 고타마 싯다르타가 불교를 창시했어요. 불교는 동아시아와 동남아시아에 퍼져 있어요. 사진에 나온 스리랑카의 미힌탈레처럼 불교 사원에는 불상이 있어요.

힌두교

4000여 년 전에 생겨난 힌두교는 주로 인도에서 믿어요. 『베다』 같은 경전의 가르침을 따르고 다시 태어나는 환생을 믿지요. 사진은 두르가 여신을 기리는 나브라트리 축제 때, 신자들이 가르바 춤을 추는 모습이에요.

홀리

지구에서 가장 화려한 색깔을 띠는 축제로 손꼽히는 홀리는 인도와 네팔에 널리 퍼진 힌두교 축제예요. 홀리는 색의 축제라고도 해요. 사람들이 거리로 나가서 친구와 가족에게 화려한 색깔을 띤 가루와 물감을 뿌리기 때문이에요. 봄이 오는 것을 축하하는 의미에서 알록달록하게 즐겨요.

이슬람교

이슬람교도(무슬림)는 경전인 코란을 알라(신)가 약 610년부터 예언자 무함마드에게 한 말씀을 기록한 것으로 믿어요. 사진은 이슬람교 신앙의 중심지인 사우디아라비아 메카의 대모스크에서 신자들이 카바 신전을 둘러싼 모습이에요.

유대교

유대교의 전통, 율법, 신앙은 유대인의 민족 시조인 아브라함과 율법서인 『토라』에서 나왔어요. 사진은 예루살렘의 바위 사원 아래 있는 서쪽 벽에서 유대교 신자들이 기도하는 모습이에요.

잠깐 퀴즈!

여러분은 문화와 생활에 대해서 얼마나 알고 있나요? 이 퀴즈를 풀면 알 수 있어요!

답을 종이에 적은 뒤, 아래 정답과 맞추어 봐요.

1. **디왈리는 힌두교의 __________ 축제이다.**
   a. 우정 c. 여름
   b. 빛 d. 공동체

2. **빨간색을 내는 식용 색소는 대개 __________(으)로 만든 것이 많이 쓰인다.**
   a. 생선 비늘 c. 으깬 벌레
   b. 사탕무 d. 꽃

3. **참일까, 거짓일까?** 핼러윈에 하는 놀이인 '트릭 오어 트릿'은 1700년대부터 유행했어요. (   )

4. **세계 인구 중 몇 퍼센트가 중국어를 쓰고 있을까?**
   a. 15퍼센트 c. 25퍼센트
   b. 5퍼센트 d. 40퍼센트

5. **참일까, 거짓일까?** 하르피아이는 새의 몸에 여성의 얼굴을 하고 있어요. (   )

너무 쉽다고요?
다음 장에 나오는 **퀴즈**도 풀어 봐요!

정답: ① b, ② c, ③ 거짓, ④ a, ⑤ 참

이렇게 해 봐요!

새롭고 낯선 문화 탐사하기

브라질 우표

브라질 지폐와 동전

브라질 국기

여러분은 학생이에요. 동시에 세계의 시민이기도 해요. 내가 사는 나라 또는 다른 나라를 조사하여 보고서를 쓰면 사람들이 어떻게 살아가는지를 더 잘 이해할 수 있어요. 한국도 좋고, 뉴스에서 본 나라도 좋고, 언젠가 방문하고 싶은 나라를 골라도 좋아요.

잘 쓰기 위한 요령

자신이 고른 나라에 관하여 상세한 정보를 제공하는 것이니까, 설명문의 형식을 따르는 것이 좋아요.

다음 단계들을 따라가면 멋진 보고서를 쓸 수 있어요.

1. **조사하기**
나라 조사 보고서를 쓸 때 가장 중요한 단계는 정보를 모으는 거예요. 인터넷, 백과사전, 책, 잡지, 신문 등을 조사해서 중요한 내용이나 흥미로운 내용을 모아요.

2. **조사한 내용 정리하기**
모은 정보를 정리해서 어디까지 쓸지 대강 윤곽을 정해요. 예를 들면 역사, 정부, 기후 등으로 자료를 나누어서 정리하는 식이에요.

3. **작성하기**
좋은 글의 기본 구조를 따라 서론, 본론, 결론의 순서로 쓰는 거예요. 각 문단에 주제 문장을 적고 뒷받침해 주는 사실 자료와 세세한 내용을 덧붙여요. 모은 정보를 적는 한편, 자기 생각도 적어야 해요. 다른 사람이 이해하기 쉽도록 자세하게 쓰려고 노력해요.

4. **시각 자료 덧붙이기**
지도, 그림, 사진 같은 시각 자료를 찾아 덧붙여요.

5. **교정하고 수정하기**
잘못 쓴 단어나 표현을 바로잡고, 문장을 다듬어요.

6. **참고 문헌과 출처 표시하기**
조사하며 참고한 책이나 자료는 꼭 적는 습관을 들여요.

중국 광시성 난닝에서 드론 2000대가
밤하늘에 용을 그리고 있어요.

과학과 기술

10가지 환상적인 미래 기술에 관한 놀라운 사실들

미래가 어떤 모습일지 궁금한가요? 과학자들이 현재 연구하는 기술 10가지를 통해 알아봐요!

원양 항해 개척자들은 수영장과 나무가 무성하게 자라는 공원을 갖춘 **떠다니는 도시**를 건설할 계획이에요.

원격 조종할 수 있는 **바퀴벌레**를 지진으로 무너진 건물 더미로 들여보내어 생존자를 찾을 수 있어요.

지붕에서는 **햇빛을 모아 에너지**를 얻고, 벽은 긁히면 **나무껍질처럼 스스로 회복**되는 나무 같은 집을 상상해 봐요.

무선 전기 기술은
전기를 **공중으로 보내어**
집, 자동차, 항공기를
움직일 거예요.

길을 건널 때
양쪽을 확인하는 걸 깜빡하더라도
겉옷에 넣어 둔 감지기가
차가 온다고 경고해 줄 거예요.

하늘을 나는 차는 언제쯤 타고 다닐 수 있을까요?
세계 곳곳에서 여러 기업들이 eVTOL이라는,
전기로 작동하는 **수직 이착륙기**를
다양하게 **개발하고** 있어요!

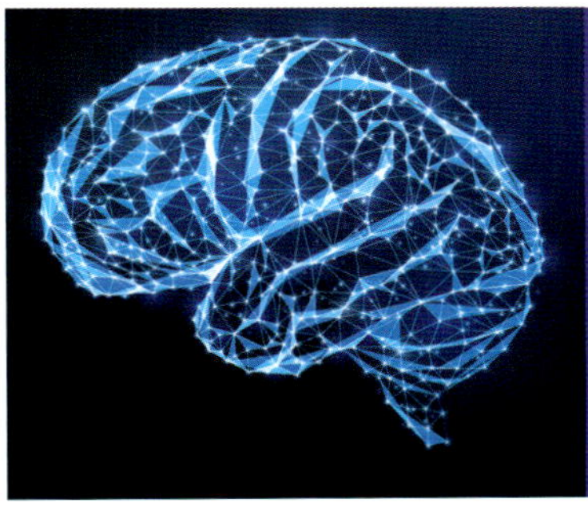

앞으로 30년 안에
사람의 뇌세포를
배양해 만든
실제 뇌를 지닌
로봇도 개발될지
몰라요.

미래의 군인은 **강한 힘을**
쓸 수 있게 도와주는
외골격 로봇(엑소수트)을
착용해서 슈퍼히어로처럼
움직일 거예요.

빛에서 휴대전화와
다른 프린터까지
무엇이든 **인쇄하는 프린터**가
제품을 만들어 낼 거예요.

벽과 천장을 **초대형 비디오**
화면으로 바꿀 수 있는
멀티미디어 벽지가
나올 거예요.

세계의 8가지 눈이 휘둥그레질 인쇄물

3D 인쇄는 작은 장난감부터 커다란 집까지 무엇이든 마음껏 찍어 낼 수 있어요.

1 궁전

왕자나 공주가 살기에 딱 맞는 3D 인쇄물이에요. 안드레이 루덴코는 미국 미네소타주의 자기 집 뒤뜰에 이 **시멘트 성**을 지었어요. 보통 사용하는 플라스틱이 아니라 시멘트를 인쇄 재료로 쓸 수 있도록 3D 인쇄기의 분출 장치를 개량하는 일부터 해야 했지요.

2 환경친화적 자동차

좌석이 2개인 **스트라티**는 세계 최초의 3D 인쇄 자동차로 미래에 걸맞을 뿐 아니라, 생태 친화적이기도 해요. 미국 미시간주 디트로이트에서 오크리지 국립 연구소의 도움을 받아 제작된 전기차예요. 탄소 섬유 강화 플라스틱으로 만들었고, 100퍼센트 재활용이 가능해요.

3 아늑한 이층집

이 **콘크리트 이층집**은 중국에서 3D 프린터로 인쇄해서 지은 주택이에요. 이 집은 전체 넓이가 400제곱미터로서 농구장 넓이와 비슷해요. 결코 작지 않아요.

4 저금통

이 귀여운 **돼지 저금통**은 미국 뉴욕시에서 학교에 3D 인쇄 도구와 재료, 교육을 제공하는 회사인 메이커봇에서 만든 거예요. 3D 프린터가 층층이 쌓아 올린 모양이 보이지요?

5 나노 조각

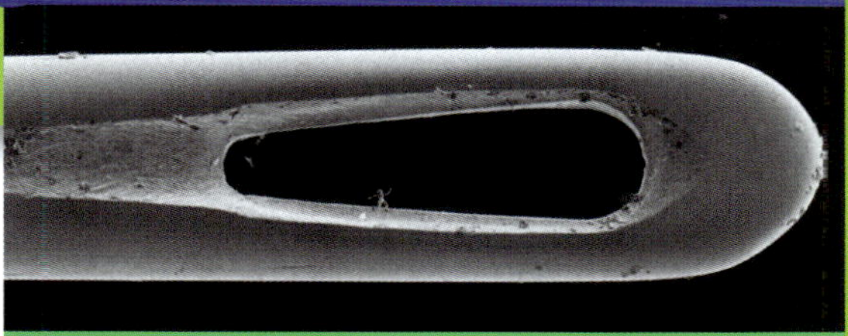

예술가 존티 허위츠는 작은, 아주 작은 사물을 좋아해요. 허위츠가 인쇄해서 만든 작은 인물상은 바늘귀에 쏙 들어가고 강력한 현미경으로만 볼 수 있을 만큼 작아요. 가로×세로×폭이 80×100×20마이크론으로 사람 머리카락 한 가닥에도 올릴 수 있는 크기예요.

신나게 짜잔! 6

미국 로스앤젤레스의 '시크릿 재즈 밴드'는 한 시상식에서 3D로 인쇄한 **기타와 드럼**으로 연주했어요. 이 혁신적인 빨간 기타는 신기술의 놀라운 가능성을 음악으로 들려줬지요.

7 하나뿐인 신발

이 주황색 3D 인쇄 **신발**의 발등은 기하학적인 주름이 멋져요. 결정처럼 각진 모양이지요. 3D 인쇄라는 신기술의 도움으로 예술가와 디자이너는 기능과 맵시를 다 갖추면서 개인에게 딱 맞는 디자인의 신발을 설계하고 만들 수 있어요.

8 환상적인 비행기

새처럼 생긴 **토르**는 비행기이자, 3D 인쇄된 드론이기도 해요! 대형 항공기 제조사 에어버스가 만든 토르는 길이가 4미터이고 무게는 21킬로그램이에요. 인쇄되지 않은 부품은 전기 시스템뿐이에요.

생명이란 무엇일까?

대답하기 쉬운 질문이지요? 지저귀는 새가 살아 있고 바위는 살아 있지 않다는 것은 누구나 알아요. 그러나 세균과 다른 미생물을 떠올리면 점점 복잡해져요.

생명이란 정확히 무엇일까?

대부분의 과학자는 번식할 수 있고, 자라면서 구조가 더 복잡해지고, 영양소를 얻어서 살아가고, 노폐물을 배출하고, 햇빛과 기온 변화 같은 외부 자극에 반응한다면, 살아 있는 생물로 보아요.

생명의 종류

생물학자들은 에너지를 얻는 방식에 따라서 생물을 분류해요. 조류, 식물, 몇몇 세균은 햇빛을 에너지원으로 삼아요. 사람을 비롯한 동물, 균류, 고세균 같은 단세포 미생물은 화학 물질을 써서 에너지를 얻어요. 우리가 음식을 먹으면, 몸에서 음식에 든 화학 물질이 소화되고 화학 반응을 거쳐서 에너지로 바뀌죠.

생물은 땅, 바다, 하늘에 있어요. 사실 생명은 바다 밑, 수 킬로미터 깊이의 땅속, 얼음 속 등 극한 환경에서도 살아요. 이 혹독한 환경에서 번성하는 생물이 극한 생물이에요. 어떤 생물은 주변의 화학 물질을 바로 흡수해 에너지를 만들어요. 우리에게 친숙한 생물들과 전혀 달라서, 때로는 살아 있지 않다고 착각하기도 하지만, 극한 생물들은 살아 있어요.

생명은 어떻게 살아갈까?

생물이 살아가는 방식을 이해하려면, 가장 단순한 생물인 단세포 세균, 연쇄상 구균을 살펴보는 것이 좋아요. 종류가 아주 다양하고, 사람에게 병을 일으키는 것도 있어요. 우리 몸속에서 독소를 뿜어내 우리를 아프거나 불편하게 만드는 세균도 있지요.

연쇄상 구균은 아주 작아서 마침표 하나에 500마리 이상 들어가요. 이런 세균은 우리가 아는 가장 단순한 생물에 속해요. 움직이는 부위도 없고, 허파도 뇌도 심장도 간도 없고, 잎도 열매도 없지요. 그러나 이 생명체는 번식을 해요. 또 긴 사슬처럼 자라고, 영양소를 흡수하고 노폐물을 배출하지요. 우리처럼 이 작은 생물도 살아 있어요.

감기와 코로나19 바이러스에 대해 연구할 때면, 살아 있다는 기준이 모호해져요. 바이러스는 우리 몸을 이루는 세포 안에 들어가서 불어나요. 하지만 세포도 없고, 영양소를 분해하여 에너지를 얻지 못하고, 숙주가 없으면 증식도 못하기에, 과학자들은 바이러스가 과연 살아 있다고 할 수 있을지 의심해요. 바이러스는 아주 성능 좋은 현미경이 있어야 볼 수 있어요. 세균보다 수백 배 더 작거든요.

과학자들은 생명이 약 40억 년 전에 시작됐다고 생각하지만 그렇게까지 오래된 화석은 없어요. 가장 오래된 화석은 약 35억 년 전에 살았던 원시 생명체예요. 그 뒤로 곧 다른 생물들이 출현했어요. 과학자들은 지구에서 생명이 어떻게 진화했는지를 계속 연구해요. 생명은 다른 행성에서 왔을 수도 있지요.

미생물

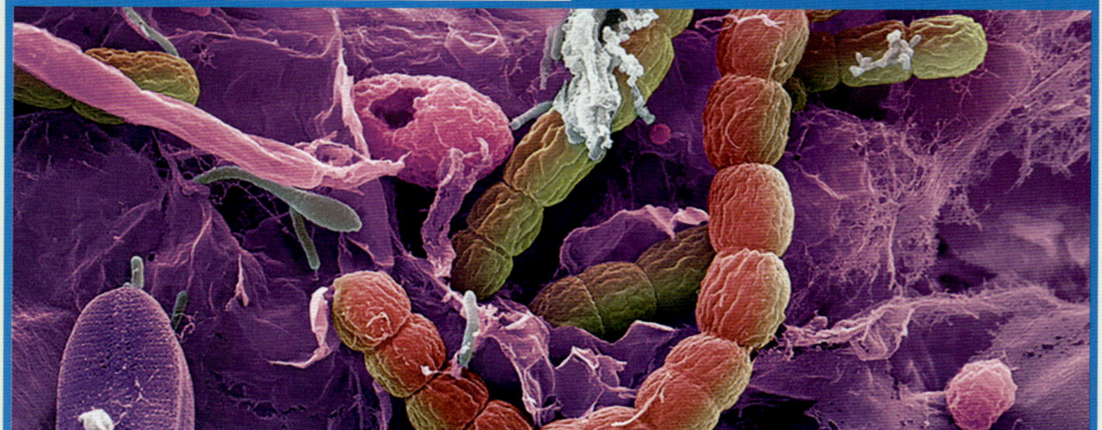

생명의 가장 큰 분류 단위, 역

생물학자들은 모든 생물을 세 집단(역)으로 나누어요. 세균, 고세균, 진핵생물이지요. 세균과 고세균은 세포에 핵이 없어요. 핵은 번식을 비롯한 세포 기능에서 핵심적인 역할을 하는 소기관이에요. 공통점이 있지만 세균과 고세균은 여러 면에서 서로 달라요. 사람 세포는 핵이 있어서 우리 인류는 진핵생물에 속해요.

1 세균역

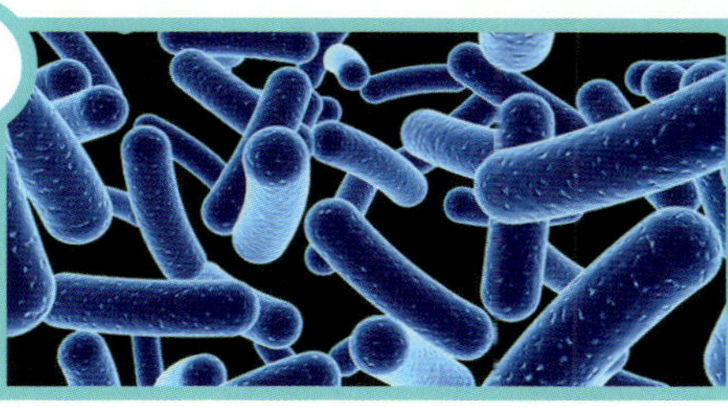

이 단세포 미생물은 박테리아라고도 하는데, 지구의 거의 모든 곳에 있어요. 세균은 작고 핵이 없어요. 막대나 나선, 공 모양이에요. 사람에게 유용한 것도 있고, 해로운 것도 있어요.

2 고세균역

이 단세포 미생물은 극도로 살기 힘든 환경에 살아요. 과학자들은 오늘날 살아 있는 고세균이 지구에 최초로 출현한 생명체와 가장 비슷하다고 생각해요. 고세균은 세균처럼 핵이 없지만, 진핵생물과 공통된 유전자도 있어요.

3 진핵생물역

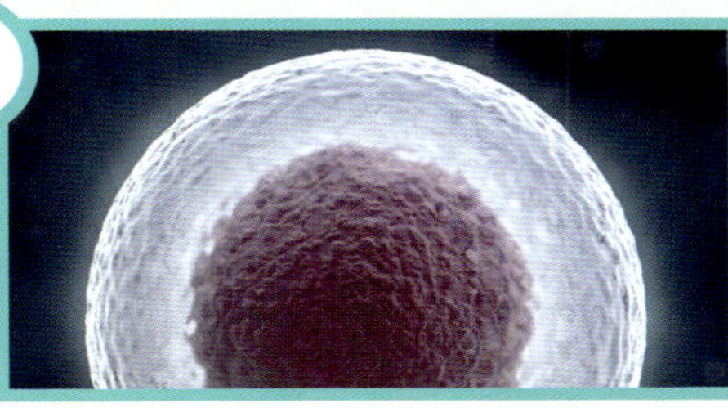

이 다양한 생명체 집단은 세균과 고세균보다 더 복잡해요. 진핵생물은 세포에 핵이 있거든요. 우리 몸은 이 작은 세포들로 이루어져 있어요. 진핵생물은 네 집단으로 나뉘어요. 균류계, 원생생물계, 식물계, 동물계이지요.

균류계

균류는 대부분 다세포 생물이고, 스스로 먹이를 만들 수 없어요. 버섯과 효모는 균류예요.

원생생물계

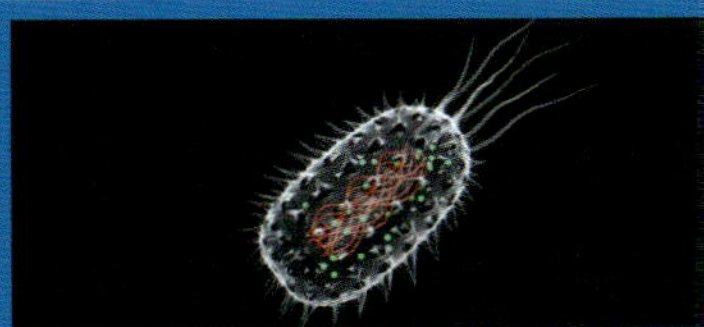

대부분 세포가 하나뿐인 단세포 생물이에요. 간혹 다세포 생물도 포함돼요. 아메바는 단세포 원생생물이에요.

식물계

식물은 다세포 생물이며, 광합성을 통해 스스로 먹이를 만들 수 있어요.

동물계

동물은 대부분 다세포 생물이며 호흡계, 소화계 등 기관계가 있어요. 식물이나 다른 동물을 먹어 에너지를 만들지요.

더 알아두기

역이란 무엇일까요? 과학에서 생물을 관련 있는 계통끼리 분류할 때 쓰는 가장 큰 단위예요.

독을 지닌 식물들

식물에 뭐 특별한 것이 있느냐고요? 그렇게 생각한다면 이상한 냄새, 웃긴 '얼굴' 등 별난 특징이 있는 이 식물들을 봐요. 아마 깜짝 놀랄 거예요.

인형눈승마의 열매는 생김새가 꼭 사람의 눈알처럼 보여요.

영국 북부에 있는 **포이즌가든**은 **치명적인 식물**들이 가득한 공공 정원이에요.

쇠뿔아카시아에 사는 개미들은 다른 곤충들이 나무에 침입하면 바글바글 달려들어 떼어 낸 다음 나무 밑으로 던져 버려요.

산하엽의 꽃잎은 물에 젖으면 투명해졌다가, 마르면 하얘져요.

바오바브나무는 **빗물**을 빨아들이면 줄기가 부풀어서 불룩한 **병 모양**이 돼요.

덩굴옻나무는 죽은 뒤 몇 년이 지나도 여전히 발진을 일으킬 수 있어요.

식충 식물인 파리지옥풀이 잎을 닫아서 곤충을 감싸고 나면, 다시 벌어지기까지 최대 12일이 걸리기도 해요.

중앙아메리카의 **다스베이더꽃**은 꽃 모양이 **「스타 워즈」의 악당**처럼 **생겼어요.**

기이하고 경이로운 나무

세계에서 가장 키가 큰 나무

하이페리온이라고 불리는 이 삼나무는 세계에서 가장 키가 큰 나무라고 알려져서 금방 찾을 수 있을 것 같아요. 하지만 미국 캘리포니아주의 레드우드 국립 공원에 있는 것만 밝혀졌고, 정확한 위치는 비밀이에요. 나무가 공개되었다가 상하는 일이 없게 하려는 거예요. 과학자들이 이 나무에 기어 올라가 키를 쟀는데, 높이가 무려 116미터로, 자유의 여신상보다 더 커요.

로빈 후드의 은신처

영국 셔우드 숲에 있는 이 1000년 된 참나무는 로빈 후드와 부하들이 숨던 곳이라는 전설이 있어요. 이 나무는 **메이저 오크**라는 이름으로 알려졌는데, 영국에서 가장 큰 참나무 중의 하나지요. 도토리가 많이 열리면 한 해에 약 15만 개나 열려요.

거대한 태양광 나무

이 '나무'는 다양한 역할을 해요. 싱가포르의 **슈퍼트리 그로브**에 있는 높이 50미터의 이 나무들은 살아 있는 식물로 덮인 조각품이에요. 그래서 진짜 나무처럼 보이지요. 거대한 수관은 낮에 사람들에게 그늘을 만들어 주고, 밤에는 태양광으로 충전된 전기를 써서 환하게 불을 밝혀 줘요.

야외 미술관

에스파냐 바스크 지방에 있는 **오마 숲**에서는 자연과 미술이 만나요. 화가이자 조각가인 아구스틴 이바롤라는 구석기 시대와 현대의 그림 기법을 조합해서 소나무에 다채로운 무늬, 모양, 인물을 그렸어요.

놀랍고 신기한 우리 몸!

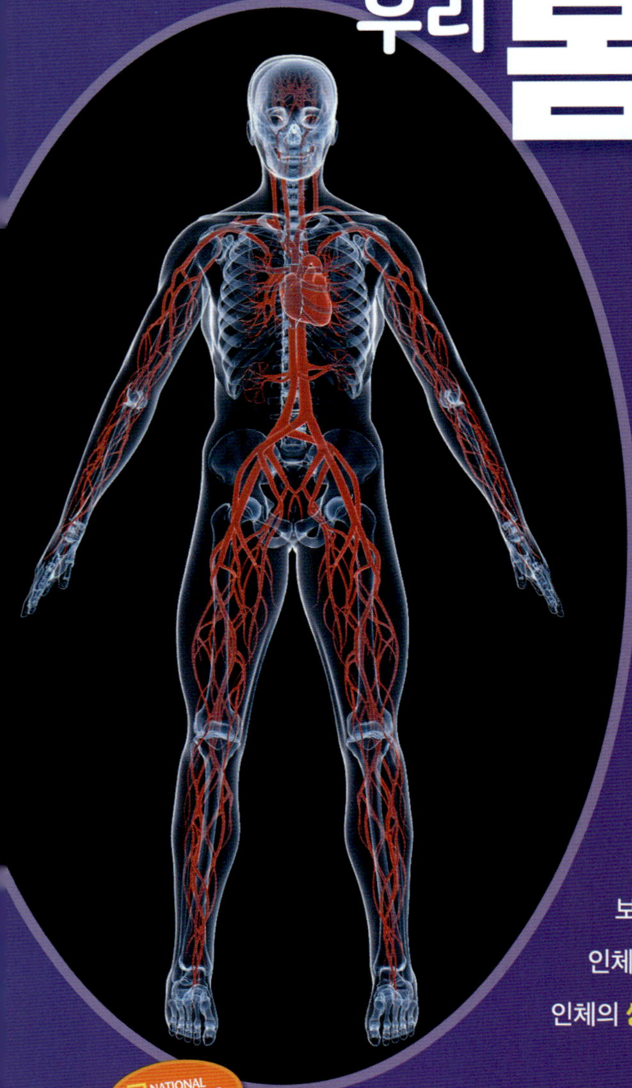

사람은 얼굴이 붉어지는 유일한 종이에요.

인체는 복잡한 여러 기관계들로 이루어져 있어요. 정확히 말하면 9가지 기관계예요. 각 기관계는 몸에서 저마다 다른 중요한 일을 해요. 사람이 살아가려면 모든 기관계가 다 필요해요.

인체의 **신경계**는 몸을 제어해요.

인체의 **근육계**는 몸을 움직여요.

인체의 **골격계**는 몸을 지탱해요.

인체의 **순환계**는 온몸으로 피를 운반해요.

인체의 **호흡계**는 몸에 산소를 공급해요.

인체의 **소화계**는 음식을 영양소로 분해하고 노폐물을 제거해요.

인체의 **면역계**는 질병과 감염으로부터 몸을 보호해요.

인체의 **내분비계**는 신체 기능을 조절해요.

인체의 **생식계**는 후손을 낳을 수 있게 해요.

NATIONAL GEOGRAPHIC KIDS 기발하고 괴상하고 웃긴 과학 사전!

뇌세포는 **몸에 있는** 다른 모든 세포들보다 **더 오래 살아요.**

털은 날씨가 따뜻할 때 더 **빨리 자라요.**

사람 혀의 무늬도 지문처럼 **각자 달라요.**

유전자란 무엇인가?

사람과 침팬지는 DNA의 약 99퍼센트가 같아요.

DNA 이중 나선

우리 몸의 세포마다 염색체라는 아주 작은 실 같은 구조물이 들어 있어요.

염색체는 데옥시리보 핵산, 줄여서 DNA라는 물질로 이루어져 있어요. DNA는 작은 초파리부터 거대한 코끼리에 이르기까지 모든 생물에 들어 있어요. 염색체에서 DNA는 여러 단위를 이루어요. 각 단위는 단백질을 만드는 명령문 역할을 해요. 이러한 단위를 유전자라고 해요.

단백질은 우리 몸을 만드는 구성단위예요. 유전자가 세포에 어떤 단백질을 어떻게 만들라고 지시하지요. 유전자는 몸이 어떻게 기능하고 어떻게 성장할지를 결정해요. 또 내가 나일 수 있는 각자의 특징도 정하지요. 유전자는 머리 색깔과 눈 색깔부터 키에 이르는 외모를 만들고, 어떻게 행동할지와 무엇을 좋아할지 등 다양한 영향을 미쳐요. 그 밖에도 많은 일을 해요! 유전자가 미치는 영향 중 많은 요소를 형질이라고 해요.

우리 이는 왜 빠질까?

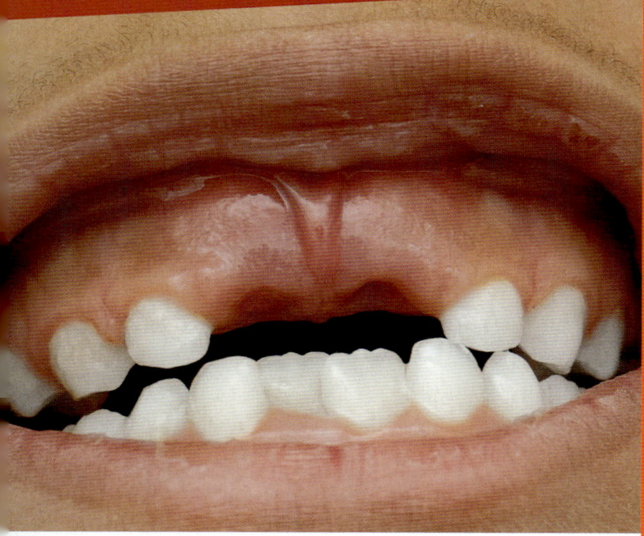

어린이의 젖니는 때가 되면 흔들흔들하다가 쑥 빠지곤 해요. 그런데 이 작은 이가 빠지는 이유가 뭘까요? 사람은 대개 태어날 때 젖니 20개를 모두 가지고 있어요. 젖니는 드러나 보이지 않지만 턱에 박혀 있다가 생후 5개월에서 2년 사이에 잇몸을 뚫고 자라나지요. 젖니는 음식을 씹고, 말을 배울 때 발음을 잘하도록 돕지만, 계속 남아 있지는 않아요. 나중에 빠지고 대신 간니, 즉 영구치가 자라나요. 영구치는 젖니보다 더 튼튼하고 더 오래가요. (아주아주 오래, 평생 써야 하니까요!) 우리가 자라는 만큼 턱도 자라면서 입안에 영구치가 자라날 공간이 생겨요. 영구치가 젖니를 밀고 올라오면서 점차 젖니가 하나둘 빠지지요. 여러분이 이 과정을 좀 거들 수도 있어요. 흔들리는 젖니를 잡고 앞뒤로 살짝 흔들어 주면 더 잘 빠질 거예요!

동물도 젖니가 빠지나요?

동물도 우리와 똑같아요! 대부분의 포유류는 사람처럼 이빨이 두 벌 있어요. 강아지, 고양이, 심지어 새끼 사자도 처음에 작은 젖니가 있고, 자라면서 더 튼튼한 영구치로 대체되어요. 그렇지 않은 동물들도 있어요. 바다소, 코끼리, 캥거루는 이빨이 여러 벌이어서 평생에 걸쳐 여러 번 교체되지요. 이빨이 거의 끊임없이 빠지고 새로 나는 동물도 있어요. 상어가 그래요. 사는 동안 이빨이 수천 개 빠지고 새로 날 수 있어요!

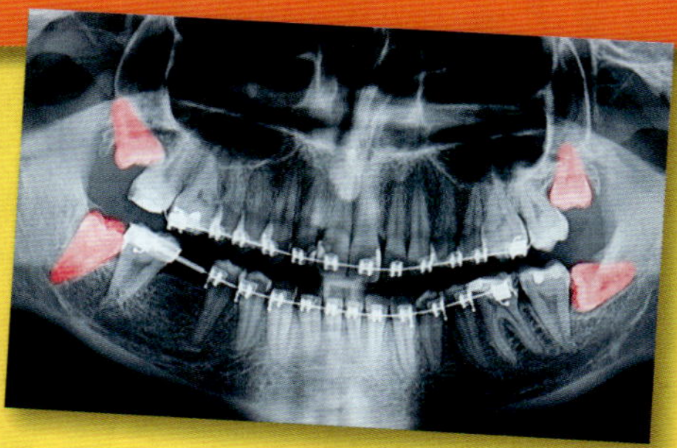

사랑니가 나면 사랑을 하나요?

사랑니는 사랑할 나이가 될 때쯤 자라는 이예요. 10대 말에서 20대 초에 나요. 하지만 사랑과는 관계없어요. 영어로는 '지혜의 이'라고 해요. 지혜가 생길 때 나는 이라는 말이지만, 사랑니가 나면 더 지혜로워지는 것은 아니에요. 사랑니는 사실 셋째 뒤어금니예요. 입안 가장 안쪽에 나는 이 납작한 이는 음식물을 누르고 짓이기는 데 쓰여요. 사랑니는 잘못 나면 무척 아프고 병을 일으키기 때문에, 치과 병원에서 뽑을 때가 많아요.

왜 나는 열 손가락이 있을까?

사람의 손가락은 왜 한 손에 4개나 6개가 아니라 5개일까요? 이 질문에 대해서 과학자들은 몇 가지 이론을 내놓았어요. 한 이론은 엄지손가락과 나머지 네 손가락의 수와 길이가 물건을 꽉 쥐기에 딱 맞는다고 설명해요. 한편, 필요하다면 엄지손가락과 집게손가락만으로도 대부분의 물건을 쥘 수 있다는 연구도 있어요. 나머지 세 손가락은 별 필요가 없다고 하지요.

우리의 손가락과 발가락 수는 생존에 가장 도움이 되도록 진화 과정에서 정해진 거예요. 대왕판다는 대나무를 잘 움켜쥘 수 있도록 우리의 엄지손가락과 비슷한 역할을 하는 여섯 번째 손가락이 있어요. 몇몇 새는 날 때 오므리고 앉을 때 나뭇가지를 잘 움켜쥘 수 있는 발가락 4개를 가졌고요. 때로 아기가 손가락이나 발가락이 더 많은 모습으로 태어나는 경우(다지증 또는 손발가락 과다증)도 있지만, 손발가락이 더 많다고 해서 생존에 더 유리하지는 않았어요. 즉 한 손에 손가락 5개는 사람에게 딱 맞도록 진화한 결과예요.

바이러스는 어떻게 퍼질까?

농구 연습을 한다고 상상해 보세요. 같은 팀 친구가 기침을 해요. 친구는 입을 가리지만, 맨눈에 보이지 않을 만큼 아주 미세한 침방울이 튀어나와요. 나는 알아차리지 못한 채 농구를 계속해요. 다음 날 친구는 결석해요. 며칠 뒤 나도 열이 나고 목이 아파요. 친구가 앓아서 나도 앓는 걸까요?

바이러스가 어디에서 오는지는 콕 찍어 말하기가 어려워요. 공기를 통해 퍼질 수도 있고, 문손잡이, 전등 스위치와 책상 같은 곳을 만지면 옮을 수도 있어요. 바이러스에 걸려서 기침이나 재채기를 하는 사람이 가까이 있거나 그 사람과 이야기를 나눈다면, 바이러스의 집중 공격을 받는 거예요. 바이러스에 노출되면, 우리 몸의 면역계는 병에 걸리지 않도록 최선을 다할 거예요.

바이러스가 우리 몸의 방어선을 뚫으면, 우리 몸에서 살 길을 찾아내려고 해요. 바이러스는 우리 몸의 세포 안으로 들어가서 자신을 복제해요. 즉 자기 사본을 많이 만들어요. 그러면서 세포를 파괴하기 때문에 우리는 몸이 아파 와요. 독감이나 코로나 바이러스에 걸렸을 때 그런 일이 일어나지요. 그 와중에도 우리 면역계는 바이러스와 계속 싸우고 있어요. 열이 나는 것은 우리 몸이 바이러스와 싸우고 있다는 신호예요.

이때 어떻게 대처해야 할까요? 몸이 바이러스를 없애는 동안, 물을 많이 마시면서 푹 쉬어요. 그러면 며칠 안에 농구장으로 돌아가 친구와 함께 뛸 수 있을 거예요!

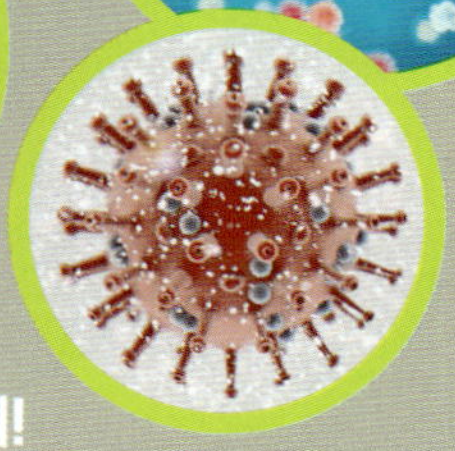

병균 관련 용어 알아두기!

세균: 중이염이나 인두염 같은 병을 일으킬 수 있는 미생물이에요. 큰창자에서 음식물을 분해하는 데 도움을 주는 세균처럼 우리에게 도움을 주는 세균도 있어요.

유행병(에피데믹): 한 도시처럼 특정한 지역에서 같은 병에 걸리는 사람들이 갑자기 늘어나는 것을 말해요.

세계적 유행병(팬데믹): 어떤 병이 전 세계에서 나타나는 것을 말해요. 바이러스가 빠르게 퍼지면서 많은 사람들을 감염시킬 때 생겨요.

바이러스: 땅, 물, 공기 어디에나 있어요. 단, 숙주의 몸에 들어가야 증식하고 활동할 수 있지요. 일단 숙주에 들어가면 불어나고 세포를 공격할 수 있어요.

백신은 어떻게 작용할까?

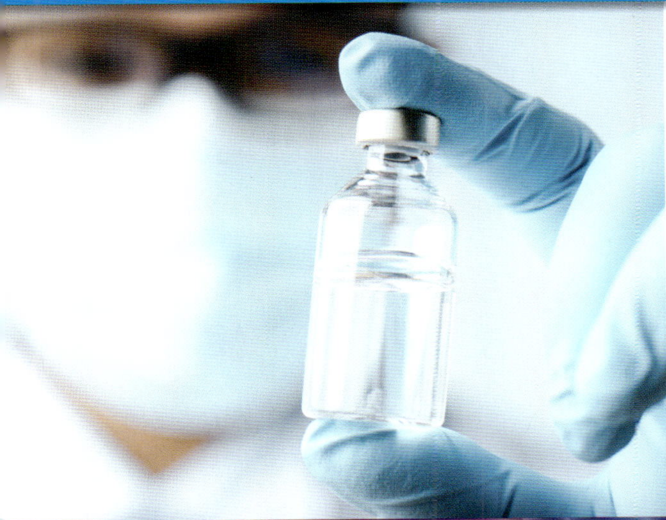

한번 상상해 볼까요? 여러분이 부모님과 함께 건강 검진을 받으러 가는데 예방 접종을 할 때가 되었다고 말씀하시는 거예요. 앗, 따끔한 주사를 맞을 생각을 하니, 갑자기 심장이 콩닥콩닥 뛰어요. 예방 주사는 맞을 때 잠깐 아프지만 오랫동안 우리 건강을 지켜 줄 수 있어요. 그 이유를 알아보아요.

주삿바늘(또는 코 분무기): 백신을 몸으로 집어넣는 수단 심각한 병을 예방하고 건강에 도움이 되도록 우리가 평생에 맞는 백신은 적어도 25가지쯤 돼요. 홍역, 독감, 소아마비, 코로나바이러스감염증-19 같은 질병은 백신 개발 전에는 모든 사람에게 아주 심각한 위험을 끼쳤어요. 아이들에게 특히 위험한 질병도 있었고요. 다행히 과학자들이 이런 질병에 맞서 싸울 백신을 개발한 덕분에, 해마다 전 세계에서 약 400만 명의 아이들이 예방 접종으로 목숨을 구하고 있어요.

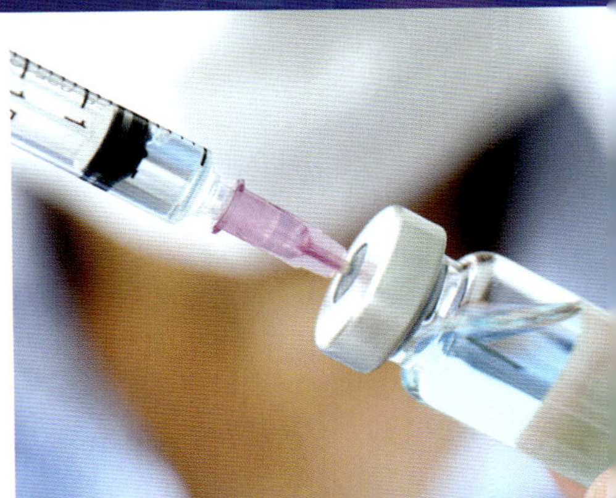

백신의 작용 방식: 백신은 우리 몸에 질병을 일으키는 병원체의 일부 또는 죽거나 아주 약한 병원체를 주입하는 것이에요. 그 자체로는 심각한 병을 일으키지 못하고, 면역 반응은 일으켜요. 백신에 들어 있으면서 면역 반응을 일으키는 병원체의 물질을 항원이라고 해요. 우리 몸에 항원이 들어오면 몸은 항체를 만들어요. 항체가 항원에 결합하면 병원체를 죽일 수 있게 되지요. 항체는 우리 몸의 면역계에 있으면서 어떤 병원체가 들어왔는지 기억해요. 그래서 그 병원체가 또 들어오면, 재빨리 나서서 싸워요.

우리는 매일 병의 원인이 되는 온갖 병원체에 노출돼요. 백신을 맞아도 독감이나 코로나 같은 바이러스에 감염될 수 있어요. 하지만 백신 접종 덕분에 몸은 병원체에 맞서 싸울 능력을 갖추고 있기에 병을 약하게 앓고 이겨 낼 가능성이 높아요.

귀여움의 과학

이토록 귀여운 동물들은 우리 뇌에 어떤 영향을 미칠까요?

낮잠에서 깨어난 새끼 고양이는 온몸을 덮은 솜털 사이로 커다란 파란색 눈을 깜박이고 작은 혀를 드러내면서 하품을 해요. 그런 뒤 몸을 쭉 펴면서 앙증맞은 발을 드러내지요. 이어서 몸을 공처럼 말면서 부드럽게 야옹 소리를 낸 다음 다시 꾸벅꾸벅 졸아요. 정말 귀여워요!

졸린 새끼 고양이든 장난치는 새끼 코끼리든 간에, 우리에게 너무나도 귀엽다고 느끼게 하는 동물의 특징들이 있어요. 그리고 귀여운 동물을 볼 때 우리가 왜 꺅 하고 감탄하는지 과학은 설명해 줄 수 있어요.

과학자들은 우리가 귀여움에 끌리는 성향이 종의 생존과 관련이 있다고 생각해요. 사람의 아기는 태어날 때 무력해요. 어른의 돌봄이 필요해요. 아기가 어른들이 거부할 수 없는 특징을 지니면 더 보살핌을 받을 것이고, 더 건강하게 자라고 더 많은 것을 배울 수 있어요. 그래서 수십만 년이 흐르는 동안 인류는 아기의 특정한 형질을 좋아하는 성향을 지니게 되었어요. 그리고 동물에게서 비슷한 특징을 볼 때에도 너무나 귀엽다고 느끼게 되었지요.

우리는 아기와 동물에게서 어떤 특징을 볼 때 사랑스럽다고 느낄까요? 1943년 오스트리아 동물학자 콘라트 로렌츠는 사랑스럽다고 느끼게 만드는 귀여움 형질의 목록을 작성했어요. 커다란 눈부터 어설픈 몸짓에 이르지요. 미국 노던 켄터키 대학교의 과학자 조수경은 이렇게 말했어요. "사람들은 이런 특징들에 자동으로 반응해요." 어떤 형질이 우리 가슴을 뭉클하게 하는지, 그 이유는 뭔지 생각해 볼까요?

커다란 머리가 제일

귀여운 동물: **북극여우**가 눈더미 앞에서 복슬복슬한 머리를 내밀고 있어요. 북극권 툰드라의 험한 서식지에 사는 이 동물은 겨울이면 온몸이 두꺼운 털로 뒤덮여서 머리가 더 커 보여요.

귀여움 요소: **커다란 머리**는 사람이 사랑스럽다고 느끼는 특징 중 하나예요. 우리가 머리가 큰 동물에게 끌린다고 보는 과학자들도 있어요. 사람의 아기 머리를 떠올리게 하거든요. 아기는 태어날 때 몸의 다른 부위보다 뇌가 더 발달해 있어요. 그래서 그 뇌를 담을 만큼 머리뼈가 커야 하지요. 이와 비슷하게 머리가 큰 동물을 볼 때면, 우리에게 보호하고 싶은 마음이 생겨요.

둥글둥글 둥근 몸

귀여운 동물: **코알라**가 오스트레일리아의 숲에서 유칼립투스 나뭇가지에 앉아 잎을 우물거리고 있어요. 가지에 걸린 털 뭉치처럼 보이는 몸이에요. 코알라가 곧 잎을 삼키려나 봐요.

귀여움 요소: 사람들이 코알라가 귀엽다고 느끼는 이유 중 한 가지는 가시 달린 성게처럼 날카로운 몸이 아니라 **둥글둥글한 몸**을 지니고 있기 때문이에요. 대체로 사람은 부드럽게 굽은 기하학적 모양을 좋아해요. 일본 오사카 대학교의 연구자 히로시 니토노가 말했어요. "우리는 날카로운 선보다 둥그스름한 선에 더 끌려요."

눈에 쏙 들어와

귀여운 동물: 아프리카 대초원의 **새끼 기린**이 커다란 눈을 깜박이면서 우리를 쳐다보고 있어요. 기린에서 강아지, 고릴라에 이르기까지 많은 어린 동물들은 눈이 아주 커요. 사람 아기도 그래요. 사람의 눈은 태어난 지 몇 년 사이에 가장 빨리 자라요. 그런 뒤 성장이 느려지고 다른 신체 부위들이 성장 속도를 따라잡기 시작해요.

귀여움 요소: **커다란 눈**은 사랑스러움과 순수함을 떠올리게 해요. 뇌에 귀여움 경보를 울려요. 어떤 사람들은 아기와 어린 동물의 커다란 눈을 보면, 뇌에서 도파민과 옥시토신이 즉시 분비돼요. 행복한 느낌을 일으키는 화학 물질들이에요.

달콤한 소리

귀여운 동물: **새끼 황제펭귄**은 온기를 찾아 펭귄 아비의 발 위로 쏙 들어가요. 새끼는 입을 벌려서 깩깩거리지요. 아비의 배 아래 있으니 이제 따뜻해요.

귀여움 요소: 어린 동물이 내는 **끽끽거리고 짹짹거리는 소리**는 사람에게도 귀여움을 느끼게 해요. 귀여움이라는 개념을 연구하는 일본 주오 대학교의 조슈아 폴 데일 교수는 이렇게 말했어요. "크게 으르렁대는 소리나 날카롭게 꽥꽥거리는 소리와 달리, 새끼 동물의 소리는 위협적이지 않아요." 그래서 사랑스럽게 느껴질 수 있어요.

미래 세계 보고서:

미래의 패션은 단지 옷을 입는 데 그치지 않을 거예요. 옷은 날씨를 파악하고, 방향을 알려 주고, 심지어 스스로 세탁까지 하게 될 거예요.

일기 예보
이 우산은 스마트폰과 연결되어 있어서 비가 곧 내린다고 예보해 줄 수 있어요. 오늘 비가 내릴 예정이라면, 자신을 가져가라고 알려 줄 수도 있지요.

스마트 의류
자전거를 타다가 어느 방향으로 가야 할지 모르면 어떡하지요? 멈춰 서야 할까요? 이 데님 재킷은 겉보기에 평범해요. 하지만 소매에 감지기가 들어 있어요. 소매 끝을 살짝 두드리면 음악을 멈추거나, 전화를 걸거나, 방향을 알아낼 수 있어요.

멋있게 따뜻하게
2022년 중국 베이징에서 동계 올림픽이 열렸어요. 기온이 영하일 때도 있었지만 미국 팀은 따뜻했어요. 팀 단체복인 파카에 온도 변화에 적응할 수 있는 물질이 들어 있었거든요. 기온이 떨어지면 이 물질은 수축해요. 그러면 안에 공기 방울이 갇히면서 단열층이 생겨요. 따라서 추울 때는 따뜻하게 해 주고, 따뜻해지면 보통 파카가 되지요. 머지않아 이런 기술이 다양한 일상복에 쓰일 수 있어요.

옷이 궁금해!

빨래는 나중에

땀에 전 운동복은 이제 끝이에요. 스스로 깨끗하게 유지될 수 있게 특수한 미세 구조로 덮인 옷을 연구자들이 개발 중이에요. 이 구조는 빛을 받으면 에너지를 뿜어내서 흙, 물감, 토마토 주스 등 옷에 묻은 모든 것들을 분해해요.

이 사진은 스마트 콘택트렌즈로 찍었어요!

아주 간단히 찰칵

이 콘택트렌즈는 눈을 깜박이는 동작으로 사진을 찍을 수 있어요. 눈의 움직임과 깜박임으로 작동시킬 수 있는 아주 작은 카메라가 콘택트렌즈에 들어 있거든요.

충전 중

배터리가 얼마 안 남았다고요? 걱정할 것 없어요. 그냥 옷에 꽂으면 돼요. 네덜란드의 한 디자이너는 이미 햇빛으로 충전하는 옷을 선보였어요. 작고 휘어지는 태양 전지판이 옷에 들어 있어서 햇빛을 받을 때 에너지를 저장했다가, 스마트폰 같은 기기를 충전하는 데 쓸 수 있지요.

미래에 우리 생활이 어떻게 바뀔지 정말로 아는 사람은 아무도 없어요. 여기서 하는 이야기는 그냥 재미로 하는 예측이에요!

미래 세계 보고서:

과학자들은 지구를 식힐 방법을 찾기를 바라고 있어요. 기후 변화를 늦출 가장 기발하고도 기대되는 방법을 몇 가지 살펴볼까요?

우주 우산

해변을 비롯한 야외에서 햇빛이 너무 뜨거울 때, 우리는 양산이나 우산을 써요. 행성도 그럴 수 있지 않을까요? 과학자들은 햇빛을 2~4퍼센트만 가려도 지구 기온을 편안한 수준으로 되돌릴 수 있으리라고 추정해요. 나비만 한 로봇 수조 개를 우주에 띄워서 폭 9만 6560킬로미터의 양산을 만들자는 주장도 있어요. 그런데 그 많은 로봇을 어떻게 띄울까요? 그런 기술은 아직 없어요.

산 색칠하기

빙하는 지구를 시원하게 유지하는 데 도움이 돼요. 얼음의 흰색은 햇빛과 태양열을 우주로 반사하니까요. 하지만 지구가 더워지면서 빙하가 녹아 사라져요. 그렇게 드러난 거무스름한 땅은 햇빛을 흡수해서 지구를 더 덥혀요. 페루의 한 발명가가 해결책을 내놓았어요. 원래 빙하가 있었지만 녹아서 드러난 땅을 새하얗게 칠하는 방법이죠. 그러면 눈과 얼음처럼 태양의 빛과 열을 다시 반사해서 지구를 식히는 데 도움이 되지 않을까요?

탄소 먹는 생물

석탄, 석유, 천연가스를 태울 때 나오는 기체인 이산화 탄소는 대기에 열을 가두어서 지구를 덥혀요. 대기 중 이산화 탄소 농도가 계속 오르면서 지구는 위험할 정도로 뜨거워지고 있어요. 다행히 식물성 플랑크톤(해수면 가까이 사는 미세한 식물 같은 생물)은 대기에서 이 기체를 빨아들여서 먹이를 만들어요. 그래서 과학자들은 식물성 플랑크톤의 성장에 필요한 양분인 철가루를 바다에 뿌려요. 그러면 어떻게 될까요? 식물성 플랑크톤이 불어나면서 이산화 탄소 농도가 떨어지겠죠.

기후 기술이 궁금해!

구름 만들기

화산이 분화할 때 대기로 뿜어진 화산재는 태양열을 우주로 반사해서 잠시 지구 기온을 섭씨 0.55도쯤 낮추기도 해요. 여기에 착안한 일부 과학자들은 하늘에서 비행기로 소금을 뿌리자고 했어요. 그러면 소금에 수증기가 달라붙어서 구름이 생길 거예요. 구름은 태양열을 우주로 반사하고요. 하지만 한 번으로는 안 될 거예요. 기온은 금세 다시 오를 테니까 계속 뿌려야겠죠?

잠깐 퀴즈!

나는 과학과 기술에 대해서 얼마나 알고 있을까요? 이 퀴즈를 풀면 알 수 있어요!

답을 종이에 적은 뒤, 아래 정답과 맞추어 봐요.

1 **세계에서 가장 키가 큰 나무는 ______________에 있다.**

a. 몽골
b. 태국
c. 페루
d. 미국

2 **참일까, 거짓일까?** 사람은 둥글둥글한 몸을 지닌 동물을 별로 안 좋아해요. (   )

3 **사람이 속하는 집단은 무엇일까?**

a. 세균
b. 고세균
c. 진핵생물
d. 인터넷

4 **인체에는 몇 개의 기관계가 있을까?**

a. 3개
b. 7개
c. 9개
d. 20개

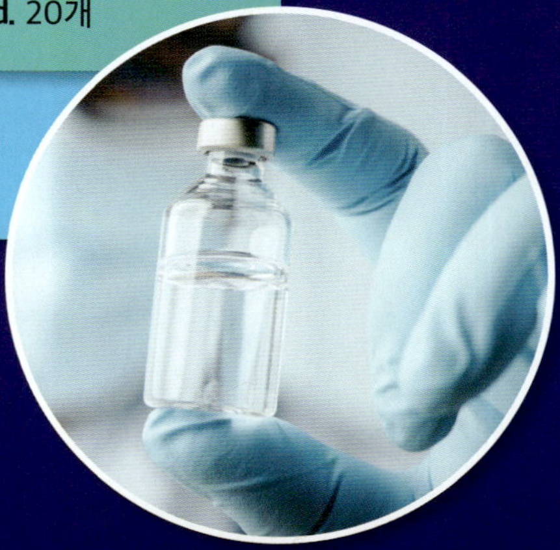

5 **참일까, 거짓일까?** 주사 대신에 코에 분무해서 주입하는 백신도 있어요. (   )

너무 쉽다고요?
다음 장에 나오는 **퀴즈**도 풀어 봐요!

정답: ① d, ② 거짓. 코알라의 동그스름한 몸에 귀여움을 느껴요, ③ c, ④ c, ⑤ 참

이렇게 해 봐요!

어려운 문제 풀이 방법

아주 복잡한 문제라도 단계를 하나하나 밟아 나아가면 풀 수 있어요. 이렇게 차근차근 푸는 방법을 과정 분석이라고 해요 과학자와 공학자는 이와 같은 방법으로 로봇의 프로그램을 짜고 컴퓨터 코드를 짜요. 우리도 요리법을 따라 하는 것부터 새 장난감을 조립하는 것에 이르기까지 일상생활에서 여러 가지로 과정 분석을 활용해요. 간단한 과정 분석 보고서를 써 볼까요?

1단계: 주제 문장 고르기

쓰고자 하는 내용을 명확하게 요약한 주제 문장을 하나 골라요. 그 주제가 왜 중요한지를 설명하는 문장이어야 해요. 그리고 해내는 데 몇 단계가 걸리는지도 설명하면 좋고요.

2단계: 필요 목록 작성하기

과정을 끝내려면 구성 요소나 장비가 필요하겠지요? 어떤 것들이 필요한지를 읽는 사람이 알 수 있도록 다 적어요.

3단계: 지시 사항 적기

명확하고 따라 하기 쉽게 자신의 방법을 적어야 해요. 처음 해 보는 사람에게 어떻게 하는지를 설명한다고 가정해요. 낯선 용어도 명확히 정의해야 해요. 읽는 사람이 정확히 순서대로 따르면 일을 끝낼 수 있도록 단계별로 나누어서 적어요. 하지만 6단계를 넘지 않도록 해요.

4단계: 주요 개념 반복하기

주제 문장으로 다시 돌아가서, 결론을 내리면서 그 주제가 왜 중요한지를 다시 설명해요.

과정 분석 보고서의 작성 사례

앱을 내려받는 것만으로도 우리는 태블릿 피시에 기능을 추가할 수 있어요. 오늘 나는 앱을 검색해서 태블릿 피시에 설치하는 방법을 설명하려고 해요.

첫째, 인터넷에 접속할 수 있는 태블릿 피시가 필요해요. 혹시나 위험한 앱일 수도 있으니까, 먼저 부모님과 이야기해서 허락을 받으면 안전할 거예요.
다음은 태블릿 피시에서 앱스토어로 들어가서 검색창에 앱 이름을 넣고 검색해요. 앱을 찾으면, '다운로드'를 누르고 앱이 설치될 때까지 기다려요. 설치가 끝나면 앱 아이콘을 눌러요. 그러면 앱을 쓸 수 있어요.

이제 원하는 앱으로 태블릿 피시를 더 재미있게 사용할 수 있어요.

생태와 자연

미국 캘리포니아주의 요세미티 국립 공원에 있는 호스테일 폭포는 어떤 때 햇빛을 받으면 폭포에서 떨어지는 물이 용암처럼 보여요.

생물 군계

'주요 생활대' 또는 '생물 분포대'라고 불리는 생물 군계는, 동물과 식물을 비롯한 생물이 특정 환경에 적응해 살아가는 커다란 자연 공동체예요. 생물 군계는 두드러진 식생과 기후, 그 지역의 지리에 따라 여러 가지로 구분되어요. 여기서는 크게 여섯 유형으로 나누어 볼게요. 바로 숲, 민물, 바다, 사막, 초원, 툰드라예요. 각 생물 군계는 여러 생태계로 구성돼요.

생물 군계는 엄청나게 중요해요. 생물 군계 사이에 균형 잡힌 생태학적 관계가 이루어져야 우리가 아는 지구상의 환경과 생명을 유지할 수 있죠. 예를 들어 외부에서 들어온 침입종 식물이 한 종 늘어나면 연쇄 작용으로 생물 군계 전체에 효과를 미칠 수 있어요.

숲

숲은 지구에서 육지의 약 3분의 1을 차지해요. 숲은 세 가지 주된 유형이 있어요. 열대림, 온대림, 냉대림(타이가)이에요. 숲은 다양한 식물의 서식지인데 숲에 사는 몇몇 식물은 사람뿐 아니라 수많은 동물에게 약으로 쓰이죠. 아직 사람이 모르는 식물들도 있고요. 또한 숲은 온실가스*인 이산화 탄소를 흡수하고 산소를 방출해요.

*온실가스: 지구 대기를 이루는 기체 중에서 지구에서 우주로 나가는 적외선의 열을 흡수해 온실 효과를 일으키는 것으로 메테인 등이 있다.

우림의 맨 위층인 임관층을 이루는 나무들은 키가 20층 건물 높이에 달할 수도 있어요.

민물

지구상의 물은 대부분 바다에 있어서 짠물이에요. 하지만 호수, 연못, 습지, 강, 시냇물을 포함한 민물 생태계의 물은 염도가 1퍼센트도 되지 않지요. 민물 생물 군계에 사는 수많은 동물과 식물 종은 대륙에 따라 종류가 다양해요. 새, 개구리, 거북, 물고기, 여러 곤충의 애벌레 등이 있지요.

전 세계 곳곳에 강, 호수, 연못, 개울이 있다고 해도, 민물은 지구 물 전체의 3퍼센트도 안 될 만큼 양이 적어요.

바다

바다는 지구 표면의 거의 4분의 3을 차지해요. 지구상에서 가장 큰 서식지이죠. 바다 생물 군계의 대부분을 차지하는 것은 대양이에요. 산호초는 이 생물 군계에서 가장 생물 다양성이 높은 서식지예요. 가장 여러 종류의 생물이 살고 있다는 뜻이죠. 바다 생태계는 100만 종 이상의 동식물 종이 머무는 집이에요.

바다에 녹아 있는 모든 염분을 모아서 말린다면, 소금이 지구의 모든 대륙을 1.5미터 높이로 뒤덮을 수 있을 만큼 나올 거예요.

사막

지표면의 약 5분의 1을 덮고 있는 사막은 강수량이 1년에 25센티미터도 되지 않아요. 사막은 대부분이 무덥긴 하지만 그렇지 않은 다른 종류의 사막도 있어요. 주로 열대 사막, 온대 사막, 해안 사막, 한랭 사막으로 구분해요. 사막은 황무지와 달리 생물학적으로 생물 다양성이 높은 서식지랍니다.

북아프리카에 있는 사하라 사막은 지구에서 가장 큰 더운 사막이에요. 기온이 섭씨 58도까지 오를 수 있지요.

초원

초원은 커다란 관목이나 나무 대신 풀이 자라는 게 특징이에요. 일반적으로 1년의 절반에서 4분의 3이 비가 내리는 우기이고요. 강수량이 그보다 더 많으면 숲이 되겠죠. 초원은 두 가지 유형으로 나뉘어요. 열대 초원(사바나)과 온대 초원이지요. 코끼리처럼 지구에서 가장 덩치 큰 육상 동물이 이곳 초원에 살아요.

초원은 아프리카의 40퍼센트 이상을 차지해요. 전체 면적이 1300만 제곱킬로미터를 넘어요.

툰드라

모든 생물 군계 가운데 가장 추운 툰드라는 기후가 굉장히 차고, 식생이 단순하며, 강수량이 적어요. 그리고 흙에 영양분이 적고, 식물이 자랄 수 있는 기간이 짧지요. 툰드라의 유형은 극지 툰드라와 고산 툰드라, 두 가지가 있어요. 툰드라에는 아주 적은 종류의 식물이 살아요. 또 늑대, 순록의 일종인 카리부, 심지어 모기를 비롯해 몇몇 동물 종들만 툰드라의 극단적으로 추운 기후에서 살아가요.

극지 툰드라는 나무가 없고 1년의 대부분을 헐벗은 상태로 있지만, 짧게 3개월쯤 이어지는 생장기에는 풀과 지의류로 온통 뒤덮일 수 있어요.

내셔널지오그래픽 탐험가
카르스텐 페터의 극한 모험 중에서,
세계에서 가장 남쪽에 있는
대륙을 탐험한 이야기를 들어 볼까요?

남극 대륙

남극 대륙을 한마디로 요약한다면…

“크다.”

아니, 그냥 크다는 말로는 부족해요. 광대해요!

광대하다는 말은 텅 비어 있고 한없이 드넓게 펼쳐져 있다는 뜻이에요. 남극 대륙에 딱 들어맞는 말이지요. 그러나 남극 대륙은 신비하고, 굉장하고, 딴 세상 같고, 아름답다는 말도 딱 알맞아요.

처음 비행기에 내려 남극 대륙의 얼음에 발을 디뎠을 때, 나는 세상 어디에도 없는 곳에 왔음을 깨달았어요. 어디를 둘러보아도 똑같은 풍경에 충격을 받았어요. 어느 방향을 보아도 지평선 끝까지 거의 다 얼음만이 펼쳐져 있었어요. 우리가 내린 곳은 섬이었지만, 결코 알아차리지 못해요. 이 섬은 약 72킬로미터 떨어진 본토까지 해빙으로 연결되어 있었으니까요.

메마른 공기는 수정처럼 맑아서, 하늘은 짙은 파란색을 띠었죠. 햇빛이 새하얗게 사방에서 반사되고 있었어요. 선글라스를 꼭 껴야 해요. 낮에도 밤에도 필요해요. 여름이라서 탐사하는 3주 동안 해가 아예 지지 않았으니까요.

해가 계속 떠 있어서 햇살이 내리쬐는데도 공기는 거의 따뜻해지지 않았어요. 대개 영하의 기온이 유지되었지요. 기온이 낮을 때는 섭씨 영하 34도까지 내려갔어요. 그렇게 추워지면 기이한 일들이 일어나요. 밧줄은 틈새에 있던 아주 미량의 수분이 얼어붙어서 반짝거리지요. 그래서 밧줄을 꽉 붙잡기가 어려워요. 먹는 것도 힘들어져요. 우리 부모님은 이렇게 말씀하시곤 했죠. “음식이 식기 전에 먹으렴.” 여기서는 이렇게 말해야 해요. “음식이 얼어붙기 전에 먹으렴.” 몇 분 전에 펄펄 끓인 수프도 금방 얼어붙어서 깨어 먹어야 할걸요.

남극 대륙이 광대하기 때문에 날씨에 고스란히 노출돼요. 바람이 불 때면 더욱 그렇죠. 바람에 실려 오는 얼음 결정이 얼굴을 찌르기 때문에 돌아서야 할 때도 많아요. 낮에(아니 밤이었을까요?) 텐트가 심하게 펄럭이고 들리곤 해서 날아갈 것만 같을 때도 많았죠.

남극 대륙은 모든 것이 극단적이고 아름다웠어요. 탐사를 시작한 지 며칠 뒤에 일어난 일이 가장 기억에 남아요. 우리는 베이스캠프에서 잠시 헬기를 타고 가서 산 중턱에 도착했어요. 차에서 내린 나는 위를 쳐다보았어요. 하염없이 계속 증기를 뿜어내고 있는 화산인 에러버스 산을 바라봤어요.

전문가의 비법

탈수되지 않도록 신경 써요! 윌 스테거 같은 극지 탐험가들의 조언이에요. 스테거의 탐험대는 최초로 개 썰매로 남극 대륙을 횡단했어요.

춥긴 해도 남극 대륙은 사막이에요. 공기는 건조하고 비도 눈도 거의 내리지 않아요. 공기가 건조하면 우리 몸은 수분을 금방 잃어요. 얼음 위에서 걷고 일하면 금방 지칠 수 있어요. 땀이 나고, 호흡이 가빠지고, 수분이 빠져나가죠. 탐사할 때는 늘 물병에 물을 가득 채워야 해요. 어떻게요? 눈과 얼음을 녹여서 끓인 물을 보온병에 담아요!

갖가지 필요한 장비

온기를 유지하고자 할 때. 가장 중요한 것은 차가운 공기가 들어오지 못하게 막는 일이 아니에요. 체온을 유지하는 게 중요해요. 텐트 바닥에서 잘 때, 내 몸에서 나온 열로 침낭 아래 얼음이 녹기도 해요. 체온을 보존하기 위해 나는 옷을 여러 겹 껴입어요. 또 바닥 깔개도 여러 겹으로 깔아요. 남극 대륙에서는 침낭 안에 안감이 플리스인 다른 침낭을 넣어서 이중으로 써요. 메모리 폼 매트리스 위에 에어 매트리스를 깔고 그 위에 양털 가죽을 깐 뒤 이 이중 침낭으로 들어가죠. 이렇게 6층 위에서 옷을 여러 겹 껴입고 자면서 체온을 유지해요.

남극 대륙에는 30-30-30 규칙이 있어요. 남극에서 기온이 화씨 -30도(-34℃)이고 풍속이 시속 30마일(48km/h)일 때, 우리 피부는 30초 안에 언다는 뜻이에요.

남극 대륙에는 얼음 두께가 4.8킬로미터인 곳도 있어요.

에러버스산 안쪽의 용암 호수에서 증기가 뿜어 나와요.

남극 대륙 로스섬에 있는 새끼 물범

과학자들이 로스섬에서 거대한 드릴로 얼음 코어를 뽑아내고 있어요.

과학자들이 에러버스산의 분화구를 탐사하고 있어요.

대양들

태평양

통계 자료

면적: 165,200,000제곱킬로미터

지구 수권*에서 차지하는 비율: 44퍼센트

표면 온도:
여름 최고: 32도
겨울 최저: 영하 2도

조차:**
가장 클 때:
9미터, 한반도 근처
가장 작을 때:
0.3미터, 미드웨이섬 근처

멋진 서식 동물: 대왕문어, 남방큰돌고래, 흰동가리, 백상아리

흰동가리

대서양

통계 자료

면적: 106,460,000제곱킬로미터

지구 수권에서 차지하는 비율: 28퍼센트

표면 온도:
여름 최고: 32도
겨울 최저: 영하 2도

조차:
가장 클 때:
16미터, 캐나다 펀디만
가장 작을 때:
0.5미터, 멕시코만과 지중해

멋진 서식 동물: 대왕고래, 대서양알락돌고래, 바다거북, 큰돌고래

큰돌고래

*수권: 물(과 얼음)이 지표면을 덮고 있는 부분. **조차: 밀물과 썰물 때의 바닷물 높이의 차이.

인도양

통계 자료

면적: 70,560,000제곱킬로미터

지구 수권에서 차지하는 비율: 19퍼센트

표면 온도:
여름 최고: 34도
겨울 최저: 영하 2도

조차:
가장 클 때:
11미터, 오스트레일리아 서해안
가장 작을 때:
0.6미터, 오스트레일리아 서해안

멋진 서식 동물: 혹등고래, 작은부레관해파리, 듀공, 장수거북

장수거북

북극해(북극양)

통계 자료

면적: 14,060,000제곱킬로미터

지구 수권에서 차지하는 비율: 4퍼센트

표면 온도:
여름 최고: 5도
겨울 최저: 영하 2도

조차:
0.3미터 미만으로
위치에 따라 조금씩 달라요.

멋진 서식 동물: 흰고래(벨루가), 범고래, 거문고바다표범(하프물범), 일각돌고래

일각돌고래

남극해(남극양)

통계 자료

면적: 20,330,000제곱킬로미터

지구 수권에서 차지하는 비율: 5퍼센트

표면 온도:
여름 최고: 10도
겨울 최저: 영하 2도

조차: 0.6미터 미만으로
위치에 따라 조금씩 달라요.

멋진 서식 동물: 황제펭귄, 대왕오징어, 남극빙어, 남극이빨고기

황제펭귄

대양을 접하는 대륙과 만은 272~273쪽 지도를 참고하세요.

세계의 8가지 기이한 장관

자연이 빚어낸 독특한 풍경을 감상해 볼까요.

1 놀라운 분화구

조류와 황, 염을 비롯한 광물들은 **달롤 화산**의 분화구를 다채로운 색깔로 만드는 데 기여해요. 이 화산은 에티오피아와 에리트레아의 국경에 있는 다나킬 함몰지에 있어요. 달롤 화산은 육지에서 가장 저지대에 있는 화산이지요.

멋있는 동굴 2

미국 버지니아주 셰넌도어 골짜기의 깊숙한 곳에 있는 **루레이 동굴**은 천장에 달려 자라는 종유석과 바닥에서 솟아오른 석순이 가득해요. 이 어마어마한 동굴 생성물들은 길이가 최대 5층 건물 높이에 달하고, 석회암의 일종인 방해석으로 이루어져 있어요.

루레이 동굴의 생성물은 120년에 16.4세제곱센티미터 정도씩 자라요.

3 쩍쩍 갈라진 땅

오스트레일리아 동남쪽 태즈메이니아섬의 **이글호크넥** 지협에서 볼 수 있는 땅이 사각형으로 갈라진 모양은 일부러 진흙에 새긴 것처럼 보여요. 그러나 이 테셀레이션 지형은 수백만 년 전 지각에 압력이 가해졌을 때 땅이 갈라지면서 생긴 거예요.

4 거대한 구멍

미국 애리조나 사막에 있는 깊이 174미터의 거대한 **배린저 크레이터**는 약 5만 년 전에 운석이 떨어져 생긴 충돌구예요. 우주에서 무게 13만 4000톤짜리 암석 덩어리가 경주용 자동차보다 100배 이상 빠른 초속 12킬로미터로 날아와 땅에 충돌해서 만들어졌지요!

5 장엄한 폭포

아프리카 잠비아와 짐바브웨의 국경에는 세계에서 가장 폭이 넓은 폭포인 **빅토리아 폭포**가 있어요. 폭이 약 1700미터로 축구장 길이의 15배 이상으로 넓어요.

6 분홍색 호수

오스트레일리아 서부에 있는 길이 600미터의 호수가 분홍색을 띠는 이유를 정확히 아는 사람은 아무도 없어요. 과학자들은 이 **힐리어호**의 물 색깔이 물속의 조류, 세균, 염분에서 나온다고 생각해요.

7 짜디짠 호수

볼리비아 남서부에 수천 제곱킬로미터로 펼쳐진 **우유니 소금 사막**이 있어요. 호수가 달라붙으면서 남은 소금으로 이루어졌어요. 이곳에는 바닥, 벽, 탁자, 의자 등 거의 모든 것을 소금으로 만들어 놓은 루나살라다 호텔이 있어요.

8 무지갯빛 강

물에 사는 마카레니아 클라비게라라는 식물은 수위와 햇빛의 조건이 딱 들어맞을 때, 강을 화려한 색깔로 수놓아요. 일 년에 몇 달간 콜롬비아의 **카뇨크리스탈레스강**은 새빨갛게 물들어요. '오색의 강'이라는 별명에 걸맞게 군데군데 분홍색, 초록색, 파란색, 노란색, 주황색을 띠기도 하지요. 마치 무지개가 흐르는 것 같아요.

날씨와 기후

날씨는 특정한 시간과 장소에서 기온, 바람, 습도, 강수량 등 대기의 상태예요. 한편 기후는 일정한 장소에서 오랜 기간에 걸쳐 나타난 평균적인 날씨를 말해요. 장소에 따라 여러 기후가 나타나요. 이러한 기후는 위도, 고도, 탁월풍*, 해류의 온도, 물과 육지의 위치와 거리 같은 여러 요인에 따라 조절된 결과예요. 기후는 보통 일정하지만, 벌목, 온실가스 등의 요인이 기후를 바꾼다는 증거가 나오고 있어요.

*탁월풍: 어느 지역에서 어떤 시기나 계절에 따라 특정 방향에서부터 가장 자주 부는 바람.

극단적인 날씨의 사례

가장 강력한 허리케인: 최대 풍속이 시속 343킬로미터에 이르렀던 허리케인 파트리시아는 2015년 멕시코의 태평양 연안을 강타했고, 역사상 가장 강력한 허리케인 중 하나로 여겨져요.

가장 더웠던 달: 2024년 7월은 지구의 기온을 관측하기 시작한 1850년 이래로 가장 더운 달이었던 2023년 7월보다 평균 기온이 섭씨 0.03도 더 높았어요.

가장 비가 많이 온 해: 1860~1861년의 12개월 동안 인도 체라푼지에서 내린 비는 26.47미터에 달했어요.

지구의 기후대

기후학자들은 기후를 분류하는 여러 체계를 만들었어요. 그중에 흔히 쓰이는 것은 '쾨펜의 기후 분류법'이에요. 강수량, 기온, 식생에 따라 기후대를 분류하는 체계이지요. 열대 기후, 건조 기후, 온대 기후, 냉대 기후, 한대 기후 등 주로 5가지 범주로 나눠요. 그 지역의 고도가 다른 요인들보다 중요한 요건이지요.

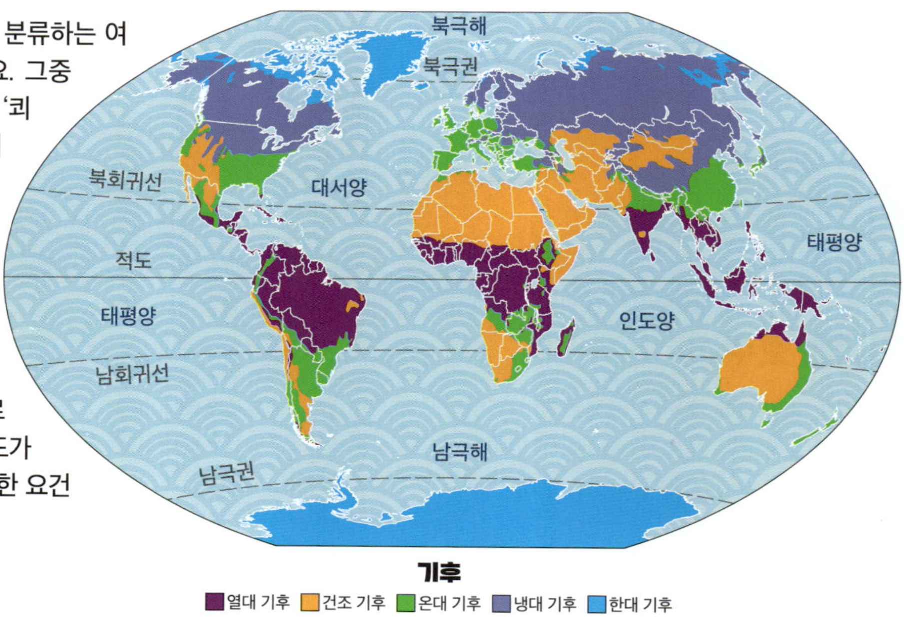

기후 변화

북극곰 한 마리가 녹고 있는 빙하 조각 위에 있어요.

과학자들은 그린란드의 대륙 빙하가 여름철에 녹기 시작한 현상을 걱정해요. 이 사진 속 버스데이 협곡도 빙하가 녹은 물에 깎여 나갔죠.

지구 온난화가 계속되다

지구는 점점 더워지고 있다

지표면의 온도는 계속 올랐어요. 역사상 가장 더웠던 10년은 계속해서 지난 10년 동안이었어요. 기후 변화에 직접적인 영향을 받은 결과예요. 지구의 평균 기온이 올라가는 것(지구 온난화)뿐 아니라, 바람과 비, 해류도 장기적으로 영향을 받지요. 지구 온난화 때문에 빙하와 극지방의 빙상(대륙 빙하)이 녹고 있어요. 그러면 해수면이 높아지고 생물들의 서식지가 줄어들어요. 몇몇 동물에게는 생존이 달린 큰 문제예요. 또 지구가 더워지면서 해안을 따라 홍수가 늘고 내륙에서는 가뭄이 늘어나요.

기온은 왜 오르는 것일까?

최근의 기후 변화 가운데 일부는 자연적인 원인과 관련이 있어요. 햇볕의 세기 변화, 가끔 일어나는 엘니뇨*로 따뜻해진 해류, 화산 활동 등이죠. 하지만 기후 변화를 일으키는 가장 큰 원인은 인간의 활동이에요.

사람들은 휘발유 자동차를 몰거나 타는 등 화석 연료를 태우는 활동을 매일 하면서 지구 온난화를 일으켜요. 이런 활동은 온실가스를 만들어 대기의 열이 밖으로 빠져나가지 않게 가두는 온실 효과를 일으키죠. 지금 같은 속도라면 지구의 평균 기온은 1900~1960년의 평균 기온보다 적어도 섭씨 3도 이상 오를 것으로 예상돼요. 그 뒤로도 더욱더 뜨거워질 가능성이 높아요. 지구 온난화는 여러 면에서 자연환경과 우리 사회에 계속 좋지 않은 영향을 미칠 거예요.

*엘니뇨: 난류가 흘러들어 적도 부근의 수온이 올라가는 현상.

10가지 자연의 힘에 관한 이상한 사실들

화산 쇄설류는 화산에서 뿜어 나온 기체와 암석의 혼합물이 빠르게 흐르는 것이에요. 그 온도가 섭씨 **538도**에 달하기도 해요.

아시아의 히말라야산맥에서 **우박 폭풍**이 몰아치면 야구공만 한 **우박**이 **시속 161킬로미터 이상의 속도로 떨어지기도 했어요.**

유럽의 **세르비아에서는 한 마을에 작은 개구리 수천 마리가 비처럼 쏟아졌어요.** 사람들은 겁이 나서 몸을 피했지요.

불꽃을 사방으로 마구 날리는 **불 회오리**는 **폭 15미터**에 건물 **40층 높이**까지 솟구칠 수 있어요.

수수께끼 같은 이상파랑은 먼바다에서 아무런 예고도 없이 갑자기 생기는 큰 파도인데, **10층 건물 높이**까지 솟아오르기도 해요.

두루마리 눈은 축축한 눈이 땅바닥에 달라붙지 않은 눈밭에 내릴 때 생겨요. 눈이 강한 바람에 구르면서 두루마리처럼 감겨요.

대개 뇌우가 지나간 뒤에 주머니 모양으로 공기가 가라앉으면서 유방구름이 생기곤 해요.

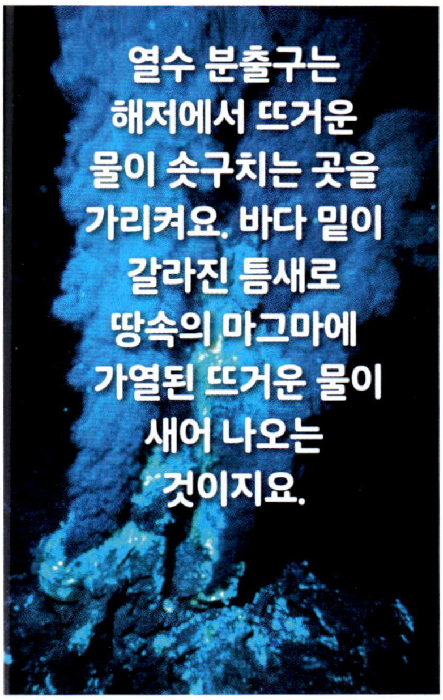

열수 분출구는 해저에서 뜨거운 물이 솟구치는 곳을 가리켜요. 바다 밑이 갈라진 틈새로 땅속의 마그마에 가열된 뜨거운 물이 새어 나오는 것이지요.

가장 빠른 풍속은 **시속 480킬로미터**로 기록됐어요. 1999년 미국 오클라호마주의 오클라호마시티 인근에서 토네이도가 생겨났을 때 불었던 바람의 속도예요.

광활하게 빛나는 고리인 **오로라**는 남북극 지방의 높은 하늘에 생겨요. 넓게 펼쳐진 오로라의 길이는 약 **1만 9300킬로미터**가 넘기도 해요.

움직이는 물: 물의 순환 알아보기

지구에 있는 물의 양은 정해져 있고, 물은 바다와 땅과 하늘 사이를 끊임없이 오가요. 자연적으로 물의 순환이 이루어지지요. 물의 순환은 지구의 모든 생물이 생존하는 데 필요하고, 모든 생물을 서로서로 연결해요. 오늘날 우리가 마시는 물은 공룡의 몸속을 통과하고, 화산에서 증기로 분출되고, 세종 대왕이 차를 끓여 마셨거나 선사 시대에 네안데르탈인이 목욕할 때 썼던 바로 그 물일 수 있어요!

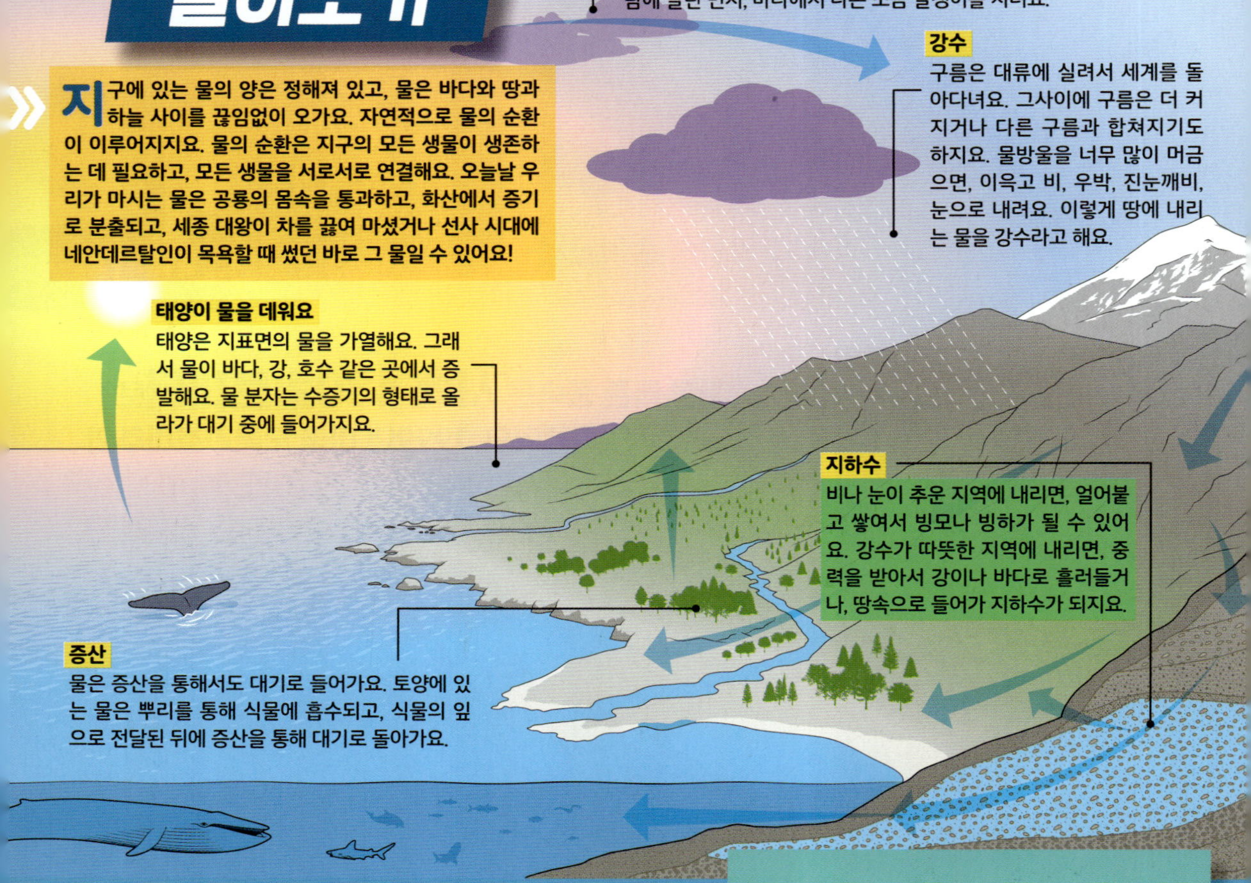

응결
대기에서 수증기는 식으면서 응결하여 구름을 형성해요. 물 분자가 응결하려면 반지름이 적어도 100만 분의 1미터인 알갱이가 필요해요. 알갱이에 물 분자들이 달라붙어서 구름 물방울이 생기거든요. 응결핵이라는 이 아주아주 작은 알갱이는 흙, 먼지 또는 소금 알갱이(이를테면 바다에서 온 것)일 수 있어요. 따라서 모든 구름 물방울은 중심에 화산이나 산불, 바람에 날린 먼지, 바다에서 나온 소금 알갱이를 지녀요.

강수
구름은 대류에 실려서 세계를 돌아다녀요. 그사이에 구름은 더 커지거나 다른 구름과 합쳐지기도 하지요. 물방울을 너무 많이 머금으면, 이윽고 비, 우박, 진눈깨비, 눈으로 내려요. 이렇게 땅에 내리는 물을 강수라고 해요.

태양이 물을 데워요
태양은 지표면의 물을 가열해요. 그래서 물이 바다, 강, 호수 같은 곳에서 증발해요. 물 분자는 수증기의 형태로 올라가 대기 중에 들어가지요.

지하수
비나 눈이 추운 지역에 내리면, 얼어붙고 쌓여서 빙모나 빙하가 될 수 있어요. 강수가 따뜻한 지역에 내리면, 중력을 받아서 강이나 바다로 흘러들거나, 땅속으로 들어가 지하수가 되지요.

증산
물은 증산을 통해서도 대기로 들어가요. 토양에 있는 물은 뿌리를 통해 식물에 흡수되고, 식물의 잎으로 전달된 뒤에 증산을 통해 대기로 돌아가요.

지구에서 물의 양은 늘거나 줄지 않고 거의 일정해요. 물의 형태만 바뀌죠. 태양이 지표면을 데우면 액체인 물이 기체인 수증기가 되는데 이 과정을 **'증발'**이라고 해요. 또 식물 잎의 표면에서 물이 수증기로 변하는 과정은 **'증산'**이라 하죠. 수증기가 대기로 올라가면 차게 식으면서 다시 형태가 바뀌어요. 물방울이 되는 **'응결'**이라는 과정을 통해 모이면 구름이 만들어져요. 구름에서 떨어진 물방울은 비, 눈, 우박 등이 되어 땅에 내려요. 이런 물들을 **'강수'**라고 해요. 강수는 지하수로 스며들거나 호수, 강, 바다로 흘러요. 이러한 물의 순환 과정(위 그림 참고)은 계속 반복돼요.

날씨를 연구하는 과학자인 기상학자들의 기준에 따르면 비가 시간당 0.5밀리미터 이하로 내리면 '이슬비'이고, 시간당 4밀리미터 이상 내리면 '보통 비'예요.

여러분이 마시는 물은 공룡이 마셨던 물과 같은 물이에요! 지난 40억 년 넘게 지구의 물이 계속 순환했기 때문이죠.

여러 가지 구름의 종류

날씨가 어떨지 알고 싶다면 구름을 살펴요. 구름은 공기의 상태와 앞으로의 날씨에 대해 꽤 많은 것을 알려 주거든요. 구름은 공기와 물로 이루어져 있어요. 맑은 날에는 따뜻한 공기의 흐름이 위로 올라가면서 구름 속 물방울을 밀어 올려 계속 떨어지지 않게 해요. 하지만 구름 속의 물방울이 점점 커지면 자유의 몸이 될 때가 오지요. 물방울이 너무 커지면 공기의 흐름으로 더 이상 떠받들 수 없게 되어 땅으로 떨어져요.

4

3

1

2

구름은 얼마나 무거울까?

가벼운 솜털처럼 푹신해 보이는 적운의 무게는 보통 50만 킬로그램쯤 돼요. 아프리카코끼리 78마리의 무게와 맞먹죠. 또 비를 품은 적란운은 보통 무게가 10억 킬로그램 정도여서 아프리카코끼리 15만 7000마리의 무게와 비슷해요.

1 층운(층구름) 이 구름이 뜨면 하늘이 걸쭉한 회색 죽처럼 보여요. 하늘에 낮게 걸려 으스스하고 어둑한 하늘을 만들지요. 층운은 지면 가까운 곳의 차갑고 습한 공기가 이동하는 곳에 만들어져요.

2 권운(새털구름) 이 얇고 성긴 구름 다발은 대기가 아주 차가운 곳에 높이 걸려 있어요. 권운은 작은 얼음 결정으로 이루어져 있죠.

3 적운(쌘구름/뭉게구름) 흰색 솜뭉치 같은 이 구름을 보면 사람들은 '오늘 아침엔 참 날씨가 좋다.' 하고 콧노래를 부를 거예요. 대기권 아래에 수직으로 발달하며 말랑한 마시멜로와 비슷해서 푸른 하늘에 그림처럼 어우러지곤 해요. 따뜻한 공기가 위로 올라갈 때 만들어지는 적운은 밤이 되어 공기가 차가워지면 보통 사라져요.

4 적란운(쌘비구름) 적란운은 괴물 같은 구름이에요. 위로 올라가는 공기의 흐름이 솜털 같은 적운을 부풀리고 최대 12킬로미터 높이까지 올려 보낸 것이 적란운이에요. 이 구름이 대류권 계면*에 닿으면 마치 탁자처럼 윗부분이 편평해지죠.

*대류권 계면: 대기권에서 가장 아래층인 대류권이 위쪽 성층권과 만나는 경계면.

NATIONAL GEOGRAPHIC KiDS 기발하고 괴상하고 웃긴 과학 사전!

이상야릇한 날씨

하부브

하부브는 사막의 거대한 먼지 폭풍이에요. 먼지가 두꺼운 담요를 말듯이 밀려들면서 도시를 집어삼키고, 전깃줄을 끊고, 시야를 가려서 교통사고를 일으켜요. 하부브가 밀려들 때면 입과 코를 가리고 숨을 곳을 찾아 달려가야 해요.

붉은 번개

아직도 과학자들에게 수수께끼인 붉은 번개는 상층 대기에서 생겨요. 뇌우가 끝날 무렵 수십 킬로미터 상공에서 생기지요. 번개가 치면서 폭풍에 들어 있는 전하의 대부분이 사라진 뒤, 이 빨간 깃발 모양 번개가 나부끼듯 나타날 수 있어요. 지상에서는 거의 보이지 않아요.

쌍무지개

물방울 속에서 반사된 빛은 무지개를 하나 만들어요. 하지만 빛이 물방울 속에서 두 번 이상 반사될 수도 있어요. 그럴 때 첫 번째 무지개 위쪽에 두 번째 무지개가 떠요. 위쪽 무지개는 대개 더 흐릿하고 색깔 순서가 뒤집혀 있어요. 이것이 쌍무지개지요!

창밖으로 늘 보이는 해, 구름 같은 평범한 날씨는 이제 지겹다고요? 그렇다면 깜짝 놀랄 만한 기상 현상을 알아볼까요?

성 엘모의 불

이것은 사실 불이 아니에요. 플라스마예요. 뇌우가 한창일 때 금속이나 뾰족한 물체에는 전하가 지나치게 모이곤 해요. 전하가 아주 높아지면, 물체 주변의 공기도 전기를 띠거나, 이온화가 일어나요. 공기 중의 질소와 산소가 전기에 의해 이온이 되면서 내보내는 빛이 파란빛이나 보랏빛으로 보이는 자연 현상이에요. 이 성 엘모의 불은 몇 분 동안 이어지기도 해요.

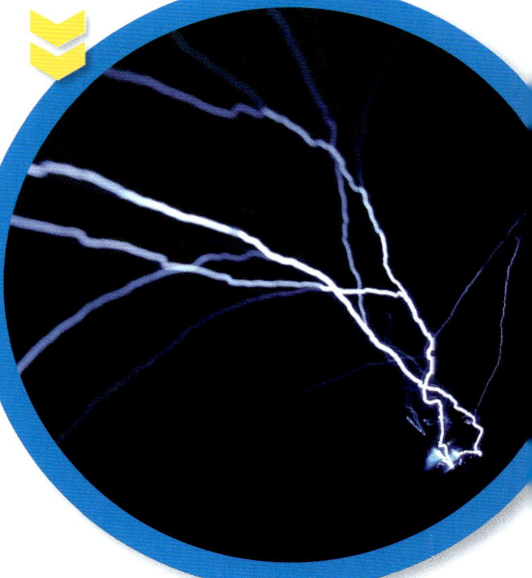

뻥 뚫린 하늘

구름이 펼쳐져서 하늘을 온통 뒤덮고 있다가, 잠시 뒤에 누가 한가운데 구멍을 뻥 뚫어 놓은 것처럼 걷히기도 해요! 이 현상은 하늘을 담요처럼 덮고 있던 과냉각*된 구름을 비행기가 뚫고 지나갈 때 생겨요. 부서진 구름은 눈이 되어 내려요.

*과냉각: 물의 어는점 이하로 차가워졌지만 물이 액체 상태인 것.

용오름

이러한 물 깔때기는 두 가지 방식으로 생겨요. 첫 번째는 토네이도가 물 위로 지나갈 때나 바람이 약한 상태에서 뭉게구름이 발달하기 시작할 때 형성돼요. 뭉게구름은 폭신폭신해 보이는 하얀 구름이지요. 두 번째 방법은 수면에서 소용돌이가 생기고 위로 올라가기 시작하면 생겨요. 용오름은 육지에 닿으면 금방 무너져요.

허리케인이 온다

폭풍우가 와요! 그런데 이것은 사이클론일까요, 허리케인일까요, 태풍일까요? 이 기상 현상이 어디에서 발생했는지, 바람이 얼마나 빠른지에 따라 이름이 달라져요. 대서양과 태평양의 일부 지역에서 생기는 강한 열대 저기압은 허리케인이라 하고, 태평양 서부에서는 태풍, 인도양 북부에서는 사이클론이라 불려요. 지역에 따라 이름은 다르지만 어디에서든 이 폭풍들은 강력한 힘을 발휘하지요. 그리고 열대 저기압은 모두 대양에서 따뜻하고 습한 공기가 솟아오를 때 생기는 빈자리로 주변 지역의 공기가 빨려 들면서 생겨나요. 빨려 든 공기도 따뜻해지고 습해지면서 솟아오르지요. 이 과정이 반복되면서 큰 구름이 생겨나고, 이 구름은 지구의 자전에 따라 회전하기 시작해요. 따뜻한 물이 충분히 많으면 폭풍이 계속 커지다가 이윽고 태풍이 되지요. 바다의 수온이 따뜻할수록, 공기에 수분이 더 많아지고, 태풍도 더 강력해져요.

태풍의 이름은 어떻게 지을까?

태풍은 해마다 발생한 순서에 따라 번호와 이름을 붙여요. 태풍의 이름은 2000년부터 아시아-태평양 지역의 태풍위원회 회원국이 제출한 이름을 사용해요. 말레이시아, 미크로네시아, 필리핀, 한국, 태국, 미국, 베트남, 캄보디아, 중국, 북한, 홍콩, 일본, 라오스, 마카오 등 14개 나라가 각각 10개씩 제출한 이름 140개를 28개씩 5조로 구성해서 차례로 써요. 다음은 앞으로 발생할 태풍에 붙여질 이름들이에요.

너구리	펑선	페냐	메칼라	노을
부알로이	갈매기	누리	히고스	돌핀
마트모	풍웡	실라코	바비	구지라
할롱	고토	하구핏	마이삭	찬홈
나크리	노카엔	장미	하이선	페이러우

*2025년 9월 30일 기준.

태풍의 강도

구분	-	중	강	매우강	초강력
피해의 정도	간판이 날아감	지붕이 날아감	기차가 선로를 벗어남	사람이나 큰 돌이 날아감	건물이 무너짐
풍속	61~90km/h*	90~119km/h	119~158km/h	158~194km/h	194km/h 이상
(피해 정도는 바람과 비에 의한 피해를 합쳐서 판단해요.)					

*속력의 단위로 1시간에 가는 거리를 킬로미터로 나타낸 것. '시속 61~90킬로미터'로 읽는다.

토네이도란 무엇일까?

'회오리바람'이라고도 하는 토네이도는 깔때기 모양의 빠르게 회전하는 바람으로, 폭풍우가 치는 동안 만들어져요. 토네이도는 풍속이 시속 483킬로미터를 넘을 수 있어요. 지나가는 길의 모든 것을 감아올리고 파괴할 정도로 위력이 대단하지요.

개량 후지타 등급(EF)

토네이도 전문가인 T. 시어도어 후지타의 이름을 딴 토네이도 위력의 기준이에요. 바람의 속도와 바람으로 파괴된 정도에 따라 토네이도를 분류해요.

EF0
풍속*: 시속 105~137킬로미터
기왓장이 뜯기거나 나뭇잎이 날림.

EF1
풍속: 시속 138~177킬로미터
지붕과 간판이 날림.

EF2
풍속: 시속 178~217킬로미터
나무가 뽑힘.

EF3
풍속: 시속 218~266킬로미터
조립식 벽이 무너짐.

EF4
풍속: 시속 267~322킬로미터
대부분의 집이 무너짐.

EF5
풍속: 시속 322킬로미터 이상
철제 콘크리트 건물이 무너짐.

*풍속: 시간당 움직이는 공기의 속도로 나타낸 바람의 세기.

회전하는 깔때기 같은 이 바람은 적운이나 적란운 속에서 형성돼요. 땅과 맞닿으며 토네이도가 되죠.

토네이도는 미국의 평원에서 주로 발생해요. 그리고 남극을 제외한 모든 대륙에서도 발생하지요.

폭탄 사이클론이란 무엇일까?

2023년 발생한 폭탄 사이클론의 위성 영상

2024년 미국 캘리포니아주의 여러 지역이 매서운 강풍과 기록적인 폭우, 광범위한 침수를 겪었어요. 평소에 보던 폭풍이 아니었어요. 폭탄 사이클론이라는 강력한 기상 현상이었지요.

폭탄 사이클론은 찬 공기가 따뜻한 공기에 충돌해서 사이클론이라는 회전하는 공기 덩어리를 만들면서 시작돼요. 사이클론은 중심의 기압이 갑자기 떨어지면 더 강해지고 더 빨라질 수 있어요. '폭탄 발생'이 일어나는 거지요. 이런 폭풍은 빠르게 발달하면서 엄청난 힘으로 땅을 휩쓸어요. 그래서 폭탄이라는 이름이 붙여졌어요.

폭탄 사이클론은 비와 바람만 함께하는 것이 아니에요. 2018년 미국 북동부를 강타했을 때처럼, 심한 눈보라도 동반할 수 있어요. 그 거대한 폭풍은 매사추세츠주 보스턴에 눈을 43센티미터나 쏟아부었고, 강풍으로 높이 4.6미터의 파도가 밀려들어서 지하철이 물에 잠기기도 했어요.

태풍이나 허리케인 같은 강력한 기상 현상에 비하면 피해가 덜하지만, 폭탄 사이클론도 위험해요. 나무와 전봇대를 쓰러뜨리고, 기온을 떨어뜨리고, 침수를 일으킬 수 있어요. 폭탄 사이클론이 들이닥칠 때 어떻게 하면 좋을까요? 안전하게 실내에 있는 것이 최선이에요.

2023년 미국 캘리포니아주에서 폭탄 사이클론이 지나간 뒤 침수된 마을

코알라를 구조하라!

코알라는 불이 나면 멀리 달아나는 대신에, 나무 위로 올라가서 피하려고 해요.

어린 코알라가 유칼립투스나무를 기어올랐어요. 맛있는 잎을 따서 먹기 위한 것이 아니었어요. 숲 바닥에서 스멀스멀 올라오는 불길과 연기로부터 달아나려고 나무에 오른 거예요.

2019년과 2020년에 오스트레일리아의 숲에는 산불이 가장 많이 일어났어요. 코알라가 살고, 먹이로 삼는 나무들이 많이 사라졌어요. 한반도 넓이의 1.7배인 16만 8350제곱킬로미터의 숲이 불탔어요. 전문가들은 계속된 산불로 코알라 약 3만 마리와 다른 동물들 수백만 마리가 죽었을 것이라고 추정해요.

코알라는 멸종 위기종이 아니지만, 산불뿐 아니라 여러 면에서 위협을 받고 있어요. 굶주림, 개의 공격, 자동차 사고, 질병도 이 복슬복슬한 포유동물을 위협해요. 다행히도 이 유대류를 돕는 일에 힘을 보태는 용감한 사람들이 있어요.

거센 불길이 지나간 뒤, 코알라는 조심스럽게 유칼립투스나무에서 땅으로 내려왔어요. 하지만 내려오다가 아직 연기를 피우면서 타고 있던 곳에 발을 딛고 말았어요. 코알라는 발뿐 아니라 몸의 여러 곳에 심한 화상을 입었어요.

몇 시간 뒤 와일드케어 오스트레일리아라는 야생 동물 구조 단체에서 다친 동물들을 구조하러 왔어요. 그리고 이 코알라를 발견해서 커럼빈 야생 동물 병원으로 서둘러 옮겼어요. 이 코알라는 매디라는 이름도 붙여졌지요.

매디는 코와 귀도 탔기에, 간병인들은 상처 부위에 식히는 연고를 발랐어요. 매디는 굶주리기도 했어요. 병원의 선임 수의사 마이클 파인은 이렇게 말했어요. "코알라는 아플 때 먹지 않아요. 그래서 화상을 빨리 치료해야 해요."

일주일도 지나지 않아서 매디는 먹을 준비가 되었어요. 하지만 아무 유칼립투스 잎이나 먹지는 않아요. "코알라마다 좋아하는 유칼립투스 종이 있어요." 평소에 먹지 않던 잎은 소화하기가 더 어려워요. 아니 아예 먹으려 하지 않아요. 그러나 매디는 갖다 놓은 잎을 다 먹었어요. 불이 난 지 한 달 뒤에도 매디는 여전히 병원에 있었어요. 하지만 파인은 매디가 곧 회복할 것이라고 봐요. "곧 병원이 아니라 숲에서 낮잠을 자게 될 거예요."

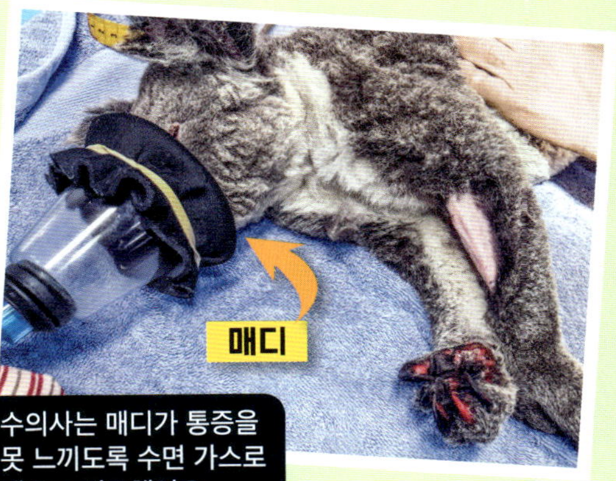

수의사는 매디가 통증을 못 느끼도록 수면 가스로 재우고 치료했어요.

잠깐 퀴즈!

생태와 자연에 관한 지식이라면 자신 있다고요? 얼마나 많이 아는지 다음 문제를 풀어 확인해 봐요!

답을 종이에 적은 뒤, 아래 정답과 맞추어 봐요.

1. **참일까, 거짓일까?** 남극 대륙은 사막이에요. (   )

2. **물빛이 분홍색인 힐리어호는 ________에 있다.**
   a. 오스트레일리아
   b. 대한민국
   c. 스코틀랜드
   d. 남아프리카 공화국

3. **성 엘모의 불은 무엇일까?**
   a. 화산
   b. 플라스마
   c. 캠프파이어
   d. 열대의 꽃

4. **토네이도의 가장 큰 위력을 나타내는 최고 등급은 무엇일까?**
   a. EF1
   b. EF5
   c. EF10
   d. EF100

5. **참일까, 거짓일까?** 지구는 점점 차가워지고 있어요. (   )

너무 쉽다고요?
다음 장에 나오는 **퀴즈**에도 도전해 봐요!

정답: ① 참, ② a, ③ b, ④ b, ⑤ 거짓

이렇게 해 봐요!

발표 잘하는 방법

팁:
실제 발표처럼 몇 번쯤 연습해 봐요. 거울을 보면서 하거나, 가족에게 영상으로 찍어 달라고 해서 뭔가 고칠 점이 없나 점검해요. 예컨대 여러분이 청중과 눈을 잘 마주치는지 살펴요.

많은 사람 앞에서 발표한다는 상상만 해도 뱃속에서 폭풍이 치는 것처럼 속이 불편하다고요? 사람들 앞에서 발표하는 것보다 눈사태에 휘말리는 게 더 낫겠다고요?

발표 과제가 꼭 자연재해만큼 두려운 건 아니에요. 발표의 기본 원리는 보고서를 쓰는 것과 아주 비슷하죠. 발표를 하는 데는 두 가지 요소가 있어요. 원고 쓰기와 말로 전달하기예요. 발표용 원고를 쓸 때는 청중이 그 글을 읽는 것이 아니라 듣는다는 점을 염두에 두어야 해요. 다음 도움말을 따라 해 보면 어느새 발표 걱정을 잊게 될 거예요.

원고 쓰기

129쪽의 '완벽하고 훌륭한 보고서를 쓰는 법'을 참고하세요. 하지만 이번에는 글이 아닌 말로 해야 한다는 점을 기억해요.

문장을 짧고 간단하게 써요. 길고 복잡한 문장은 따라가기가 어렵거든요. 청중에게 몇 가지 핵심 요점만 전달하면 돼요. 너무 많은 정보를 욱여넣으면 듣는 사람이 부담스러울 거예요. 가장 효과적인 방법은 말하고 싶은 요점을 서론에 넣고, 본론에서 요점을 자세히 설명한 다음, 결론에서 요점을 다시 반복하는 거예요.

발표용 원고가 갖추어야 할 세 가지 기본 요소

- **서론:** 청중의 주의를 끌고 여러분이 발표하는 주제에 관심을 집중시킬 기회예요. 재미있는 경험담이나 극적인 이야기를 활용하거나, 흥미로운 질문을 맨 처음에 던져도 좋아요.
- **본론:** 원고에서 가장 긴 부분이에요. 여러분이 전달하고 싶은 사실과 아이디어를 보다 자세히 전해요. 중심이 되는 주제를 뒷받침할 정보를 넣고 구체적인 사례와 설명으로 확장시켜요. 즉, 글로 쓴 보고서와 똑같은 원리로 발표용 원고를 정리해요. 명료하고 잘 짜여진 방식으로 생각을 나타내도록 하는 거예요.
- **결론:** 앞서 말한 여러 정보를 요약하고, 청중에게 전달하고 싶은 가장 중요한 요점을 마지막으로 강조해요.

말로 전달하기

1 연습이 완벽을 만든다. 연습, 연습! 연습만이 살길이에요! 효과적으로 발표를 하려면 자신감과 열정, 에너지가 중요하죠. 그리고 최고의 방법은 연습이에요. 가족이나 친구에게 연습하는 걸 봐 달라고 부탁해서 발표가 어땠는지 물어봐요. 여러분이 전하려는 아이디어가 전달되었나요? 발표자가 지식이 풍부하고 자신감이 넘쳐 보였나요? 말하는 속도가 너무 느리거나 빠르다든지, 말소리가 너무 작거나 너무 크지는 않았나요? 연습을 되풀이할수록 주제에 대해 더 숙달하게 될 거예요. 그러면 쪽지에 적은 내용을 많이 보지 않고도 보다 편안하고 자신감 있게 발표할 수 있어요.

2 최대한 여러 가지를 활용한다. 가능한 한 창의력을 발휘해요. 영상이나 음성 파일, 슬라이드, 차트, 도표, 사진을 활용해요. 시각적인 자료가 있으면 듣는 사람의 감각을 자극해서 흥미를 돋우죠. 여러분이 전달하려는 요점을 강조하는 데도 도움이 돼요. 그리고 발표를 할 때는 일종의 연기를 한다고 생각해요. 조명을 받은 채 최대한 활동적으로 재미있게 발표하면 좋아요. 발표 과정을 즐기세요.

3 마음을 편안하게 안정시킨다. 누구나 많은 사람 앞에서 말할 때는 떨리기 마련이에요. 평범한 반응이죠. 하지만 발표 준비를 많이 할수록, 다시 말해 연구와 조사, 연습을 많이 할수록 자신감이 생길 거예요. 준비가 무엇보다 중요하죠. 설사 말을 더듬거나 실수를 해도 다시 생각을 가다듬어 계속해요. 완벽한 사람은 아무도 없어요. 그리고 아무도 여러분이 완벽할 것을 기대하지 않아요.

독일 슈베린호의 섬에 있는 슈베린성은 방이 630개가 넘어요. 953개라는 이야기도 있어요.

역사와 사실

투탕카멘의 무덤

100여 년 전 한 탐험대가 이집트 왕들의 골짜기에서 이 고대 파라오 투탕카멘의 무덤을 발견했어요. 무덤 안에서 무엇을 찾아냈는지 알아볼까요?

❶ 무덤을 발견하다!

수수께끼가 있었죠. 영국 고고학자 하워드 카터가 어느 파라오의 이름이 찍힌 유물을 발견했는데, 그 무덤은 찾지 못한 듯했거든요. 그러다가 이집트인 탐사대원이 모래에 묻힌 계단을 발견했고, 따라가 봤더니 봉인된 문이 발견되었어요. 입구에는 투탕카멘이라고 적혀 있었지요. 1922년 11월 26일, 카터는 문에 구멍을 내고 안을 들여다보았어요. 그 뒤로 카터는 10년 동안 내부를 조사하고 유물 목록을 작성했어요.

❷ 황금 유물들

대개 파라오의 무덤에는 생전에 쓰던 물건부터 사후 세계에 필요한 물건까지, 다양한 보물로 채워진 방들이 있어요. 투탕카멘의 무덤도 방 네 개에 물품이 5000점이 넘게 들어 있었지요. 멋진 전차, 보석이 박힌 왕관, 황금 신발도 있었어요. 황금 침대 세 개도 있었는데, 각각 암사자, 암소, 하마-사자-악어가 합쳐진 동물 모양이고, 아마 왕의 미라를 만들 때 쓰였을 거예요.

❸ 포장 음식

고대 이집트인은 죽은 뒤에도 생전과 비슷하다고 믿었어요. 그래서 무덤에 속옷, 보드게임, 음식도 넣었어요. 거위, 오리 같은 가금류 고기와 쇠고기가 채워진 나무 상자는 도시락과 다름없지요. 빵, 포도, 마늘, 양념이 든 바구니와 꿀단지도 있어서 투탕카멘은 배고프지 않았을 거예요. 꿀은 물론 지금은 바짝 말라 버렸지요.

❹ 투탕카멘의 정체

투탕카멘은 아홉 살 때 이집트의 왕인 파라오가 되었고 약 10년 뒤인 기원전 1323년경에 사망했어요. 사망 원인이 전차 충돌 사고인지, 뼈 질환인지, 모기가 옮긴 질병인지 아직도 학자들의 의견이 갈려요. 유물들은 박물관으로 옮겨졌지만, 왕은 원래 잠들어 있던 석관 근처 유리관에 안치되어 있지요.

❺ 창자는 어디에?

죽은 파라오를 미라로 만들기 위해 사제들은 간, 허파, 위장, 창자를 떼어 냈어요. 그 기관들은 칸막이로 칸칸이 나뉜 금박 통 안에 각각 넣었지요. 몸은 리넨으로 감싸고 보석으로 장식해 황금 마스크를 씌웠어요. 곁에는 미라 제작과 죽은 이의 신인 아누비스의 조각상이 투탕카멘의 미라를 지키는 듯해요.

❻ 겹겹이 싸인 관

파라오의 미라는 먼저 금관에 안치되었어요. 그 금관은 보다 큰 관에 넣고 좀 더 큰 관에 차례로 넣어 **두 개의 관에 들어갔어요.** 이 관은 다시 **석관**에 넣었어요. 그리고 석관은 겹겹이 싸인 **네 개의 사당**에 넣었지요. 사당은 무덤 안의 방, 묘실 안에 들어 있었지요.

❼ 빨리빨리

투탕카멘이 19세에 갑자기 사망했기에, 사람들은 무덤을 빠르게 완성해야 했던 것 같아요. **방 중에 하나만 벽화가 그려져 있고,** 그 벽이 곰팡이로 덮여 있는 것도 작업을 서둘렀기 때문일지 몰라요. 물감이 덜 마른 상태에서 무덤이 봉인되었기 때문에 곰팡이가 생긴 것으로 보여요.

❽ 숨겨진 보물

투탕카멘의 무덤은 고고학자들이 발견한 파라오의 무덤 중에서 가장 온전한 형태로 남아 있었어요. 수천 년 동안 **아무도 이 무덤이 있는지조차 몰랐으니까요.** 왜 몰랐을까요? 이 무덤 위에 다른 무덤이 생기는 바람에 숨겨졌던 거예요.

❾ 파라오의 저주

투탕카멘의 무덤을 열어 발굴한 지 몇 달 만에 카터의 후원자였던 **카나번 경**이 갑자기 사망했어요. 유물을 선물로 받은 친구는 집을 잃었고요. 하지만 카터는 17년을 더 살았어요. 무덤을 열어서 미라의 저주를 받은 것일까요? 어떻게 생각하나요?

두뇌를 자극하는 질문들

안녕, 똑똑이들!

이렇게 기발하고도 중요한 질문들을 봤니?

우리가 답을 알아냈어!

역사상 가장 부자는 누구였을까?

만사 무사예요. 오늘날 소셜 미디어 플랫폼을 만든 사람도 대기업을 운영하는 사람도 아니고 700여 년 전 사람이에요. 만사 무사는 1312년부터 1337년까지 서아프리카에서 말리 제국을 통치했는데, 재산이 현재 기준으로 약 560조 원에 달했어요(미국 돈으로 4000억 달러, 2021년 대한민국 국가 예산과 비슷해요). 만사 무사의 영토에는 금과 소금이 풍부했어요. 당시 소금은 식량을 보존하는 데 쓰여 아주 귀했어요. 말리 제국은 금과 소금을 먼 나라까지 폭넓게 교역했어요. 만사 무사가 오늘날의 사우디아라비아로 여행할 때는 낙타 80마리도 끌고 갔는데 각각 금을 136킬로그램씩 실었다고 해요. 고향에 돌아와서는 학교와 도서관을 짓고 도시 환경을 개선하는 등의 좋은 일에 돈을 많이 썼지요.

해변에는 왜 모래가 있을까?

모래는 산으로부터 오랜 세월에 걸쳐 형성돼요. 수백만 년에 걸쳐서 지구의 지각이 바람과 비에 조금씩 깎여요. 이 조각은 시냇물과 강물에 쓸려 내려오면서 여기저기 부딪쳐서 점점 작아지지요. 이윽고 바다에 다다르면 파도에 부딪쳐서 점점 더 작아지고 해변으로 밀려 올라와요. 그러나 하와이 해변 같은 곳에는 비늘돔 똥으로 된 모래도 많아요! 비늘돔은 죽은 산호에 붙어 자라난 조류를 뜯어 먹는데, 그러다 산호까지 먹곤 해요. 먹은 산호는 뱃속에서 잘게 부서져서 모래로 배설되지요. 비늘돔 한 마리가 1년에 배설하는 부드러운 흰 모래는 많으면 363킬로그램에 달해요.

세계의 8가지 묻혔던 보물

1 오래된 장신구

기원전 60년경에 난파된 배에서 나온 이 유물들은 100여 년 전 그리스 안티키테라섬 연안에서 잠수부들이 발견했어요. 이 사진은 그리스 신 헤르메스의 대리석 흉상(위)에 붙어 있는 청동 창이에요.

2 물에 잠긴 보물

보석이 박힌 황금 띠는 1622년 현재의 미국 플로리다주 연안에서 침몰한 '누에스트라 세뇨라 데 아토차'호라는 이름의 에스파냐 선박에서 나왔어요.

4 놀라운 금속 장신구

스코틀랜드 남서부의 밭에서 이 1000년쯤 된 황금 핀을 비롯해서 100점이 넘는 바이킹 보물이 나왔어요. 한 은퇴한 사업가가 금속 탐지기를 써서 발견했다고 하지요.

3 보물 무덤

주 왕조(기원전 1046년~기원전 256년) 때 만들어진 무덤이 중국 허난성의 한 병원 아래에서 발견되었어요. 이 청동 잔도 그 놀라운 부장품 중 하나예요.

5 놀라운 은닉물

영국 런던 근교의 백화점을 보수하던 중에 약 2000년 전의 장신구들이 발견되었어요. 고고학자들은 서기 61년에 영국 부족이 자신들을 통치하던 로마군에 반기를 들었을 때 어느 로마인 여성이 자기 보물을 지키려고 이곳에 숨겼던 것이라고 믿어요.

이 금팔찌도 함께 발견되었지요.

6 잠수해서 금화 찾기

아마추어 스쿠버다이버들이 현재의 이스라엘 카이사레아 연안에서 금화 2000여 개를 발견했어요. 잠수 동호회의 회원들은 약 1000년 된 이 금화들을 보고 처음에 장난감이라고 생각했어요!

7 놀라운 돌무더기

이스라엘 텔아비브 북쪽의 이 고대 유적에서 바닥 타일 밑에 숨겨졌던 금화 108개가 발견되었어요. 연구자들은 13세기 중반에 누군가가 침입자들로부터 안전하게 지키기 위해 숨긴 것이라고 봐요.

8 바닷속 유물

이 검은 화강암 스핑크스(사진 오른쪽)는 이집트 알렉산드리아 항구에서 발굴된 보물 중 하나예요. 클레오파트라의 아버지인 프톨레마이오스 12세를 묘사했다고 여겨져요.

역사의 수수께끼 고대 마야

공룡과 같은 길을 걸은 문명

배경

고대 마야 문명은 약 3500년 전 중앙아메리카 우림에서 번영을 누렸어요. 시대를 수백 년 앞선 문명이었어요. 드넓은 도시, 장엄한 석조 사원, 발달한 문자 언어, 천문학과 수학도 발달했었지요. 전성기에 마야 문명은 도시가 수십 곳에 달했고, 현재의 과테말라, 벨리즈, 엘살바도르, 온두라스, 멕시코 지역까지 진출했어요.

그러다가 약 2400년 전, 마야인은 거의 다 사라졌어요. 정글에 거대한 석조 피라미드를 남긴 채로요. 그런 복잡한 사회가 어떻게 쇠퇴해서 사라질 수 있었을까요? 어떤 일이 벌어졌던 것일까요? 지금도 확실히 아는 사람은 아무도 없어요.

상세한 배경

고고학자는 옛사람이 남긴 유적을 파고, 깎고, 쓸고, 살펴봐요. 돌무더기부터 도시와 왕궁 전체의 폐허에 이르기까지 살피지요. 마야 문명은 정교한 문자 언어, 탁월한 예술, 놀라운 건축술, 복잡한 수학 및 천문학 체계를 지녔다고 알려져 있어요. 번영했던 시기의 유적과 유물이 잘 보여 주지요. 또 물을 대는 관개, 퇴비 만들기, 계단식 밭 같은 발전된 농업 기술도 지녔어요. 역사학자들은 이처럼 풍부한 지식과 자원을 자랑했던 문명의 역사를 조금씩 밝혀내 왔어요. 마야의 도시와 사원이 세월의 시련을 견뎌 냈는데, 왜 마야인은 살아남지 못했을까요?

세 가지 단서

지난 수십 년 동안 고고학자들은 마야의 작은 마을들이 어떻게 파괴되었는지 알려 줄 숨은 폐허들을 발견해 왔어요. 최근에는 첨단 기술을 써서 마야인이 살았던 시기의 세계를 연구하고 있어요. 그리하여 그들에게 어떤 일이 벌어졌는지를 알아낼 수도 있어요. 다음의 세 가지 단서는 당시에 무엇이 잘못되었는지를 알려 줄 수도 있어요.

삼림 파괴가 마야의 몰락을 부추겼을 수도 있어요.

과테말라의 재규어 대사원

멕시코 유카탄주의
마야 유적 발굴지

마야 석조 조각

마야 문자 조각

재에 묻혔다 1978년 고고학자들은 엘살바도르에서 호야 데 세렌이라는 마을을 발굴했어요. 건설 인부들이 우연히 발견한 곳이었지요. 잔뜩 쌓인 화산재를 5미터나 파내자 잘 보존된 마야 주택의 이엉지붕이 나타났어요.

메말랐다 2009년 멕시코 유카탄반도에서 환경 조건을 연구하는 과학자들은 그 지역의 강수량이 대폭 줄어들었을 때 마야 인구도 줄기 시작했다는 것을 발견했어요.

수확량이 줄었다 미국 항공 우주국은 마야 시대에 심각한 삼림 파괴가 일어났음을 보여 주는 자료를 찾아냈고, 컴퓨터 시뮬레이션도 그렇다는 것을 보여 주었어요. 즉 마야인들이 엄청난 양의 나무를 베었다는 뜻이죠. 그 결과 지역 기후가 영향을 받고, 토양이 침식되고, 흙에서 양분이 빠져나갔을 수 있어요.

가설 세우기

마야 문명에 어떤 일이 일어났을까 하는 의문은 연구자들과 대중의 관심을 사로잡았어요. 19세기부터 탐험가들은 중앙아메리카의 정글에서 사라진 도시를 찾기 시작했어요.

호야 데 세렌에서 발견된 화산재 같은 증거들은 거대한 지진, 허리케인, 화산 분화 같은 갑작스러운 자연재해가 일어나 마야의 몰락을 불러왔음을 가리켜요.

일부 연구자들은 수수께끼의 질병이 퍼져 약 200년 사이에 인구가 급격히 감소하면서 마야 문명이 몰락했다고 여겨요. 현대 의학이 없었고, 인구 밀도가 높은 도시여서 질병이 쉽게 퍼졌을 거예요. 그러나 현재 많은 전문가들은 답이 그렇게 단순하지 않다고 봐요. 인구 과밀, 환경 파괴, 기근, 가뭄 등 여러 요인들이 조합되면서 긴 시간에 걸쳐 마야 사람들이 서서히 도시를 버리고 떠난 것이라고 생각해요. 물과 식량 같은 자원이 부족해지는 바람에 사회 체제가 무너지고, 도시가 혼란에 빠지고, 주변 문명과 전쟁이 벌어졌을 수도 있어요.

현재 과테말라에 사는 수백만 명은 고대 마야인의 직계 후손이에요. 지금도 고대 마야어를 모어로 쓰는 이들이 많아요. 이 흥미로운 문명에 어떤 일이 벌어졌는지도 전해졌다면 좋았을 텐데요.

세계의 8가지 고대의 수수께끼

언젠가 해답이 풀리기를 기다리는 역사적 수수께끼들이 있어요.

1 거대한 머리

메소아메리카의 올멕족은 기원전 약 300년에 사라졌는데, 아무도 이유를 몰라요. 올멕족은 거대한 것을 남겼어요. **돌을 깎아 만든 거대한 머리 조각상**을 12개 이상 남겨 놓았지요. 이 석상은 높이가 3.4미터에 무게는 18톤에 달해요. 전문가들은 올멕 통치자의 얼굴을 나타낸다고 생각해요.

2 원형으로 나란히 세운 돌

지난 수 세기 동안 과학자들은 영국 남부에 있는 5000년 된 기념물인 **스톤헨지**를 조사해 왔어요. 전설에 따르면 마법사인 멀린이 아일랜드에서 거대한 돌을 가져와서 만든 것이라고 해요. 스톤헨지가 신성한 장소이거나 천문 관측소라는 가설이 있지요.

3 사라진 정착민들

1587년 미국 노스캐롤라이나주의 **로어노크섬**에 정착한 이주민은 100명이 넘었는데, 3년 뒤에 흔적도 없이 사라졌어요. 남은 것이라고는 요새의 문기둥에 새긴 '크로아토안(Croatoan)'이라는 단어와 나무에 새긴 '크로(Cro)'라는 글자뿐이지요. 다들 어디로 사라졌는지는 불분명해요.

4 사라진 도시

19세기 말 튀르키예에서 고대 **도시 트로이**가 발굴되었어요. 고대 그리스 작가 호메로스의 서사시 「일리아드」에 나오는 상상의 도시라고 여겨졌던 트로이가 실제로 존재했던 것이지요. 고고학자들은 3000년 전의 전설대로 트로이 전쟁 때 정복되었던 것이 사실인지 조사하고 있어요.

이 거대한 스핑크스는 예전에는 화려한 색깔로 칠한 모습이었을 거예요.

6 수수께끼의 기념물

거대한 기념물인 **기자의 스핑크스**를 누가 만들었는지는 확실히 알지 못해요. 4600년 전 고대 이집트를 통치한 파라오 카프라가 만들었다고 주장하는 이들도 있고, 기자의 대피라미드 건축을 감독한 카프라의 아버지가 만들었다고 주장하는 이들도 있어요.

5 수수께끼의 문서

보이니치 문서는 1912년 서적 거래상 윌프리드 M. 보이니치가 이탈리아에서 구입한 뒤로 대중의 관심을 모았어요. 많은 사람들이 연구했지만, 누구도 해석할 수 없었거든요. 1400년대에 손으로 써서 적은 이 문서에는 식물 그림들이 있어요. 그런데 어떤 식물인지는 아무도 몰라요. 어떤 언어로 쓰여 있는지도 아직 모르고요.

7 수수께끼의 언어

오래전 이스터섬의 주민들은 한때 **롱고롱고**라는 상형 문자를 썼어요. 이 롱고롱고 문자는 아직 해독되지 않았어요. 유럽인들이 이 섬을 정복했을 때, 롱고롱고로 쓴 문헌을 대부분 파괴한 탓도 있어요.

신비한 땅 8

2000여 년 전 그리스 철학자 플라톤은 **아틀란티스**에 대해 썼어요. 대서양에 있다는 전설의 섬으로서 금, 은, 별난 동물들이 가득한 곳이라고 했지요. 그 글에 따르면 아틀란티스는 화재와 지진으로 파괴된 뒤 결국 바다 밑으로 가라앉았어요. 신들이 벌을 내린 거라고 하지요.

해적 여왕

칭시

사나운 지도자이자 노련한 협상가

활동 시기: 1775년경부터 1844년까지

활동 지역: 남중국해

인물: 역사상 가장 많은 배들과 해적들을 지휘하면서 대규모 붉은 깃발 함대를 무적으로 만든 탁월한 지도력을 지닌 칭시.

다른 이름: 정일수, 마담 칭

물려받은 자리

칭시와 칭시의 남편은 남중국해를 돌아다니던 강력한 붉은 깃발 함대를 지휘했어요. 칭시의 다른 이름인 정일수는 '정일과 결혼한 여자'라는 뜻이에요. 혼인한 지 6년째에 갑자기 남편이 사망했어요. 그러자 칭시는 남편의 뒤를 이어 해적 함대를 지휘했어요. 해적 부하들에게 이렇게 말했다고 해요. "우리는 여성의 지휘 아래 너희 스스로 능력을 입증하는 것을 보게 될 것이다."

꿈의 팀

이 새로운 지도자는 경쟁 관계에 있는 해적들까지 설득해서 자기 밑으로 끌어들였어요. 그 결과 1800척에 달하는 배와 8만 명이 넘는 해적으로 이루어진 대규모 함대를 구축했어요. 그녀는 남편의 양아들인 정보자를 함대 사령관으로 임명하고, 자신은 사업과 군사 전략을 짜는 일에 집중했어요. 머지않아 그녀의 해적단은 바다에서 약탈할 뿐 아니라, 육지에서도 협박과 강탈을 벌이기 시작했어요. 또 몇몇 어촌들도 다스렸지요. 돈이 점점 모이자 칭시는 해적을 위한

은행도 설립했어요. 해적들이 저축해서 가족을 먹여 살리도록 하기 위해서 만든 거예요.

법과 질서

칭시는 해적이 지켜야 할 법을 만들고, 지키지 않으면 심하게 처벌했어요. 예를 들어, 상관의 말에 복종하지 않으면 귀가 잘릴 수 있었어요. 심하면 목이 잘렸지요. 해적들은 종종 여성을 잡아서 노예로 삼곤 했어요. 칭시는 이런 행위를 금지했어요. 남성 해적은 아내만을 배에 태울 수 있었고, 여성에게 나쁜 행동을 하는 해적은 처벌했어요.

바다의 지배자

1807년경에 붉은 깃발 함대는 당시 중국 해군보다 더 체계를 갖추었어요. 중국 정부는 영국과 포르투갈의 도움을 받아서 해적을 없애려고 했지만, 오히려 졌어요. 전략에서도 인원에서도 밀렸기에, 결국 정부는 칭시의 죄를 용서해 줄 수밖에 없었어요. 대신에 칭시에게 해적질을 그만두라고 요구했죠. 칭시는 자기 선원들의 죄도 모두 없애 주면 그만하겠다고 했어요.

칭시는 원하는 것을 얻었어요. 새 남편이 지휘하는 소규모 선단을 유지하는 동시에, 선원들에게 해군 일자리를 마련해 주고, 해안에 정착할 돈도 받았지요. 약탈물도 소유하고요.

재빠른 판단과 실행력

칭시는 역사상 가장 성공한 해적이라고 불리곤 해요. 그렇다면 얼마나 큰 규모였을까요? 배 1800척에 부하 8만 명을 이끌었으니, 당시에 잘 알려진 검은 수염 해적단보다 수백 배 더 컸어요. 그렇게 거대한 함대를 관리하기란 쉽지 않았을 거예요. 칭시가 경영 능력이 뛰어난 덕분에 그렇게 잘 꾸렸다고 해요. 칭시는 흉악한 부하들의 일정을 매일 감독했을 뿐 아니라, 군사 전략도 고안하고, 함대 재정도 관리하고, 사업 거래도 했어요. 칭시의 가장 놀라운 협력자 중 하나는 누구였을까요? 바로 지역 농민들이었어요. 칭시의 부하들이 먹을 식량을 농민들이 제공하기로 계약했지요. 무려 8만 명을 먹여야 했으니, 결코 사소한 거래가 아니었지요.

지도자의 유산

칭시가 육지 생활을 시작했다고 해서 조용히 살았다는 뜻은 아니었어요. 해적질을 그만둔 대신에 칭시는 그동안 모은 재산을 토대로 새로운 사업들을 벌였고, 꽤 성공을 거두었어요. 그녀는 천수를 누리고 약 69세 때 평온하게 세상을 떠났지요. 이 영리한 지도자는 기존의 상식을 깨부수었고, 뛰어난 지략과 재주로 역사상 가장 강력한 해적 함대를 꾸렸어요.

역사의 수수께끼

이스터섬 혹은 라파누이

이 석상은 누가 왜 조각했을까?

배경

이스터섬은 칠레 해안에서 멀리 떨어져 있어요. 사람이 사는 섬 중에서 가장 외딴곳에 있지요. 원주민 언어로 '큰 섬'을 뜻하는 라파누이로도 불려요. 이 섬은 고대의 석상들이 수백 년 동안 지켜 온 섬이에요. 각 석상은 돌 하나를 깎아서 만들었어요. 기원후 300~400년경에 폴리네시아에서 건너왔을 주민들은 1000점이 넘는 거대한 석상을 깎아 놓았어요. 석상들은 섬 안쪽을 바라보면서 섬을 빙 둘러싸도록 세워져 있어요. 이곳 말로 모아이라고 하는 석상들은 아후라는 신성한 단 위에 서 있어요.

상세한 배경

이 석상들은 약 300년 전에 유럽인 탐험가들이 발견하며 알려졌어요. 섬의 주민들은 석상에 조상의 영혼이 들어 있다고 말해요. 시간이 흐르면서 쌓인 퇴적물에 묻힌 것도 있지만, 지금도 약 900점의 석상이 섬을 지키고 서 있어요(물론 이 밖에 침식과 기후에 부서진 것들도 있지요). 하지만 석상이 어떻게 만들어졌고, 어떤 상징적인 의미를 지니고, 현대적인 장비 없이 옛날에 이 거대한 석상들을 어떻게 옮겨와 세웠는지는 전혀 알려진 바가 없어요.

세 가지 단서

모아이 한 개의 무게가 약 1만 1800킬로그램에 달해요. 옛사람들이 금속 도구도 심지어 바퀴도(그 섬에서는 아직 발명되기 전이어서) 없던 곳에서 어떻게 모아이를 만들고 옮겼는지는 여전히 수수께끼예요. 이러한 단서들은 답보다 궁금증을 더 불러일으키는 듯해요.

거대한 석상 많은 석상은 가벼운 다공성 화산암을 오로지 도구를 쥔 손으로 깎아서 만들었어요. 하지만 평균 높이가 4미터나 되니까 아주 무겁지요!

두 발로 직접 이동했다 전설은 석상들이 걸어서 자기 자리로 갔다고 해요.

문자 메시지 연구자들은 모아이와 함께 롱고롱고라는 수수께끼의 문자가 새겨진 나무판과 석판도 발견했어요.

여러 가지 이론

이 섬을 연구하는 고고학자들은 대부분 석상을 먼저 깎은 다음, 땅에 굵은 통나무들을 깔고 위에 올려놓고 굴려서 옮겼다고 믿어요. 다른 이론을 내놓은 고고학자들도 있어요. 석상이 걷는 것처럼 옮겼다는 이론이지요. 학자들은 실제로 석상을 세우고 밧줄로 감아서 양쪽으로 번갈아 잡아당기면서 뒤뚱뒤뚱 걷게 하는 데 성공했어요. 어렵고 느렸지만, 가능한 방법이기는 했지요. 그러면 석상이 스스로 걸어서 갔다는 전설도 설명할 수 있을지 몰라요. 그래도 사람들이 왜 힘들여 석상을 만들고 옮겼는지, 석상에 무슨 의미가 있는지는 알 수 없지요.

전쟁터 속으로

아주 오랜 옛날부터 서로 다른 나라와 지역, 문화권에서 사람들은 땅과 권력, 정치적인 견해 때문에 싸움을 벌였어요. 다음은 역사상 손꼽히는 큰 전쟁이에요.

1095~1291년 십자군 전쟁

중동에서 11세기에 시작해 거의 200년 동안 지속된 종교 전쟁이에요.

1337~1453년 백 년 전쟁

프랑스와 영국은 100년 이상 땅을 차지하기 위해 여러 차례 싸웠고, 결국 1453년에 프랑스가 영국을 몰아내어 끝났어요.

1754~1763년 프렌치 인디언 전쟁 (유럽 7년 전쟁의 일부)

영국과 프랑스가 북아메리카를 두고 9년간 싸웠어요.

1775~1783년 미국 독립 혁명

아메리카의 영국 식민지 13곳이 힘을 합쳐 영국 정부의 통치를 거부하고 아메리카 합중국(미국)을 세우고자 뭉쳤어요.

1861~1865년 미국 남북 전쟁

미국 북부의 주들과 남부의 주들 간에 다툼이 생기면서 전쟁으로 번졌어요. 남부의 주들은 독립해서 남부 연합을 이루고자 했죠. 남북 전쟁의 핵심적인 사안 가운데 하나는 노예 제도였어요.

1910~1920년 멕시코 혁명

멕시코 사람들이 독재자였던 대통령 포르피리오 디아스를 끌어내리고 민주주의 혁명을 이끌었어요.

1914~1918년 제1차 세계 대전

오스트리아 대공 페르디난트가 세르비아의 애국주의자에 의해 암살당하면서 넓은 지역에 걸친 전쟁이 촉발되었어요. 독일이 영국 여객선 루시타니아호를 침몰시켜 120명 넘는 미국인이 사망한 뒤로는 중립국이었던 미국도 전쟁에 뛰어들었어요.

1918~1920년 러시아 내전

1917년 러시아 혁명에 이어 발발한 내전은 공산당인 적군과 외국 세력을 등에 업은 왕당파인 백군 사이의 갈등이었어요. 적군이 이기면서 1922년에 소비에트 연방(USSR, 소련)이 탄생했어요.

1936~1939년 에스파냐 내전

이탈리아와 독일의 도움을 받은 에스파냐 국가주의자들은 공산당의 지지를 받는 공화주의자들을 누르고 승리를 거뒀어요. 이 전쟁의 결과로 30만 명이 목숨을 잃었고 유럽에서 긴장감이 높아져 제2차 세계 대전으로 이어졌어요.

1939~1945년 제2차 세계 대전

유럽, 아시아, 북아프리카에서 벌어진 대규모 전쟁으로 여러 나라들이 연합국과 추축국이라는 양편으로 나뉘었지요. 1941년 미국 하와이 진주만에 폭탄이 떨어진 후로

미국은 연합국의 편에서 전쟁에 참가했어요. 전쟁이 벌어지는 동안 5000만 명 이상이 목숨을 잃었어요.

1946~1949년 중국 내전
'국공내전'이라고도 불리며 중국 공산당과 국민당이 맞서 싸운 전쟁이에요. 공산당이 승리를 거두었어요.

1950~1953년 한국 전쟁(6·25 전쟁)
소련을 뒤에 업은 북한의 공산주의 세력이 민주주의인 남한을 공격하면서 시작됐어요. 유엔의 16개국이 연합하여 남한을 돕고자 나섰죠. 1953년에 전쟁을 멈추는 휴전 협정이 체결되었어요.

1950년대~1975년 베트남 전쟁
중국의 지원을 받은 공산주의의 북베트남과 미국의 지원을 받은 남베트남 정부를 비롯한 다른 반공산주의 국가들 사이에 벌어진 전쟁이에요.

1967년 6일 전쟁
이스라엘과 이집트, 요르단, 시리아 사이에 생긴 영토 분쟁이에요. 그 결과 이스라엘은 그동안 탐냈던 가자 지구와 요르단강 서안 지구를 손에 넣었어요.

1991년~현재 소말리아 내전
이 전쟁은 20세기에 소말리아를 통치했던 독재자 모하메드 시아드 바레를 타도하기 위해 시작되었어요. 오랫동안 전쟁과 무정부 상태가 이어지고 있어요.

2001~2014년 아프가니스탄 전쟁
알카에다 테러 집단이 미국을 공격한 9·11 테러 사건 이후, 오사마 빈 라덴과 다른 알카에다 구성원을 찾고 탈레반을 해체하기 위해 40개국 이상이 연합해 아프가니스탄을 침공했어요. 2011년 미국의 비밀 작전을 통해 오사마 빈 라덴이 사살되었어요. 2003년부터 북대서양 조약 기구(NATO, 나토)에서 연합국의 전투를 통제하는 역할을 맡았어요. 이 임무는 2014년에 공식적으로 끝났어요.

2003~2011년 이라크 전쟁
미국이 이끌고 영국, 오스트레일리아, 에스파냐가 연합해 이라크를 공격하면서 벌어졌어요. 이라크가 대규모 살상 무기를 갖고 있다는 의구심 때문에 시작됐어요.

2022년~현재 러시아-우크라이나 전쟁
러시아 대통령 블라디미르 푸틴은 우크라이나를 장악하려고 군대를 보내 침공했어요. 러시아군은 우크라이나 수도인 키이우를 비롯해서 주요 도시를 공격하고 있어요.

전시에 만들어진 발명품 이야기

전쟁이 벌어지면 삶은 더 고단해서 사람들은 생활이 편리해질 방법을 찾아요. 따라서 전쟁 중인 전시에 창의적인 발명이 이루어지는 것은 놀라운 일이 아니에요. 다음 발명품들은 제2차 세계 대전 때 나왔어요.

전자레인지: 집에서 영화를 보면서 팝콘을 튀겨 먹겠다고요? 퍼시 스펜서에게 감사하기로 해요. 공학자인 스펜서는 전쟁 중에 그리고 전쟁이 끝난 후에 레이더 장비를 다루면서 전자기파가 조리 성질을 지닐 수 있다는 것을 우연히 발견했어요. 실험할 때 마이크로파를 포함한 전자기파를 생성하는 장비에 다가갔다가 주머니에 든 초콜릿이 녹는 것을 알아차렸거든요. 스펜서는 동료들과 함께 마이크로파를 이용해서 최초의 전자레인지를 만들었어요. 지금은 전 세계의 수많은 가정에서 전자레인지를 쓰고 있지요.

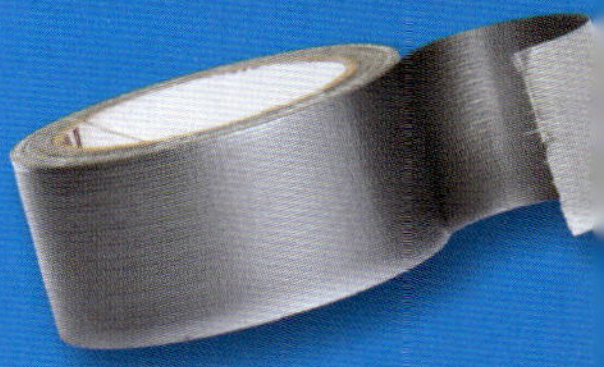

배관 테이프: 베스타 스타우트는 제2차 세계 대전 때 군수품 공장에서 일했어요. 스타우트는 총알이 담긴 상자를 밀봉해서 마른 상태로 전선까지 운반할 수 있는 테이프를 발명했어요. 방수가 되고 천을 덧댄 이 테이프는 곧 군대에서 물이 새는 장화부터 금이 간 자동차 범퍼에 이르기까지 모든 것을 수리하는 데 쓰였어요. 전쟁이 끝나고 사람들이 그 테이프를 환기용 배관을 감싸는 데 쓰기 시작하면서, 배관 테이프(덕트 테이프)라는 이름이 붙었어요.

순간 접착제: 1942년 해리 쿠버는 총의 조준경에 쓰이는 투명 플라스틱을 만들다가 뜻하지 않게 매우 끈적거리는 물질을 발명했어요. 이 오래가는 화합물은 결국 순간 접착제가 되었어요. 베트남 전쟁 때부터는 싸우다가 다친 군인의 상처를 붙이는 데에도 쓰였어요.

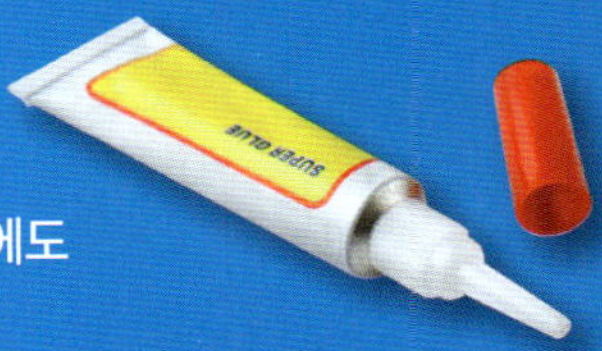

세계의 지도자들

전 세계 195개 독립국에는 각각 지도자가 한 명 또는 그 이상 있어요. 대통령이든 국왕이나 총리든 이 지도자에게는 그 나라의 정치적, 경제적, 사회적 성장을 이끌 책임이 있지요.
몇몇 나라들은 한 명 이상의 지도자가 정부를 이끌어요. 보통 국무총리(또는 총리)가 함께 하는데, 그 나라의 정부 형태에 따라 차이가 있어요.
이제 전 세계 각 나라의 지도자들과 그 명칭을 살펴볼 거예요. 북키프로스나 타이완처럼 논쟁이 있는 지역이나, 버뮤다 제도, 그린란드, 푸에르토리코처럼 다른 나라에 속해 있는 곳은 포함시키지 않았어요. 각 지도자들의 취임일은 맨 처음 임기를 기준으로 썼어요.

맨아래의 대륙별 색상 안내를 보면 각 나라가 어떤 대륙에 위치하는지 쉽게 알 수 있어요.

*2025년 9월 30일 기준.

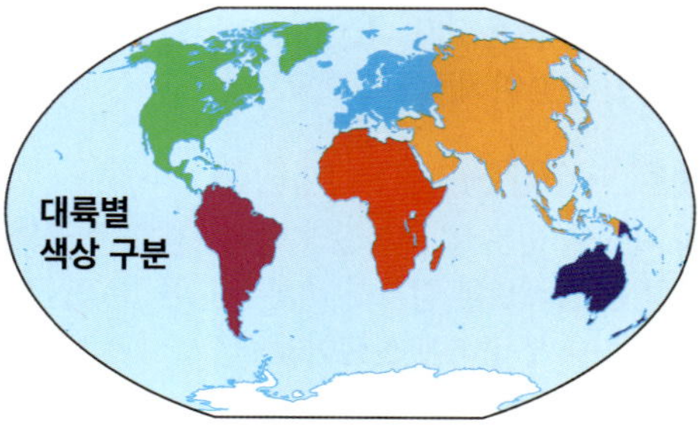

가나

대통령: 존 드라마니 마하마
취임일: 2025년 1월 7일

가봉

대통령: 브리스 올리귀 은게마
취임일: 2025년 5월 3일

가이아나

대통령: 모하메드 이르판 알리
취임일: 2020년 8월 2일

감비아

대통령: 아다마 바로우
취임일: 2017년 1월 19일

과테말라

대통령: 베르나르도 아레발로 데 레온
취임일: 2024년 1월 15일

그레나다

총독: 세실 라 그레나드
취임일: 2013년 5월 7일

총리: 디컨 미첼
취임일: 2022년 6월 24일

그리스

대통령: 콘스탄티노스 타술라스
취임일: 2025년 3월 13일

총리: 키리아코스 미초타키스
취임일: 2023년 6월 26일

콘스탄티노스 타술라스는 한때 그리스 아테네와 영국 런던에서 **변호사**로 일했어요.

기니

대통령: 마마디 둠부야
취임일: 2021년 10월 1일

총리: 아마두 우리 바
취임일: 2024년 2월 27일

기니비사우

대통령: 브라이마 카마라
취임일: 2025년 8월 7일

총리: 후이 두아르트 바후스
취임일: 2023년 12월 21일

나미비아

대통령: 네툼보 난디-은다이트와
취임일: 2025년 3월 21일

네툼보 난디-은다이트와는 나미비아의 **첫 번째 여성 대통령**이에요. 별명은 '엔엔엔(NNN)'이에요.

대륙별 색상 ● 아시아 ● 유럽 ● 아프리카

나우루

대통령: 데이비드 아데앙
취임일: 2023년 10월 30일

나이지리아

대통령: 볼라 티누부
취임일: 2023년 5월 29일

남수단

대통령: 살바 키르 마야르디트
취임일: 2011년 7월 9일

남아프리카 공화국

대통령: 시릴 라마포사
취임일: 2018년 2월 15일

네덜란드

국왕: 빌럼 알렉산더르
즉위일: 2013년 4월 30일

총리: 딕 스호프
취임일: 2024년 7월 2일

빌럼 알렉산더르는 18세 때 가명으로 아이스 스케이트 대회에 참가했어요.

네팔

대통령: 람 찬드라 파우델
취임일: 2023년 3월 13일

임시 총리: 수실라 카르키
취임일: 2025년 9월 12일

노르웨이

국왕: 하랄 5세
즉위일: 1991년 1월 17일

총리: 요나스 가르 스퇴레
취임일: 2021년 10월 14일

뉴질랜드

총독: 신디 키로
취임일: 2021년 10월 21일

총리: 크리스토퍼 럭슨
취임일: 2023년 11월 27일

니제르

대통령: 압두라하마네 치아니
취임일: 2025년 3월 26일

총리: 알리 마하만 라민 제인
취임일: 2023년 8월 10일

남아프리카 공화국의 크루거 국립 공원에 있는 어느 물웅덩이에서 혹멧돼지가 물을 마시려고 해요.

니카라과

대통령: 다니엘 오르테가
취임일: 2007년 1월 10일

대한민국

대통령: 이재명
취임일: 2025년 6월 4일

국무총리: 김민석
취임일: 2025년 7월 7일

덴마크

국왕: 프레데릭 10세
즉위일: 2024년 1월 14일

총리: 메테 프레데릭센
취임일: 2019년 6월 27일

도미니카 공화국

대통령: 루이스 아비나데르
취임일: 2020년 8월 16일

도미니카 연방

대통령: 실바니 버튼
취임일: 2023년 10월 2일

총리: 루스벨트 스케릿
취임일: 2004년 1월 8일

독일

대통령: 프랑크발터 슈타인마이어
취임일: 2017년 3월 19일

총리: 프리드리히 메르츠
취임일: 2025년 5월 6일

동티모르

대통령: 주제 하무스오르타
취임일: 2022년 5월 20일

총리: 샤나나 구스망
취임일: 2023년 7월 1일

라오스

대통령: 통룬 시술리트
취임일: 2021년 3월 22일

총리: 손싸이 시판돈
취임일: 2022년 12월 30일

통룬 시술리트는 라오스어, 베트남어, 러시아어, 영어를 할 수 있어요.

라이베리아

대통령: 조지프 보아카이
취임일: 2024년 1월 22일

라트비아

대통령: 에드가르스 린케비치
취임일: 2023년 7월 8일

총리: 에비카 실리냐
취임일: 2023년 9월 15일

에비카 실리냐는 라트비아 정부의 두 번째 여성 총리예요.

러시아

대통령: 블라디미르 푸틴
취임일: 2012년 5월 7일

연방 총리: 미하일 미슈스틴
취임일: 2020년 1월 16일

참고: 러시아는 유럽과 아시아에 걸쳐 있지만, 수도가 유럽에 있어서 유럽 국가로 분류했어요.

레바논

대통령: 조지프 아운
취임일: 2025년 1월 9일

총리: 나와프 살람
취임일: 2025년 2월 8일

레소토

국왕: 레치에 3세
즉위일: 1996년 2월 7일

총리: 은초코아네 사무엘 마테카네
취임일: 2022년 11월 4일

루마니아

대통령: 니쿠쇼르 단
취임일: 2025년 5월 26일

총리: 일리에 볼로잔
취임일: 2025년 6월 23일

룩셈부르크

대공: 기욤 5세
즉위일: 2025년 10월 3일

총리: 뤼크 프리덴
취임일: 2023년 11월 17일

르완다

대통령: 폴 카가메
취임일: 2000년 4월 22일

총리: 저스틴 은센기윰바
취임일: 2025년 7월 25일

리비아

대통령 위원회 의장: 모하메드 알 멘피
취임일: 2021년 3월 15일

임시 총리: 압둘 하미드 드베이바
취임일: 2021년 2월 15일

대륙별 색상 ● 아시아 ● 유럽 ● 아프리카

리투아니아

대통령: 기타나스 나우세다
취임일: 2019년 7월 12일
총리 권한대행: 리만타스 사디우스
취임일: 2025년 8월 4일

리히텐슈타인

국왕(대공): 한스 아담 2세
즉위일: 1989년 11월 13일
총리: 브리기테 하스
취임일: 2025년 4월 10일

마다가스카르

대통령: 마이클 랜드리아니리나
취임일: 2025년 10월 17일
총리: 헤린찰라마 라자오나리벨로
취임일: 2025년 10월 20일

마셜 제도

대통령: 힐다 하이네
취임일: 2024년 1월 3일

말라위

대통령: 라자루스 차퀘라
취임일: 2020년 6월 28일

말레이시아

국왕: 이브라힘 이스칸다르
즉위일: 2024년 1월 31일
총리: 안와르 이브라힘
취임일: 2022년 11월 24일

말리

임시 대통령: 아시미 고이타
취임일: 2021년 5월 28일
임시 총리: 압둘라예 마이가
취임일: 2024년 11월 22일

멕시코

대통령: 클라우디아 셰인바움 파르도
취임일: 2024년 10월 1일

클라우디아 셰인바움 파르도는 멕시코의 첫 여성 대통령이에요.

모나코

국가 원수: 알베르 2세
즉위일: 2005년 4월 6일
국무장관: 크리스토프 미르망
취임일: 2025년 7월 21일

모로코

국왕: 무함마드 6세
즉위일: 1999년 7월 30일
총리: 아지즈 아카누스
취임일: 2021년 10월 7일

무함마드 6세는 세계에서 가장 부유한 왕 중 한 명이에요.

모리셔스

대통령: 다람 고쿨
취임일: 2024년 12월 7일
총리: 나빈 람굴람
취임일: 2024년 11월 12일

모리타니

대통령: 무함마드 울드 가주아니
취임일: 2019년 8월 1일
총리: 목타르 울드 제이
취임일: 2024년 8월 2일

모잠비크

대통령: 대니얼 차포
취임일: 2025년 1월 15일
총리: 마리아 벤빈다 레비
취임일: 2025년 1월 15일

몬테네그로

대통령: 야콥 밀라토비치
취임일: 2023년 5월 20일
총리: 밀로이코 스파이치
취임일: 2023년 10월 31일

몰도바

대통령: 마이아 산두
취임일: 2020년 12월 24일
총리: 도린 레체안
취임일: 2023년 2월 16일

몰디브

대통령: 모하메드 무이주
취임일: 2023년 11월 17일

몰타

대통령: 미리암 스피테리 데보노
취임일: 2024년 4월 4일
총리: 로버트 아벨라
취임일: 2020년 1월 13일

몽골

대통령: 우흐나 후렐수흐
취임일: 2021년 7월 10일
총리: 검보자브 잔당샤타르
취임일: 2025년 6월 13일

미국

대통령: 도널드 트럼프
취임일: 2025년 1월 20일

도널드 트럼프는 연임하지 않고 **두 번의 대통령 임기**를 맡은 두 번째 미국 대통령이에요.

미얀마

대통령 권한 대행: 민 아웅 흘라잉
취임일: 2024년 7월 22일

총리: 뇨 사우
취임일: 2025년 7월 31일

미크로네시아

대통령: 웨슬리 시미나
취임일: 2023년 5월 11일

웨슬리 시미나는 **법학 박사** 학위를 받았어요.

바누아투

대통령: 니케니케 부로바라부
취임일: 2022년 7월 23일

총리: 조탐 나파트
취임일: 2025년 2월 11일

바레인

국왕: 하마드 빈 이사 알할리파
즉위일: 1999년 3월 6일

총리: 살만 빈 하마드 알할리파
취임일: 2020년 11월 11일

바베이도스

대통령: 샌드라 메이슨
취임일: 2021년 11월 20일

총리: 미아 모틀리
취임일: 2018년 5월 25일

바티칸 시국

교황: 레오 14세
취임일: 2025년 5월 8일

국무원장: 피에트로 파롤린
취임일: 2013년 10월 15일

레오 14세는 **스포츠**를 좋아하고 **테니스**를 즐겨 해요.

바하마

총독: 신시아 A. 프라트
취임일: 2023년 9월 1일

총리: 필립 데이비스
취임일: 2021년 9월 17일

신시아 A. 프라트는 바하마의 **소프트볼 국가대표**였어요.

방글라데시

대통령: 모함마드 사하부딘 추푸
취임일: 2023년 4월 23일

최고 고문: 무함마드 유누스
취임일: 2024년 8월 8일

베냉

대통령: 파트리스 탈롱
취임일: 2016년 4월 6일

베네수엘라

대통령: 니콜라스 마두로
취임일: 2013년 4월 19일

베트남

공산당 서기장: 또럼
취임일: 2024년 8월 3일

국가 주석: 르엉끄엉
취임일: 2024년 10월 21일

벨기에

국왕: 필리프
즉위일: 2013년 7월 21일

총리: 바르트 더 베버르
취임일: 2025년 2월 3일

벨라루스

대통령: 알렉산드르 루카셴코
취임일: 1994년 7월 20일

총리: 알렉산드르 투르친
취임일: 2025년 3월 10일

벨리즈

총독: 프로일라 찰람
취임일: 2021년 5월 27일

총리: 존 브리세뇨
취임일: 2020년 11월 12일

보스니아 헤르체고비나

대통령 위원회: 데니스 베치로비치, 젤카 츠비야노비치, 젤코 콤시치
취임일: 2022년 11월 16일

각료이사회 의장: 보르야나 크리쉬토
취임일: 2023년 1월 25일

대륙별 색상 ● 아시아 ● 유럽 ● 아프리카

보츠와나

대통령: 두마 보코
취임일: 2024년 11월 1일

두마 보코는 미국의 **하버드대학교 로스쿨**을 나왔어요.

볼리비아

대통령: 루이스 알베르토 아르세 카타코라
취임일: 2020년 11월 8일

루이스 아르세는 사람들에게 **루초**라고 불리곤 해요.

부룬디

대통령: 에바리스트 은다이시미예
취임일: 2020년 6월 18일

부르키나파소

총리: 장 에마누엘 위드라오고
취임일: 2024년 12월 7일

총리: 아폴리네르 킬렘 드 탕벨라
취임일: 2022년 10월 21일

부탄

국왕: 지그메 케사르 남기엘 왕축
즉위일: 2006년 12월 14일

총리: 체링 톱게
취임일: 2024년 1월 28일

북마케도니아

대통령: 고르다나 실리아노브스카-다브코바
취임일: 2024년 5월 12일

총리: 흐리스티안 미츠코스키
취임일: 2024년 6월 23일

북한

최고 지도자: 김정은
취임일: 2011년 12월 17일

최고인민회의 상임위원회 위원장: 최룡해
취임일: 2019년 4월 11일

불가리아

대통령: 루멘 라데프
취임일: 2017년 1월 22일

총리: 로센 젤랴스코프
취임일: 2025년 1월 16일

브라질

대통령: 루이스 이나시우 룰라 다시우바
취임일: 2023년 1월 1일

브루나이

국왕: 하사날 볼키아
즉위일: 1967년 10월 5일

사모아

국가 원수: 발레토아 수알라우비 2세
취임일: 2017년 7월 21일

총리: 피아메 나오미 마타아파
취임일: 2021년 5월 24일

사우디아라비아

국왕: 살만 빈 압둘아지즈 알사우드
즉위일: 2015년 1월 23일

왕세자 겸 총리: 무함마드 빈 살만 빈 압둘아지즈 알사우드
즉위일: 2022년 9월 27일

산마리노

공동 국가 원수(집정관 2명): 마테오 로시, 로렌초 불리
취임일: 2025년 10월 1일

외교 장관: 루카 베카리
취임일: 2020년 1월 7일

상투메 프린시페

대통령: 카를로스 빌라노바
취임일: 2021년 10월 2일

총리: 아메리코 라모스
취임일: 2025년 1월 12일

세네갈

대통령: 바시루 디오마이 디아카르 파이
취임일: 2024년 4월 2일

총리: 우스만 송코
취임일: 2024년 4월 3일

세르비아

대통령: 알렉산다르 부치치
취임일: 2017년 5월 31일

총리: 주로 마추트
취임일: 2025년 4월 16일

세이셸

대통령: 와벨 람칼라완
취임일: 2020년 10월 26일

세인트루시아

총독 권한 대행: 에롤 샤를
취임일: 2021년 11월 11일

총리: 필립 J. 피에르
취임일: 2021년 7월 28일

세인트빈센트 그레나딘

총독: 수잔 도간 니 라이언
취임일: 2019년 8월 1일

총리: 랠프 곤살베스
취임일: 2001년 3월 29일

세인트키츠 네비스

총독: 마르셀라 리버드
취임일: 2023년 2월 1일

총리: 테런스 드루
취임일: 2022년 8월 6일

마르셀라 리버드는 세인트키츠 네비스의 **첫 여성 총독**이에요.

소말리아

대통령: 하산 셰흐 마하무드
취임일: 2022년 5월 23일

총리: 함자 압디 바레
취임일: 2022년 6월 26일

솔로몬 제도

총독: 데이비드 티바 카푸
취임일: 2024년 7월 7일

총리: 제레미아 마넬레
취임일: 2024년 5월 2일

수단

국가 원수: 압델파타흐 알부르한 압달라흐만
취임일: 2021년 10월

수리남

대통령: 예니퍼 히어링스-시먼스
취임일: 2025년 7월 16일

스리랑카

대통령: 아누라 쿠마라 디사나야케
취임일: 2024년 9월 23일

스웨덴

국왕: 칼 구스타프 16세
즉위일: 1973년 9월 19일

총리: 울프 크리스터손
취임일: 2022년 10월 18일

울프 크리스터손은 어릴 때 장래가 유망한 **체조 선수**였어요.

스위스

연방평의회 의장(대통령): 카린 켈러주터
취임일: 2025년 1월 1일

연방평의회 구성원: 비트 얀스, 알베르트 뢰슈티, 기 파르믈랭, 이냐치오 카시스, 엘리자베스 바움슈나이더, 마르틴 피스터비트 얀스
취임일: 각각 다름

슬로바키아

대통령: 페테르 펠레그리니
취임일: 2024년 6월 15일

총리: 로베르트 피초
취임일: 2023년 10월 25일

페테르 펠레그리니는 대학에서 **경제학**을 공부했어요.

슬로베니아

대통령: 나타샤 피르츠 무사르
취임일: 2022년 12월 23일

총리: 로버트 골롭
취임일: 2022년 6월 1일

시리아

임시 대통령: 아흐메드 알샤라
취임일: 2025년 1월 29일

시에라리온

대통령: 줄리어스 마다 비오
취임일: 2018년 4월 4일

싱가포르

대통령: 타르만 샨무가라트남
취임일: 2023년 9월 14일

총리: 로런스 웡
취임일: 2024년 5월 15일

타르만 샨무가라트남은 시를 몇 편 발표하고 친구들과 함께 시집을 펴낸 **시인**이에요.

아랍 에미리트

대통령: 모하메드 빈 자이드 알 나하얀
취임일: 2022년 5월 14일
총리: 무함마드 빈 라시드 알막툼
취임일: 2006년 1월 5일

아르메니아

대통령: 바하근 하차투랸
취임일: 2022년 3월 13일
총리: 니콜 파시냔
취임일: 2018년 5월 8일

아르헨티나

대통령: 하비에르 밀레이
취임일: 2023년 12월 10일

아이슬란드

대통령: 할라 토마스도띠르
취임일: 2024년 8월 1일
총리: 크리스트륀 프로스타도띠르
취임일: 2024년 12월 21일

아이티

대통령: 공석
총리 대행: 알릭스 디디에 필제메
취임일: 2024년 11월 10일

아일랜드

대통령: 캐서린 코널리
취임일: 2025년 11월 11일
총리: 미할 마틴
취임일: 2025년 1월 23일

아제르바이잔

대통령: 일함 알리예프
취임일: 2003년 10월 31일
총리: 알리 아사도프
취임일: 2019년 10월 8일

아프가니스탄

최고 지도자: 하이바툴라 아쿤드자다
취임일: 2021년 8월 15일

안도라

공동 국가 원수: 에마뉘엘 마크롱
취임일: 2017년 5월 14일
공동 국가 원수: 주제프 류이스 세라노 펜티나트
취임일: 2025년 5월 31일
총리: 자비에 에스포트 사모라
취임일: 2019년 5월 16일

알바니아

대통령: 바이람 베가이
취임일: 2022년 7월 24일
총리: 에디 라마
취임일: 2013년 9월 10일

알제리

대통령: 압델마지드 테분
취임일: 2019년 12월 12일
총리: 나디르 라르바우이
취임일: 2023년 11월 11일

앙골라

대통령: 주앙 마누엘 곤살베스 로렌수
취임일: 2017년 9월 26일

앤티가 바부다

총독: 로드니 윌리엄스
취임일: 2014년 8월 14일
총리: 개스턴 브라운
취임일: 2014년 6월 13일

에리트레아

대통령: 이사이아스 아페웨르키
취임일: 1993년 6월 8일

에스와티니

국왕: 음스와티 3세
즉위일: 1986년 4월 25일
총리: 러셀 들라미니
취임일: 2023년 11월 4일

에스토니아

대통령: 알라르 카리스
취임일: 2021년 10월 11일
총리: 크리스텐 미할
취임일: 2024년 7월 23일

크리스텐 미할은 총리가 되기 전에 에스토니아의 **기후부 장관**이었어요.

에스파냐(스페인)

국왕: 펠리페 6세
즉위일: 2014년 6월 19일
총리: 페드로 산체스 페레스-카스테혼
취임일: 2018년 6월 2일

에콰도르

대통령: 다니엘 노보아 아신
취임일: 2023년 11월 23일

다니엘 노보아 아신은 미국의 하버드, 노스웨스턴, 뉴욕, 조지워싱턴 대학교에서 학위를 받았어요.

에티오피아

대통령: 타예 아츠케 셀라시에
취임일: 2024년 10월 7일

총리: 아비 아흐메드 알리
취임일: 2018년 4월 2일

엘살바도르

대통령: 나이브 부켈레
취임일: 2019년 6월 1일

영국

국왕: 찰스 3세
즉위일: 2022년 9월 8일

총리: 키어 스타머
취임일: 2024년 7월 5일

찰스 3세는 동굴에 사는 노인에 관한 어린이책을 썼어요.

예멘

대통령 지도위원회 대표: 라샤드 알알리미
취임일: 2022년 4월 7일

총리: 살렘 살레 빈 브라이크
취임일: 2025년 5월 3일

오만

술탄: 하이삼 빈 타리크 알사이드
즉위일: 2020년 1월 11일

오스트레일리아(호주)

총독: 서맨사 조이 모스틴
취임일: 2024년 7월 1일

총리: 앤서니 앨버니지
취임일: 2022년 5월 23일

오스트리아

대통령: 알렉산더 판데어벨렌
취임일: 2017년 1월 26일

총리: 크리스티안 슈토커
취임일: 2025년 3월 3일

온두라스

대통령: 시오마라 카스트로
취임일: 2022년 1월 27일

요르단

국왕: 압둘라 2세
즉위일: 1999년 2월 7일

총리: 자파르 하산
취임일: 2024년 9월 15일

우간다

총리: 로비나 나반자
취임일: 2021년 6월 21일

우루과이

대통령: 야만두 오르시
취임일: 2025년 3월 1일

우즈베키스탄

대통령: 샵카트 미르지요예프
취임일: 2016년 9월 8일

총리: 압둘라 아리포프
취임일: 2016년 12월 14일

우크라이나

대통령: 볼로디미르 젤렌스키
취임일: 2019년 5월 20일

총리: 율리아 스비리덴코
취임일: 2025년 7월 17일

이라크

대통령: 압둘 라티프 라시드
취임일: 2022년 10월 17일

총리: 모하메드 시아 알수다니
취임일: 2022년 10월 27일

이란

최고 지도자: 알리 호세인 하메네이
취임일: 1989년 6월 4일

대통령: 마수드 페제시키안
취임일: 2024년 7월 28일

이스라엘

대통령: 이츠하크 헤르초그
취임일: 2021년 7월 7일

총리: 베냐민 네타냐후
취임일: 2022년 12월 29일

이집트

대통령: 압둘팟타흐 시시
취임일: 2014년 6월 8일

총리: 무스타파 마드불리
취임일: 2018년 6월 7일

대륙별 색상 ● 아시아 ● 유럽 ● 아프리카

이탈리아

대통령: 세르조 마타렐라
취임일: 2015년 2월 3일

총리: 조르자 멜로니
취임일: 2022년 10월 22일

세르조 마타렐라는 현대 이탈리아에서 재임 기간이 가장 긴 대통령이에요.

인도

대통령: 드라우파디 무르무
취임일: 2022년 7월 25일

총리: 나렌드라 모디
취임일: 2014년 5월 26일

인도네시아

대통령: 프라보워 수비안토
취임일: 2024년 10월 20일

프라보워 수비안토는 인도네시아 최초로 배우자가 없는 대통령이에요.

일본

국왕: 나루히토
즉위일: 2019년 5월 1일

총리: 다카이치 사나에
취임일: 2025년 10월 21일

자메이카

총독: 패트릭 앨런
취임일: 2009년 2월 26일

총리: 앤드루 홀니스
취임일: 2016년 3월 3일

잠비아

대통령: 하카인데 히칠레마
취임일: 2021년 8월 24일

하카인데 히칠레마는 어릴 때 가족을 도와 농장에서 소 떼를 돌보았어요.

적도 기니

대통령: 테오도로 오비앙 응게마 음바소고
취임일: 1979년 8월 3일

총리: 마누엘 오사 은수에 은수아
취임일: 2024년 8월 17일

인도에서 인사를 전해요.

인도 우다이푸르의 피촐라 호수 옆 산등성이에 도시 궁전이 서 있어요.

조지아

대통령: 미하일 카벨라시빌리
취임일: 2024년 12월 29일

총리: 이라클리 코바히제
취임일: 2024년 2월 8일

중국

국가 주석: 시진핑
취임일: 2013년 3월 14일

국무원 총리: 리창
취임일: 2023년 3월 11일

중앙아프리카 공화국

대통령: 포스탱아르캉주 투아데라
취임일: 2016년 3월 30일

총리: 펠릭스 몰루아
취임일: 2022년 2월 7일

지부티

대통령: 이스마일 오마르 겔레
취임일: 1999년 5월 8일

총리: 압둘카데르 카밀 모하메드
취임일: 2013년 4월 1일

짐바브웨

대통령: 에머슨 담부조 음낭가과
취임일: 2017년 11월 24일

차드

대통령: 마하마트 데비 이트노
취임일: 2024년 5월 23일

총리: 알라마예 할리나
취임일: 2025년 5월 23일

체코

대통령: 페트르 파벨
취임일: 2023년 3월 9일

총리: 페트르 피알라
취임일: 2021년 12월 17일

칠레

대통령: 가브리엘 보리치
취임일: 2022년 3월 11일

카메룬

대통령: 폴 비야
취임일: 1982년 11월 6일

총리: 조지프 디온 은구테
취임일: 2019년 1월 4일

자메이카의 블루홀에 있는 천연 석회암 물웅덩이로 폭포수가 떨어져요.

대륙별 색상 ● 아시아 ● 유럽 ● 아프리카

카보베르데

대통령: 주제 마리아 페레이라 네베스
취임일: 2021년 11월 9일
총리: 울리시스 코헤이아 에 실바
취임일: 2016년 4월 22일

카자흐스탄

대통령: 카심조마르트 토카예프
취임일: 2019년 3월 20일
총리: 올자스 벡테노프
취임일: 2024년 2월 6일

카심조마르트 토카예프는 카자흐스탄의 제2대 대통령이에요.

카타르

국왕: 타밈 빈 하마드 알사니
즉위일: 2013년 6월 25일
총리: 모하메드 빈 압둘라흐만 빈 자심 알사니
취임일: 2023년 3월 7일

캄보디아

국왕: 노로돔 시하모니
즉위일: 2004년 10월 29일
총리: 훈 마네트
취임일: 2023년 8월 22일

캐나다

총독: 메리 사이먼
취임일: 2021년 7월 26일
총리: 마크 카니
취임일: 2025년 3월 14일

마크 카니는 대학생 때 아이스하키 선수였어요.

케냐

대통령: 윌리엄 루토
취임일: 2022년 9월 13일

코모로

대통령: 아잘리 아수마니
취임일: 2016년 5월 26일

코소보

대통령: 비오사 오스마니-사드리우
취임일: 2020년 11월 5일
총리: 알빈 쿠르티
취임일: 2021년 3월 22일

안녕, 캄보디아에서 인사를 전해요.

혀를 25센티미터까지 내밀 수 있는 이 태양곰은 열대 우림에서 맛있는 곤충을 훑어 먹을 준비가 됐어요.

코스타리카

대통령: 로드리고 차베스 로블레스
취임일: 2022년 5월 8일

코트디부아르

대통령: 알라산 드라만 우아타라
취임일: 2010년 12월 4일
총리: 로베르 뵈그레 맘베
취임일: 2023년 10월 17일

콜롬비아

대통령: 구스타보 페트로
취임일: 2022년 8월 7일

콩고

대통령: 드니 사수 응게소
취임일: 1997년 10월 25일
총리: 아나톨 콜리네 마코소
취임일: 2021년 5월 12일

콩고 민주 공화국

대통령: 펠릭스 치세케디
취임일: 2019년 1월 24일
총리: 주디스 수민와 툴루카
취임일: 2024년 6월 12일

쿠바

대통령: 미겔 디아스카넬
취임일: 2019년 10월 10일
총리: 마누엘 마레로 크루스
취임일: 2019년 12월 21일

쿠웨이트

국왕: 미샬 알아흐마드 알자베르 알사바
즉임일: 2023년 12월 16일
총리: 아흐마드 알압둘라 알사바
취임일: 2024년 5월 15일

크로아티아

대통령: 조란 밀라노비치
취임일: 2020년 2월 18일
총리: 안드레이 플렌코비치
취임일: 2016년 10월 19일

키르기스스탄

대통령: 사디르 자파로프
취임일: 2021년 1월 28일

키리바시

대통령: 타네티 마마우
취임일: 2016년 3월 11일

키프로스

대통령: 니코스 흐리스토둘리디스
취임일: 2023년 2월 28일

타지키스탄

대통령: 에모말리 라흐몬
취임일: 1992년 11월 19일
총리: 코히르 라술조다
취임일: 2013년 11월 23일

에모말리 라흐몬은 자녀가 9명이에요.

탄자니아

대통령: 사미아 술루후 하산
취임일: 2021년 3월 19일

태국

국왕: 마하 와치랄롱꼰(라마 10세)
즉위일: 2016년 12월 1일
총리: 아누틴 찬위라쿤
취임일: 2025년 9월 7일

토고

대통령: 장-뤼시앵 사비 드 토베
취임일: 2025년 5월 3일
국무회의 의장: 포르 에소짐나 냐싱베
취임일: 2025년 5월 3일

통가

국왕: 투포우 6세
즉위일: 2012년 3월 18일
총리: 아이사케 발루 에케
취임일: 2025년 1월 22일

투르크메니스탄

대통령: 세르다르 베르디무함메도프
취임일: 2022년 3월 19일

투발루

총독: 토피가 바에발루 팔라니
취임일: 2021년 9월 28일
총리: 펠레티 테오
취임일: 2024년 2월 26일

튀니지

대통령: 카이스 사이에드
취임일: 2019년 10월 23일
총리: 사라 자파라니
취임일: 2025년 3월 21일

튀르키예

대통령: 레제프 타이이프 에르도안
취임일: 2014년 8월 28일

대륙별 색상 ● 아시아 ● 유럽 ● 아프리카

트리니다드 토바고

대통령: 크리스틴 칸갈루
취임일: 2023년 3월 20일
총리: 카를라 퍼사드-비세사르
취임일: 2025년 5월 1일

크리스틴 칸갈루는 **암**을 이겨 냈어요.

파나마

대통령: 호세 라울 물리노
취임일: 2024년 7월 1일

파라과이

대통령: 산티아고 페냐 팔라시오스
취임일: 2023년 8월 15일

산티아고 페냐 팔라시오스는 **파라과이의 최연소 대통령**이에요.

파키스탄

대통령: 아시프 알리 자르다리
취임일: 2024년 3월 10일
총리: 셰바즈 샤리프
취임일: 2024년 3월 4일

파푸아 뉴기니

총독: 밥 다데
취임일: 2017년 2월 28일
총리: 제임스 마라페
취임일: 2019년 5월 30일

팔라우

대통령: 수랑겔 휩스 2세
취임일: 2021년 1월 21일

수랑겔 휩스 2세는 **낚시**하는 **취미**가 있어요.

페루

대통령: 호세 헤리
취임일: 2025년 10월 10일

포르투갈

대통령: 마르셀루 헤벨루 드소자
취임일: 2016년 3월 9일
총리: 루이스 몬테네그루
취임일: 2024년 4월 2일

폴란드

대통령: 카롤 나브로츠키
취임일: 2025년 8월 6일
총리: 도날드 투스크
취임일: 2023년 12월 13일

프랑스

대통령: 에마뉘엘 마크롱
취임일: 2017년 5월 14일
총리: 프랑수아 바이루
취임일: 2024년 12월 13일

피지

대통령: 나이카마 랄라발라부
취임일: 2024년 11월 12일
총리: 시티베니 라부카
취임일: 2022년 12월 24일

핀란드

대통령: 알렉산데르 스투브
취임일: 2024년 3월 1일
총리: 페테리 오르포
취임일: 2023년 6월 20일

필리핀

대통령: 페르디난드 '봉봉' 마르코스 주니어
취임일: 2022년 6월 30일

페르디난드 마르코스 주니어는 **색소폰**을 연주해요.

헝가리

대통령: 슈요크 터마시
취임일: 2024년 3월 5일
총리: 오르반 빅토르
취임일: 2010년 5월 29일

오르반 빅토르는 자녀가 **5명**이고, 손주는 **적어도 6명**이에요.

● 북아메리카, 중앙아메리카 ● 남아메리카 ● 오세아니아

잠깐 퀴즈!

과거로 돌아가 역사와 사실에 관한 퀴즈의 답을 알아내 봐요!

답을 종이에 적은 뒤, 아래 정답과 맞추어 봐요.

1. **참일까, 거짓일까?** 투탕카멘을 미라로 만들 때 몸속의 장기는 그대로 두었어요. (   )

2. **고대 마야 문명의 석조 사원은 ________에 있다.**
   a. 중앙아메리카
   b. 아프리카
   c. 러시아
   d. 캐나다

3. **참일까, 거짓일까?** 기자의 스핑크스를 누가 만들었는지는 아직 알려지지 않았어요. (   )

4. **이스터섬의 모아이는 한 개의 무게가 대략 얼마일까?**
   a. 100톤
   b. 1만 1800킬로그램
   c. 1톤
   d. 2300킬로그램

5. **칭시는 역사상 가장 많은 ______을(를) 이끌었다.**
   a. 군대
   b. 중학교
   c. 해적선
   d. 건설업체

너무 쉽다고요?
다음 장에 나오는 **퀴즈**에도 **도전**해 봐요!

정답: ① 거짓, ② a, ③ 참, ④ b, ⑤ c

이렇게 해 봐요!

훌륭한 전기를 쓰는 법

전기란 한 사람의 삶을 이야기로 정리한 결과물이에요. 짧은 요약일 수도 있고 두꺼운 책 한 권일 수도 있죠. 전기 작가들은 다양한 자료를 참고해서 쓰려는 대상에 대해 배워요. 여러분도 흥미로운 유명인의 전기를 직접 써 보세요.

어떻게 시작할까

우선 흥미를 느끼는 주제를 선택해요. 예컨대 클레오파트라가 멋지다고 생각한다면 독자들도 충분히 흥미를 느끼도록 글을 쓸 수 있을 거예요. 반면에 고대 이집트를 지루해하면서 글을 쓴다면 독자도 첫 문단을 읽자마자 코를 골겠죠.

전기를 쓸 대상은 누구든 될 수 있어요. 작가, 발명가, 유명인, 정치가도 좋고 심지어 여러분 가족의 한 사람이어도 괜찮아요. 대상을 찾기 위해서 다음과 같은 간단한 질문 몇 개를 스스로 던져 봐요.

1. 내가 더 알고 싶은 사람이 누구인가?
2. 이 사람은 어떤 특별한 일을 했는가?
3. 이 사람은 어떻게 세상을 변화시켰는가?

조사하기

- 다양한 방법으로 전기를 쓸 대상에 대해 조사해요. 책이나 신문 기사, 백과사전을 훑어봐요. 영상 자료나 영화를 찾아보고 인터넷으로도 검색해요. 가능하면 직접 인터뷰를 하면 좋고요.
- 알아낸 중요한 정보나 흥미로운 이야기를 메모해요.

전기 쓰기

- 제목을 정해요. 전기 대상의 이름을 넣어서 지어요.
- 서문을 써요. 글의 주제 인물에 대해 자세한 질문을 던져요.
- 인물의 어린 시절에 대한 정보를 포함시켜요. 이 사람은 언제 태어났나요? 어디에서 자랐고, 누구를 존경했나요?
- 인물의 재능, 업적, 개인적인 특징을 강조해요.
- 인물의 삶을 바꿨던 특별한 사건에 대해서 기술해요. 이 사람은 결국 어떤 문제를 어떻게 극복했나요?
- 결론을 작성해요. 이 사람에 대해 알아 가는 게 중요한 이유에 대해 여러분의 생각대로 정리해요.
- 일단 초고를 완성하고 교정과 교열을 여러 번 거듭해요.

말랄라 유사프자이

인권 운동가이자 최연소 노벨 평화상 수상자인 말랄라 유사프자이에 대한 전기 예시문이 여기 있어요. 물론 여러분 스스로 조사해서 쓸 내용이 훨씬 더 많이 있답니다!

말랄라 유사프자이

말랄라 유사프자이는 1997년 7월 12일 파키스탄에서 태어났어요. 말랄라의 아버지 지아우딘은 선생님이어서 딸이 훌륭한 교육을 받는 것을 우선시했죠. 말랄라는 학교를 좋아했고, 3개 국어를 배웠으며 학생으로 했던 경험으로 블로그를 운영하기도 했어요.

말랄라가 열 살이 될 무렵, 살던 지역을 탈레반이 점령했어요. 탈레반은 엄격한 무슬림 집단으로 여자들은 집에만 머물러야 한다고 여겼어요. 그래서 탈레반은 배움에 대한 열정을 숨기지 않고 드러내는 말랄라를 탐탁지 않게 생각했어요. 그러던 어느 날 학교에서 집으로 돌아오는 길에 말랄라가 탈레반이 보낸 무장 대원이 쏜 총에 머리를 맞았어요. 크게 다친 말랄라는 영국의 병원으로 옮겨졌어요.

말랄라는 총상에서 살아남았을 뿐 아니라 아주 잘 극복했어요. 자기 경험을 바탕으로 전 세계 모든 여자아이가 배움의 기회를 가져야 한다고 말하기 시작했죠. 말랄라의 노력은 전 세계의 주목을 끌었고 결국 말랄라는 2014년에 17세의 나이로 노벨 평화상을 탔어요. 가장 어린 나이에 권위 있는 상을 받은 거예요.

그리고 매년 7월 12일은 전 세계 '말랄라의 날'로 정해졌어요. 인권 문제에 대한 말랄라의 영웅적인 노력을 기리기 위해서죠.

하늘에서 내려다본 브라질의 아마존 우림

세계의 지리

국가로 본 세계

지구의 육지는 7개의 대륙으로 이루어지지만, 사람들은 대륙을 국가라고 하는 보다 작은 정치적인 단위로 나누어요. 예외가 있다면 하나의 국가로 이뤄진 오스트레일리아 대륙과 과학자들이 연구 목적으로 활용하는 남극 대륙이에요. 나머지 5개 대륙은 거의 200개나 되는 독립 국가로 이루어져요. 아래의 지도는 국가의 경계를 나눈 가상의 선을 보여 줘요. 미국과 캐나다 사이의 경계처럼 몇몇 국경은 여러 해 동안 분쟁이 없었어요.

*빈켈 트리펠 도법: 1913년 빈켈이 고안한 방식으로 면적이나 각도가 덜 일그러지기 때문에 세계 지도를 그릴 때 많이 이용한다.

한편 아프리카 북동부의 수단과 남수단 사이의 국경은 비교적 최근에 만들어졌고 여전히 분쟁 중이에요. 국가들은 크기와 생김새가 다양해요. 러시아와 캐나다는 아주 크지만 엘살바도르나 카타르는 작아요. 남아메리카의 칠레처럼 길쭉하고 폭이 좁은 나라도 있어요! 또 아시아의 인도네시아와 일본처럼 여러 섬으로 이뤄진 나라들도 있죠. 아래의 지도는 지구가 정말 다양하고 멋진 곳이라는 사실을 알려 줘요.

지형으로 본 세계

지구는 대륙이라는 7개의 큰 땅덩어리와 그 사이를 잇는 대양으로 이뤄졌어요. 서로 연결된 대양은 여러 대륙에 의해 다섯 부분으로 나뉘죠. 지구 표면의 70퍼센트 이상이 대양이에요. 나머지가 육지에 해당하죠. 지형이 다른 덕분에 대륙의 지표면은 다양한 모습을 이루어요. 로키산맥은 북아메리카를 가로지르고, 안데스산맥은 남아메리카의 서쪽 가장자리에 있죠. 남아시아에는 히말라야산맥이 높이 솟아 있어요.

아시아의 바위투성이 중심부에 티베트고원이 있다면, 북유럽 평원은 북해에서 우랄산맥까지 펼쳐져 있어요. 아프리카의 상당 부분은 평원이고, 오스트레일리아에도 넓고 건조한 평원이 있죠. 남극은 거대한 얼음판으로 이루어졌어요. 한편 대양의 바닥에도 산맥과 해구가 있어서 지표면만큼이나 다양한 모습을 띠어요. 대서양 밑에는 '대서양 중앙 해령'*이 있고, 태평양 서부에도 해구들이 대양저**까지 깊이 파여 있어요.

*대서양 중앙 해령: 북극해부터 대서양을 지나 인도양으로 S자 모양으로 뻗어 있는 바다 밑 산맥.

**대양저: 대륙과 이어지는 경사면을 뺀 심해의 평탄하고 넓은 땅.

지도의 종류

지도란 지리학자들이 지구에 대한 정보를 전달하는 특별한 도구예요. 지도는 장소에 대한 모든 것을 우리에게 보여 줄 수 있죠. 몇몇 지도는 산맥이나 식생* 같은 물리적인 특징을 드러내요. 또 기후나 자연재해를 비롯해 우리가 쉽게 볼 수 없는 것들을 보여 주는 지도도 있어요. 국경선이라든지 도시의 중심, 경제 시스템처럼 지구상의 또 다른 특징을 보여 주는 지도도 있죠.

*식생: 어떤 장소에 모여 사는 고유한 식물들.

불완전한 도구

지도는 완벽하지 않아요. 지구본이라면 각 장소의 상대적인 넓이와 위치를 정확하게 반영할 수 있겠죠. 하지만 지도는 편평하기 때문에 크기와 모양, 방향의 왜곡이 생겨요. 또 지도 제작자들이 지도에 어떤 정보를 포함시킬지 선택해서 만들어요. 그러므로 많은 정보를 얻으려면 다양한 종류의 지도를 봐야 해요. 다음은 흔히 볼 수 있는 지도의 3가지 유형이에요.

물리적인 지도 육지의 형태, 물, 식생 같은 지구의 자연적인 특징이 나타나요. 위의 지도를 보면 색깔과 그림자를 통해 남아메리카 중앙부의 산맥과 호수, 강, 사막을 표현했어요. 지도에는 나라 이름과 국경도 표시되었지만 이건 자연적인 특징이 아니에요.

정치적인 지도 이 지도에는 국경, 도시, 장소처럼 인간이 만든 풍경이 표현돼요. 자연적인 특징은 참고 사항으로만 추가했죠. 위 지도에는 각 나라의 수도가 원 안에 별표 기호로 표시되고 다른 도시는 검은색 점으로 표시되었어요.

주제가 있는 지도 인구 분포 같은 특정 주제와 관련된 무늬가 지도에 드러나요. 위의 지도는 이 지역의 기후대를 보여 줘요. 예컨대 습한 열대 기후(진한 녹색), 습하거나 건조한 열대 기후(연한 녹색), 반건조 기후(진한 노란색), 건조한 곳 또는 사막(연한 노란색)이 표시되었죠.

지도를 만드는 일

지도 제작자를 만나 봐요!

내셔널지오그래픽의 지도 제작자인 **마이크 맥니**는 날마다 지도와 함께 일해요. 짧은 인터뷰를 통해 이 멋진 직업에 대해 여러분에게 알려 줄게요.

내셔널지오그래픽에서 일하는 지도 제작자인 마이크 맥니(왼쪽)과 마이클 호너가 책에 들어갈 아프리카 지도를 검토하고 있어요.

지도 제작자는 무슨 일을 하나요?

나는 일반 책이나 지도책에 들어가는 지도를 만들어요. 지도는 책에 실린 글을 보다 이해하기 쉽게 도와준답니다. 책에 들어갈 지도는 책의 크기와 분위기에 알맞아야 하고, 정확한 정보를 독자들에게 알리는 것이 최종 목적이에요.

지도를 통해 어떤 정보를 전달하나요?

한번은 미국 플로리다주 에버글레이즈 국립 공원의 버마왕뱀의 개체군이 어떻게 분포되었는지 보여 주는 지도를 만든 적이 있어요. 미국 같은 특정 국가의 농장이나 식량 생산, 가축의 분포, 물고기를 잡은 어획량 데이터를 알려 주는 지도도 만들었죠.

일을 할 때 컴퓨터를 얼마나 쓰나요?

지도를 제작하는 모든 단계는 컴퓨터에서 이루어져요. 그래야 훨씬 더 빠르게 지도를 만들 수 있죠. 그뿐만 아니라 지도를 수정하는 일도 쉬워져요. 만약 지도에서 강의 색깔을 바꾸고 싶다면 마우스를 한 번 딸깍 누르기만 하면 되니까요.

지도를 어떻게 만드나요?

지리 정보 시스템(GIS)이라는 컴퓨터 소프트웨어를 활용해요. 전 세계 특정 장소의 데이터, 심지어 지구 전체의 데이터를 어떤 것이든 보여 주죠. 예컨대 멸종 위험에 놓인 종, 동물들의 서식지, 특정 장소의 인구 같은 온갖 데이터를 얻을 수 있어요. 그뿐 아니라 지표면을 분석하기 위해 위성이나 항공 사진 같은 원격 시스템도 활용해요.

지구 주변의 궤도를 도는 위성은 마치 우리 눈이 우주에 있는 것처럼 지구의 육지와 바다에 대한 데이터를 기록해요. 이 데이터는 숫자로 변환되어 컴퓨터로 전송돼요. 컴퓨터에는 데이터를 해석할 특별한 프로그램이 있죠. 데이터는 지도 제작자들이 지도를 만드는 데 사용할 수 있는 형태로 기록돼요.

미래의 지도는 어떤 모습일까요?

미래에는 지도에 점점 더 많은 데이터가 들어갈 거예요. 또 세계 지도를 특정 지역의 지도로 바꾸어 보는 온라인 지도가 더 많아질 거예요. 어떤 축척(276쪽 참고)에서든 쓸 수 있죠.

이 직업의 가장 좋은 점은 무엇인가요?

나는 과학과 디자인이 조합된 이 일이 좋아요. 어린이들이 흥미를 가질 만한 지도를 만드는 일도 아주 즐겁답니다.

지도에 대해 이해하기

입체를 평면에 투사하기

지구본은 공 모양인 지구를 있는 그대로 드러내는 모형이에요. 하지만 부피가 커서 사용하거나 보관하기는 조금 불편해요. 편평한 지도는 훨씬 더 편리해요. 하지만 지구의 곡면을 편평한 종이에 옮기는 투사 과정에서 여러 문제가 생겨요. 오른쪽 그림처럼 지구본을 반으로 자른다고 상상해 봐요. 여기에 빛을 비춘다면 위도와 경도, 각 대륙의 테두리가 그림자를 드리우며 종이 위에 '투영'될 거예요. 종이를 어디에 두느냐에 따라 그림자는 그 크기나 모양이 다 다르게 왜곡되죠.

기호에 대해 배우기

모든 지도는 우리에게 알려 주고 싶은 정보가 있어요. 그 정보를 알려면 먼저 지도 읽는 법을 배워야 해요. 지도는 여러 기호를 이용해 정보를 표시해요. 이 기호에 대해 알면 폭넓은 정보에 접근할 수 있어요. 축척과 나침반 바늘을 보고 거리와 방위를 알 수 있어요.(아래 '축척과 방위'를 참고해요)

지도의 기호들 각각이 어떤 의미인지 알고 싶다면 지도에 표시된 '기호표(범례)'를 찾아보면 돼요. 이 표는 지도의 여러 가지 기호가 각각 어떤 정보를 나타내는지 알려 줘요.

지도의 기호는 크게 세 가지 유형이 있어요. 점과 선, 면적이죠. 점 기호는 작은 원이나 아이콘으로 표시되며 학교나 도시, 지형지물의 위치와 수를 보여 줘요. 선 기호는 국경과 도로, 강을 나타내고 색깔이나 두께가 다양해요. 또 면적 기호는 모래가 많은 곳이나 이웃 동네 같은 지역 정보를 보여 주기 위해 무늬나 색깔을 사용해요.

축척과 방위*

지도의 축척은 분수나 단어, 막대로 표시돼요. 축척이란 어떤 곳의 실제 지구상의 거리와 지도상 거리를 비교한 비율이에요. 가끔은 축척에 지도에 사용된 투사 도법**이 적혀 있기도 해요. 그뿐만 아니라 지도에는 북쪽을 나타내는 화살표나 방위를 나타내는 나침반도 그려져 있어요.

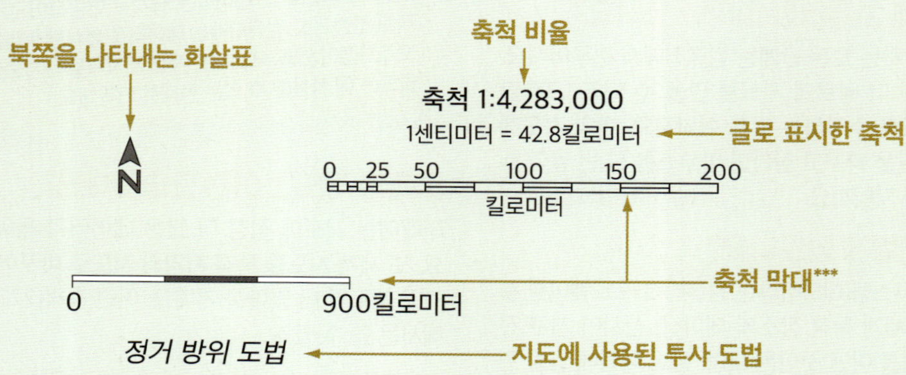

*방위: 공간의 어떤 점의 방향을 통해 알 수 있는 위치.
**투사 도법: 입체인 지구를 편평한 면에 투사시켜 지도를 그리는 방법.
***축척 막대: 축척을 알 수 있는 막대 모양의 표시.

지리적 특징들

요란한 소리를 내며 흐르는 강과 바싹 마른 사막, 바닷속 협곡과 들쑥날쑥한 산맥까지, 지구는 다채롭고 아름다운 환경으로 뒤덮여 있어요. 다음은 지구상에서 가장 흔한 지형들이에요.

폭포

폭포는 강이 흐르다가 강물의 높이가 갑자기 크게 낮아지는 곳에 생겨요. 왼쪽의 이구아수 폭포는 브라질과 아르헨티나 국경에 있고 작은 폭포 275개로 이뤄졌어요.

계곡

계곡은 흐르는 물이나 움직이는 얼음에 의해 깎여 만들어져요. 계곡은 넓고 편평하기도 하지만, 사진 속 인도 라다크 지역의 인더스강 계곡처럼 폭이 좁고 가파르기도 하죠.

강

강은 평지에서 구불구불 나아가며 흘러요. 위 사진은 페루의 열대 우림 주변을 흐르는 로스아미고스강이에요.

산

산은 지구에서 가장 높은 지형이에요. 지구상에서 가장 높은 산은 높이가 해발 고도 8848.86미터인 에베레스트산이죠. 사진 속 모습을 보세요.

빙하

빙하는 '얼음의 강'이란 뜻이에요. 위 사진은 미국 알래스카주의 허버드 빙하로 산에서 바다까지 천천히 움직여요. 하지만 지구 온난화 탓에 이런 빙하가 줄어들고 있어요.

협곡

협곡은 가장자리가 가파른 계곡이에요. 주로 흐르는 물에 의해 형성되죠. 위 사진 속 미국 유타주의 벅스킨 협곡은 미국 남서부에서 가장 깊은 협곡이에요.

사막

사막은 기후에 의해 만들어진 지형이에요. 특히 물이 부족한 환경이 큰 역할을 하죠. 위 사진은 낙타를 타고 북아프리카의 사하라 사막을 건너는 상인인 카라반의 모습이에요.

아시아

티베트 기도 깃발은 하늘, 공기, 불, 흙, 물 같은 자연을 색깔로 나타내요.

중국 만리장성의 일부 구간을 달리는 마라톤 경기가 해마다 열려요.

중국 만리장성 마라톤 대회에서 선수들이 만리장성의 성벽 위를 뛰고 있어요.

오늘날 46개국으로 이루어진 아시아는 세계에서 가장 큰 대륙이에요. 얼마나 크냐고요? 서쪽 끝의 튀르키예에서 동쪽 끝의 러시아까지, 아시아는 전 세계 육지 면적의 약 30퍼센트나 되어요! 45억 명 넘게, 지구 인구의 5분의 3이 살고 있죠. 아시아 인구는 다른 대륙 인구를 모두 합한 수보다 더 많아요.

네팔 카트만두의 부다나트 사원

긴팔원숭이 구하기

인도네시아 자바섬에서만 사는 자바긴팔원숭이는 서식지 상실과 사냥 같은 위협으로 인해 멸종 위기에 몰려 있어요. 그러나 이 원숭이들을 구하기 위해 환경 단체들이 열심히 일하는 중이에요. 포획해서 번식시킨 뒤 다시 보호 구역에 풀어놓아서 개체수를 늘리려는 노력 등이 이루어지고 있어요.

단샤 지형

다양한 색깔을 띤 산이 있다고요? 중국의 장예 단샤 국립 지질 공원에는 붉은색 사암 지층이 빨강, 파랑, 노랑, 주황 등 갖가지 색깔의 무지개산이 있어요. 이 산은 어떻게 색색의 줄무늬를 지녔을까요? 이 지형의 모양과 선명한 색깔은 수백만 년에 걸쳐서 지각판이 이동하고 풍화가 일어난 결과예요. 긴 세월에 걸쳐 사암과 광물이 침식되면서 이처럼 경이로운 풍경을 빚어냈어요.

지구에서 가장 깊은 호수

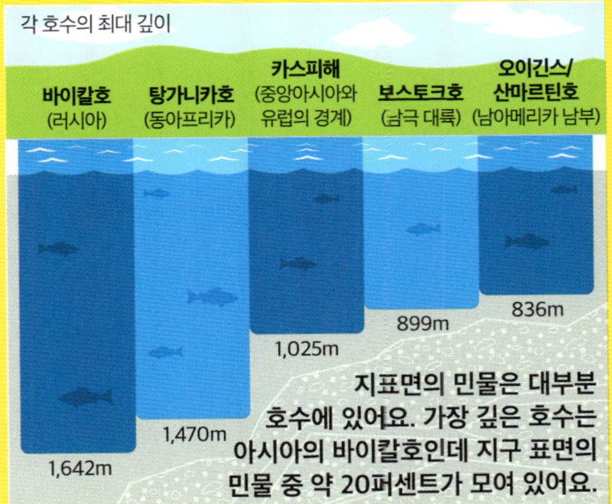

지표면의 민물은 대부분 호수에 있어요. 가장 깊은 호수는 아시아의 바이칼호인데 지구 표면의 민물 중 약 20퍼센트가 모여 있어요.

정글 사원

캄보디아 북부의 정글에는 900년 된 사원이 있어요. 바로 앙코르 와트예요. 면적이 1.62제곱킬로미터에 달하는 이 거대한 종교 시설은 동남아시아에서 강력한 문명을 이루었던 크메르 제국의 수도에 세워진 것이지요. 지금도 해마다 200만 명이 넘는 사람들이 찾아와요.

지형 정보

육지 면적
44,580,000km²

가장 높은 곳
에베레스트산
8,849m

가장 낮은 곳
이스라엘과 요르단, 사해
-434m

가장 긴 강
중국 양쯔강
6,244km

가장 큰 호수
러시아 바이칼호
31,722km²

정치 정보

인구
4,735,070,000명

가장 큰 대도시권
일본 도쿄
인구 37,194,000명

가장 큰 국가
중국
9,596,960km²

인구 밀도가 가장 높은 국가
싱가포르
(1km²당 8,385명)

*이점 등거리 투영도: 한 지점에서 다른 한 점까지의 거리가 실제 거리와 동일하게 비례되는 방식으로 그린 지도.

중국은 타이완을 자국의 23번째 성이라고 주장하고 있어요. 반면 타이완 정부는 별개의 국가로 유지하자고 주장해요.

유럽

소나무담비

세계에서 가장 작은 나라인 바티칸 시국은 이탈리아의 로마 안에 있어요.

소나무담비는 족제비의 일종이며 나무 구멍 안에 집을 지어요.

아시아 대륙 서쪽으로 뻗어 나온 여러 반도와 섬들로 이루어진 유럽은 대서양과 북극해 등 10개 이상의 바다로 둘러싸여 있어요. 산악 지대에서 농촌 지역과 해안 지대까지 다양한 풍경을 만날 수 있어요. 또한 유럽은 풍요로운 문화와 매혹적인 역사로 유명해서 지구에서 가장 많은 사람들이 방문하는 대륙이에요.

그리스에서 전통 춤을 추는 사람들

회색물범 개체 수 조사

매년 가을, 회색물범 수백 마리 가 영국 판 제도에서 태어나요. 70년 넘게 관리인들이 이 서식지에서 물범의 수를 세어 왔어요. 회색물범의 수를 세고 추적하기 위해 새로 태어난 새끼들에게 매번 다른 색의 무해한 염료로 표시해요.

유럽에서 가장 긴 강

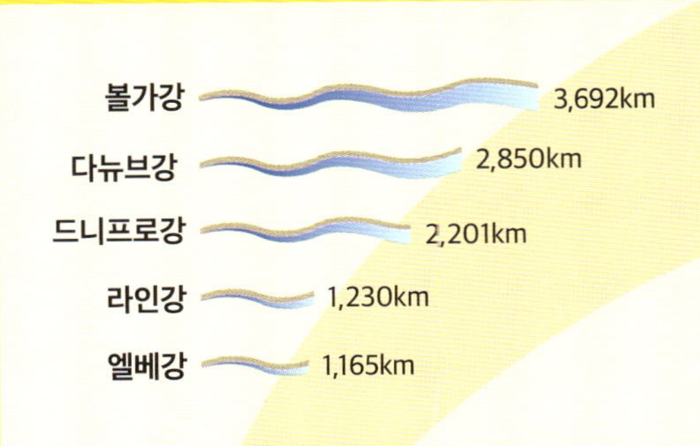

핑갈의 동굴

이 동굴에는 원래 게일어로 '멜로디의 동굴'을 뜻하는 이름이 있었어요. 아치 모양의 거대한 굴 안에서 소리가 메아리처럼 울리기 때문이지요. 19세기 독일의 작곡가 펠릭스 멘델스존은 이 동굴에서 영감을 얻어 「핑갈의 동굴 서곡」을 썼어요. 많은 작가, 시인, 미술가가 영감을 얻고자 이곳을 찾아요.

북극광

북극광을 볼 수 있다면 굳이 불꽃놀이가 필요 없을 거예요. 이 경이로운 장관은 캐나다, 그린란드, 스웨덴 등 북반구의 여러 지역에서 볼 수 있어요. 노르웨이 트롬쇠는 9월에서 3월 사이에 밤이 길게 이어지고 인공 불빛도 거의 없어서 북극광을 감상하기에 딱 좋은 곳이에요. 이 아름다운 빛은 태양에서 온 전자라는 전기를 띤 작은 입자가 지구 대기의 기체 입자와 부딪쳐서 생겨요. 오로라라고도 하지요.

지형 정보

육지 면적
9,947,000km²

가장 높은 곳
러시아 옐브루스산
5,642m

가장 낮은 곳
카스피해
-28m

가장 긴 강
러시아 볼가강
3,692km

가장 큰 호수
러시아 라도가호
17,872km²

정치 정보

인구
743,424,000명

가장 큰 대도시권
러시아 모스크바
인구 12,712,000명

가장 큰 국가*
프랑스
643,801km²

인구 밀도가 가장 높은 국가
모나코
(1km²당 15,907명)

*가장 큰 국가에서 러시아는 아시아 쪽 면적이 더 넓기 때문에 제외한다. 러시아 면적은 약 17,098,242km²이다.

**정거 방위 도법: 지도의 중심에서 모든 지점까지의 직선 거리가 정확히 나타나도록 조정해 그리는 지도 제작법. 중심에서 멀어질수록 크기가 왜곡될 수 있다.

유럽과 아시아의 경계

일반적으로 유럽과 아시아를 나누는 경계선을 자주색 점선으로 나타냈어요. 우랄산맥, 우랄강, 카스피해, 캅카스산맥, 흑해, 보스포루스 해협과 다르다넬스 해협을 경계로 삼아요.

크림반도

러시아는 2014년 크림반도를 침공하여 점령했고, 크림 의회가 우크라이나로부터의 분리 독립을 승인했어요. 러시아 의회는 크림반도를 러시아 연방에 합병하는 데 찬성했어요. 유엔 총회는 러시아의 합병이 무효임을 선언하고 우크라이나의 영토 관할권을 인정하는 (구속력 없는) 결의안을 채택했어요. 현재 러시아는 크림반도를 관리 통제하며, 우크라이나는 크림반도에 대한 관할권인 영유권을 주장하고 있어요.

아프리카

사하라 사막에도 때로 눈이 내려요.

개과에 속하는 검은등자칼은 대개 8~10월에 새끼를 낳아요.

새끼 검은등자칼

거대한 대륙 아프리카에는 수백만 년 전부터 인류가 살기 시작했어요. 여러 대륙 가운데 아시아 다음으로 넓어요. 동쪽에서 서쪽까지의 거리가 남쪽에서 북쪽까지의 거리와 거의 비슷한 아프리카에는 지구상에서 가장 긴 강(나일강)과 가장 넓고 더운 사막(사하라 사막)이 있어요.

모로코 셰프샤우엔

악마나뭇잎꼬리도마뱀붙이

마다가스카르섬의 나무에서 생활하는 이 작은 나무 도마뱀은 위장의 대가예요. 꼬리뿐 아니라 온몸이 마치 오래된 낙엽처럼 보여요! 덕분에 포식자에게 들키지 않고 몰래 먹이에 다가갈 수 있어요. 왜 '악마'라고 할까요? 새빨간 눈에 뿔이 두 개 나 있는 모습이 악마 같지 않나요?

쌍둥이의 도시

쌍둥이는 대부분의 지역에서 드물게 태어나지만, 나이지리아 이보오라에서는 쌍둥이가 아주 흔해요! 이 소도시는 세계에서도 손꼽히게 쌍둥이가 태어나는 비율이 높은 도시예요. 10명 중 적어도 1명은 쌍둥이예요. 게다가 쌍둥이는 대개 '첫째'와 '둘째'라는 뜻으로 '타이오'와 '케힌데'라는 이름을 붙여요. 그래서 이보오라에는 이름이 같은 쌍둥이가 아주 많아요!

대피라미드에 담긴 큰 숫자

지구상에서 가장 큰 피라미드에는 어떤 숫자가 숨어 있을까?

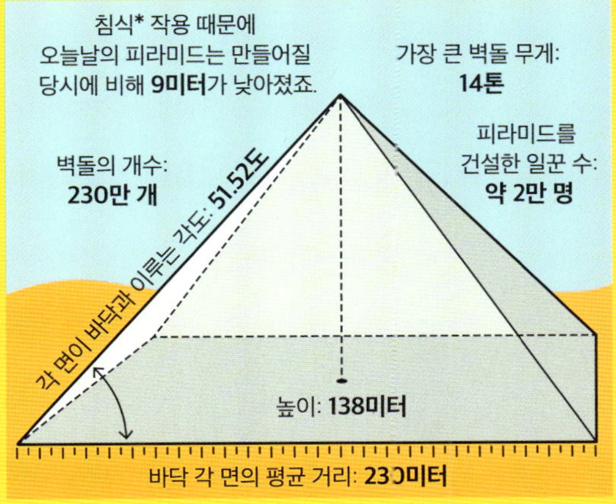

놀라운 강

아프리카에는 세계에서 가장 긴 강이 있어요. 바로 나일강이지요. 나일강은 남쪽에서 북쪽으로 약 6600킬로미터를 흐르면서 11개국을 지나요. 역사적으로 나일강은 하마, 거북, 악어 등 주변에 사는 많은 동물들과 사람들에게 물과 먹이를 제공해 왔어요.

*침식: 비, 바람 등에 의해 땅이나 건물 등이 깎이는 것.

아프리카

지형 정보

항목	내용
가장 높은 곳	탄자니아 킬리만자로산 5,895m
가장 긴 강	나일강 6,695km
육지 면적	30,065,000km²
가장 낮은 곳	지부티 아살호 -155m
가장 큰 호수	빅토리아호 69,500km²

정치 정보

항목	내용
인구	1,485,429,000명
가장 큰 국가	알제리 2,381,740km²
가장 큰 대도시권	이집트 카이로 (인구 22,624,000명)
인구 밀도가 가장 높은 국가	모리셔스 (1km²당 642명)

*서사하라: 사하라 아랍 민주 공화국과 모로코 간의 영토 분쟁 지역이다.

**정적 방위 도법: 지도상에서 일정한 경선과 위선으로 둘러싸인 부분이 지구본과 동일하도록 만든 지도. 국토가 넓은 국가나 대륙의 지도를 그릴 때 많이 쓴다.

북아메리카

미국에는 활화산이 160개 넘게 있어요.

마리아치 악단은 연주자는 있지만 가수가 없어요.

멕시코 과달라하라 마리아치 축제에서 춤을 추는 무용수들

멕시코 멕시코시티에서 죽은 자들의 날에 펼쳐지는 행진

미국과 캐나다의 대평원에서 파나마의 열대 우림까지 북아메리카는 북에서 남으로 8850킬로미터가량 뻗어 있어요. 세 번째로 큰 대륙인 북아메리카는 5개 지역으로 나뉘어요. 산지가 많은 서부(멕시코 일부와 중앙아메리카 서부 해안), 대평원, 캐나다 순상지*, 지형이 다양한 동부(중앙아메리카 저지대**와 해안 평원), 카리브해 지역이에요.

*순상지: 방패 모양으로 생긴 넓고 편평하고 오래된 땅.
**저지대: 낮은 지대.

기이하게 귀여운 동물

귀여운 도롱뇽일까요? 맞아요! 아홀로틀은 평생을 물에 사는 도롱뇽의 일종이고, 멕시코의 소치밀코호와 찰코호에서만 발견돼요. 아홀로틀을 보면 그 귀여움에 푹 빠져요. 과학자들은 아홀로틀이 멸종하지 않도록 교육과 보전에 힘쓰고 있어요.

지구에서 가장 해안이 긴 나라

환상적인 화석

캐나다 노바스코샤주와 뉴브런즈윅주 사이에 있는 펀디만 주변에서는 화석이 많이 발굴돼요. 이 만 옆에 높이 솟은 조긴스 화석 절벽에는 공룡이 출현한 시기보다 5000만 년 더 이전인 석탄기의 화석들이 있어요! 식물, 거미, 거대한 노래기(선사 시대의 가장 큰 무척추동물 중 하나) 같은 생물들의 화석도 보여요.

긴 산책길

미국 서부 해안의 워싱턴주에서 동부 해안의 수도 워싱턴까지 자동차가 전혀 다니지 않는 도로로 걸을 수 있다고 상상해 봐요. 길이 5955킬로미터의 그레이트 아메리칸 레일 트레일이 조성되면 가능해요. 예전에 미국 전역에 깔렸으나 더 이상 쓰지 않는 철길을 이용해서 걷기와 달리기, 자전거 타기에 안전한 길을 만든다는 계획이지요.

지형 정보

육지 면적
24,474,000km²

가장 높은 곳
미국 알래스카주 디날리산
6,190m

가장 긴 강
미국 미시시피강(미주리강 포함)
5,971km

가장 낮은 곳
미국 캘리포니아주, 데스밸리
-86m

가장 큰 호수
미국과 캐나다, 슈피리어호
82,100km²

정치 정보

인구
605,655,000명

가장 큰 대도시권
멕시코 멕시코시티
인구 22,505,000명

가장 큰 국가
캐나다
9,984,670km²

인구 밀도가 가장 높은 국가
바베이도스
(1km²당 707명)

북아메리카
대서양
태평양
멕시코만
카리브해
버뮤다 제도
(영국)
서 인 도 제 도
중 앙 아 메 리 카
남 아 메 리 카
부분 확대
적도
북회귀선
미국
멕시코
쿠바
바하마
벨리즈
온두라스
니카라과
과테말라
엘살바도르
코스타리카
파나마
보스턴
뉴욕
필라델피아
워싱턴디시
토론토
오타와
디트로이트
클리블랜드
인디애나폴리스
샬럿
시카고
미니애폴리스
세인트폴
내슈빌
애틀랜타
잭슨빌
멤피스
버밍햄
탬파
마이애미
세인트루이스
털사
댈러스
뉴올리언스
휴스턴
오스틴
샌안토니오
오클라호마시티
포트워스
오마하
덴버
미주리강
미시시피강
오하이오강
라스베이거스
피닉스
엘패소
시우다드 후아레스
치와와
몬테레이
산루이스포토시
베라크루스
과달라하라
멕시코시티
아카풀코
과테말라시티
산살바도르
테구시갈파
마나과
산호세
파나마시티
벨모판
아바나
나소
포틀랜드
새크라멘토
새너제이
샌프란시스코
프레즈노
데스밸리(-86m)
로스앤젤레스
샌디에이고
티후아나
케이맨 제도
(영국)
자메이카
킹스턴
아이티
포르토프랭스
도미니카 공화국
산토도밍고
푸에르토리코(미국)
산후안
버진아일랜드
(미국)
(영국)
세인트키츠 네비스
바스테르
앤티가 바부다
세인트존스
도미니카 연방
로조
세인트루시아
캐스트리스
바베이도스
브리지타운
세인트빈센트 그레나딘
킹스타운
그레나다
세인트조지스
트리니다드 토바고
포트오브스페인
아루바
(네덜란드)
퀴라소
(네덜란드)
보네르
(네덜란드)
400km
정거 방위 도법
20°N
15°N
10°N
60°W
70°W
80°W
100°W
120°W
140°W

남아메리카

에콰도르인 여성이 시장에서 과일과 채소를 팔고 있어요.

아마존 배라고도 하는 '아라사'는 아주아주 신 과일이에요.

무술과 춤을 결합한 스포츠인 '카포에이라'는 브라질에서 탄생했어요.

남아메리카는 카리브해, 대서양, 태평양 등 세 수역*으로 경계가 지어져요. 세계에서 네 번째로 큰 대륙이고 북쪽의 열대 기후에서 남쪽의 아한대 기후에 이르기까지 기후의 범위가 넓어요. 남아메리카는 생물 다양성이 풍부해 견과, 과일, 설탕, 곡물, 커피, 초콜릿 등 다양한 농작물이 생산돼요.

*수역: 바다, 강, 호수 등 물을 기준으로 하는 일정한 구역.

칠레 산티아고의 산티아고 대성당

네눈박이개구리

뒤돌아 서! 이 별난 양서류는 적과 정면으로 맞서거나 달아나는 대신에, 몸을 획 돌려서 등을 보여 줘요! 길이가 5센티미터 남짓한 이 개구리는 꽁무니에 하얀 테두리가 있는 검은 샘이 두 개 있어요. 위협을 받으면, 개구리가 몸을 부풀려요. 그러면 이 샘이 커다란 눈처럼 보여요! 그래도 포식자가 물러나지 않으면, 샘에서 독을 뿜어요!

가장 큰 연잎

큰가시연꽃의 잎은 믿어지지 않을 만큼 커다래요! 볼리비아의 라린코나다 생태 공원에는 세계에서 가장 크고 가장 튼튼한 연잎이 자라요. 차고문만 한 이 연잎은 아이가 올라가도 가라앉지 않아요. 하지만 안전한 땅에서 바라보는 편이 더 좋겠죠?

광대한 지대

렌소이스 마라냔세스 국립 공원

모래 언덕이 끝없이 이어지고 그 사이사이에 청록색 물이 고인 호수가 펼쳐져 초현실적인 느낌을 주는 곳이에요. 이 공원은 넓이가 영국의 런던만 해요. 우기(1~6월)에 수백 개의 호수가 이곳에 생겨요. 암반이 불투수성*이라 물이 빠져나가지 못해서, 호수는 여러 달 동안 물이 가득한 채로 있어요.

*불투수성: 물이 스며들기 어렵거나 스며들지 않는 성질.

지형 정보

육지 면적
17,819,000km^2

가장 긴 강
아마존강
6,679km

가장 높은 곳
아콩카과산
6,959m

가장 낮은 곳
아르헨티나 카르본 석호
-105m

가장 큰 호수
볼리비아와 페루, 티티카카호
8,372km^2

정치 정보

인구
442,164,000명

가장 큰 대도시권
브라질 상파울루
인구 22,807,000명

가장 큰 국가
브라질
8,515,770km^2

인구 밀도가 가장 높은 국가
에콰도르
(1km^{2}당 65명)

남아메리카
대서양
태평양
남회귀선
브라질리아
고이아니아
벨루오리존치
노바이구아수
리우데자네이루
산투스
상파울루
쿠리치바
포르투알레그리
파라과이
아순시온
우루과이
몬테비데오
아르헨티나
산타페
로사리오
라플라타
부에노스아이레스
마르델플라타
산미겔데투쿠만
코르도바
아콩카과산 (6,959m)
카르본 석호 (-105m)
칠레
발파라이소
산티아고
푼타아레나스
스탠리
포클랜드 제도 (영국)
라파스
산타크루스
수크레
정거 방위 도법
0
600km
20°S
30°S
40°S
50°S
20°W
30°W
40°W
50°W
60°W
80°W
90°W
100°W

오세아니아

새끼 코알라가
어미 코알라의 등에
꼭 매달려 있어요.

새끼 코알라는 태어나서 첫 6개월 동안 어미의 주머니 안에서 지내요.

파푸아 뉴기니에는 아마존과 콩고 분지 다음으로 세계에서 세 번째로 넓은 열대 우림이 있어요.

이 넓은 지역은 면적이 거의 850만 킬로미터에 달해요. 지구에서 가장 작고 평탄한 대륙인 오스트레일리아, 그리고 뉴질랜드를 비롯해 태평양에 넓게 퍼진 작은 섬나라들을 포함해요. 대부분의 나라들이 적도 아래쪽의 남반구 지역에 위치해요.

오스트레일리아 퀸즐랜드의 원주민 무용수들

난파선의 중심지

오스트레일리아 서부 해안에는 약 1600척의 난파선 잔해들이 널려 있어요. 이곳은 금, 다이아몬드 같은 것들이 발견되곤 하기 때문에 '보물 해안'이라는 별명이 붙어 있지요. 거대한 파도, 물속에 잠긴 산호초, 극심한 강풍 때문에 이곳은 항해하기가 가장 위험한 해역에 속해요.

무지개유칼립투스

누가 붓으로 열심히 칠해 놓은 것처럼 보이지만, 이 나무의 무지개색은 자연히 생겨요! 이 유칼립투스 종은 인도네시아, 필리핀, 파푸아 뉴기니의 습한 열대 환경에서 자라요. 주황색을 띤 나무껍질이 띠처럼 벗겨져 떨어져 나가면 안쪽의 연두색 층이 드러나요. 시간이 흐르면서 연두색은 빨간색, 주황색, 자주색을 거쳐서 갈색으로 변해요. 나무껍질이 벗겨지는 시기가 군데군데 달라서, 나무 표면이 무지개색을 띠지요.

사람보다 많은 동물

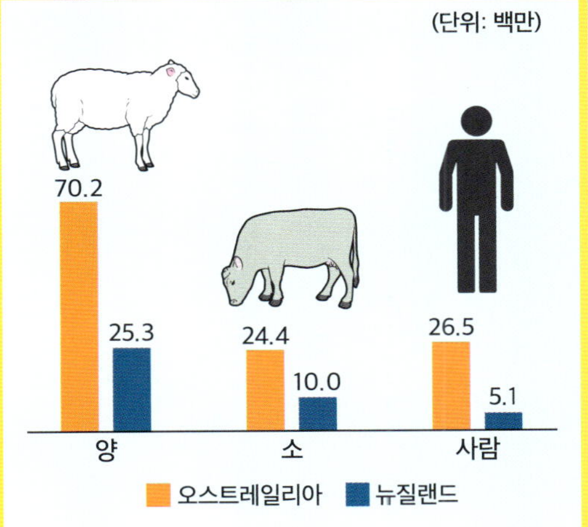

크리스마스섬홍게

이 새빨간 게는 뭍에 사는데, 오스트레일리아의 크리스마스섬이란 작은 지역에만 살아요. 해마다 한 차례씩 시원한 숲속의 보금자리를 떠나서 해안까지 험난한 여행을 해요. 이 게의 유생이 생애의 첫 몇 주 동안 물에서만 살 수 있기 때문에 새빨간 게들은 번식기에 바다로 가야 해요. 길면 18일 동안 섬은 온통 게들로 뒤덮여요. 주민들은 게의 이동을 돕기 위해 최선을 다해요. 위험한 도로를 안전하게 건널 수 있도록 터널도 만들고 게 건널목도 설치해요.

지형 정보

육지 면적
8,538,000km²

가장 높은 곳
파푸아 뉴기니 윌헬름산
4,509m

가장 낮은 곳
오스트레일리아 에어호
-15m

가장 긴 강
오스트레일리아 머리강
2,508km

가장 큰 호수
오스트레일리아 에어호
9,690km²

정치 정보

인구
45,530,000명

가장 큰 대도시권
오스트레일리아 멜버른
인구 5,316,000명

가장 큰 국가
오스트레일리아
7,741,220km²

인구 밀도가 가장 높은 국가
나우루
(1km²당 471명)

*메르카토르 도법: 중심이 되는 경선에서 가까운 지역의 위치를 비교적 정확한 각도로 파악할 수 있는 지도 제작법. 대축척 지도를 만들 때 유리하다.

오세아니아

165°E
180°
165°W
150°W
135°W
북태평양
미드웨이섬
(미국)
북회귀선
호놀룰루
하와이
(미국)
힐로
웨이크섬
(미국)
존스턴 환초
(미국)
15°N
비키니 환초
마셜 제도
라타크 열도
랄리크 열도
마주로
날짜 변경선
하
팔미라 환초
(미국)
킹맨 환초
(미국)
미
키리티마티
섬
크
하울랜드섬
(미국)
베이커섬
(미국)
로
타라와
시
라
길버트 제도
자르비스섬
(미국)
인
적도
0°
야렌
나우루
피닉스 제도
키리바시
제
아
솔로몬
제도
투발루
토켈라우 제도
(뉴질랜드)
네
도
푸나푸티
마르키즈 제도
산타크루즈
제도
아메리칸
사모아
사모아
(미국)
왈리스푸투나 제도
(프랑스)
아피아
파고
파고
쿡 제도
(뉴질랜드)
투
아
모
투
15°S
제
도
폴
리
포트빌라
바누아투
수바
통가
소시에테 제도
파페에테
피지
니우에섬
(뉴질랜드)
프랑스령 폴리네시아
(프랑스)
누메아
누쿠알로파
아바루아
오스트랄 제도
남회귀선
누벨칼레도니섬
(프랑스)
이스터섬(칠레)
핏케언섬
(영국)
노퍽섬
(오스트레일리아)
남태평양
30°S
케르마데크 제도
(뉴질랜드)
오클랜드
뉴질랜드
웰링턴
크라이스트처치
채텀 제도
(뉴질랜드)
45°S
날짜 변경선
165°E
180°
165°W
150°W
135°W

남극 대륙

지구에서 발견되는 운석은 대부분 남극 대륙에서 나와요.

펭귄은 얼음 위에서도 얼지 않도록 발로 가는 혈액의 양과 온도를 조절할 수 있어요.

젠투펭귄

얼어붙은 이 대륙은 지구에서 손꼽히게 멋진 장소이지만, 우리는 펭귄이 아니라서 남극에 오래 머물 수 없어요. 가장 춥고, 바람이 많이 불고, 건조한 대륙이라서 남극점을 둘러싼 이 땅에 많은 사람이 늘 거주하기는 힘들어요.

얼룩무늬물범

펭귄 순찰

전혀 은밀하지 않은 정찰 임무라고 할 만해요. 과학자들은 배터리로 움직이는 로봇이 펭귄을 따라다니도록 했어요. 기후 변화가 남극 대륙에 사는 동물들에게 어떤 영향을 미칠지 알아내기 위한 활동이에요. 이 느릿느릿 움직이는 로봇은 사진과 동영상을 찍고, 여러 데이터를 수집하며 펭귄 집단을 자세히 관찰하지요.

노래하는 빙붕

사람 귀에는 들리지 않지만, 빙붕에서는 낮게 웅웅거리는 으스스한 소리가 나요. 바람이 얼음 위로 불면서 내는 소리인데 지진계는 감지할 수 있지요. 빙붕이 내는 소리는 날씨에 따라 조금씩 달라져요. 과학자들은 이 얼음의 노래를 추적 관찰하면서 빙붕이 깨지거나 무너질 위험을 살펴요.

연간 평균 적설량

거대한 해파리

최근에 거대유령해파리가 남극 대륙 연안에서 유람선을 타고 가던 사람들의 눈에 띄었어요. 9미터까지 뻗은 리본 같은 몸에 우산 같은 머리가 달린 이 해파리는 거의 보기 힘들 정도로 희귀하며, 현재 바다에서 가장 큰 무척추동물 포식자에 속해요.

지형 정보

육지 면적
13,660,000km²

가장 높은 곳
빈슨산(빈슨 산괴)
4,892m

가장 낮은 곳
버드 빙하
-2,870m

가장 추운 곳
리지 A,
연간 평균 기온 -70°C

남극 고원의 평균 강수량
5cm 이하

정치 정보

인구
토착민이 없는 지역이지만, 여름 동안 혹은 1년 내내 연구 기지에서 생활하는 인구가 약간 있다.

독립국 수
0

영유권을 주장하는 국가의 수
7

1년 내내 연구 기지를 운영하는 국가의 수
20

1년 내내 운영되는 연구 기지의 수
40

남극은 어느 나라의 영토일까?

어느 나라의 것도 아니에요.
하지만 7개 국가가 이 얼어붙은 대륙을 나누어 영유권을 주장하고 있어요.

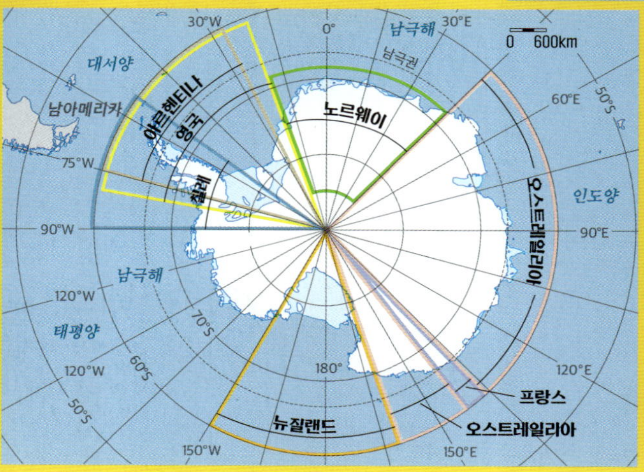

남극 대륙

*빙붕: 대륙에서 시작된 빙하가 바다를 만나서 물에 떠 있는 두꺼운 얼음 덩어리.

세계의 국가들

내셔널지오그래픽에서 파악한 195개 독립국에 대한 기본 정보를 소개합니다. 가장 최근인 2011년에 독립한 남수단도 포함하지요.

모든 독립국의 국기는 다양한 문화와 역사를 상징해요. 통계 자료는 지리와 인구 등 각 나라에 대한 간략한 정보를 제공해요. 이는 일반적인 특징일 뿐 종합적인 사실은 아니에요. 예를 들어 한 나라에서 쓰는 모든 언어를 나열할 수는 없으므로 대표적인 언어들을 중심으로 표기하지요. 종교도 마찬가지예요.

하나의 국가는 국민, 독립 정부, 영토가 있고 대부분은 군사, 조세 제도를 갖춘 정치적인 집단으로 규정해요.

북키프로스나 타이완처럼 논쟁이 있는 지역과 버뮤다 제도, 푸에르토리코처럼 다른 독립국의 자치령은 포함시키지 않았어요.

아래 지도와 맨 아래쪽의 대륙별 색상 안내를 보면 각 나라가 어떤 대륙에 위치하는지 쉽게 알 수 있어요. 수도 인구에는 수도권의 인구도 포함돼요. 모든 정보는 이 책이 출간된 시점이 기준이에요.

가나

면적: 238,533km²
인구: 34,589,000명
수도: 아크라 (인구: 2,721,000명)
화폐 단위: 세디
종교: 개신교, 로마 가톨릭교, 기타 기독교, 이슬람교, 전통 신앙
언어: 아샨티어, 에웨어, 판티어, 영어

감비아

면적: 11,300km²
인구: 2,523,000명
수도: 반줄 (인구: 495,000명)
화폐 단위: 달라시
종교: 이슬람교, 기독교
언어: 영어, 만데어, 월로프어, 풀풀데어

가봉

면적: 267,667km²
인구: 2,455,000명
수도: 리브르빌 (인구: 884,000명)
화폐 단위: 중앙아프리카 세파 프랑
종교: 로마 가톨릭교, 개신교, 기타 기독교, 이슬람교
언어: 프랑스어, 팡어, 미옌어, 은제비어, 바푸누/에시라어, 반자비어

과테말라

면적: 108,889km²
인구: 18,358,000명
수도: 과테말라시티 (인구: 3,160,000명)
화폐 단위: 케찰
종교: 로마 가톨릭교, 개신교, 토속 신앙
언어: 에스파냐어, 마야어

가이아나

면적: 214,969km²
인구: 794,000명
수도: 조지타운 (인구: 110,000명)
화폐 단위: 가이아나 달러
종교: 힌두교, 개신교, 로마 가톨릭교, 기타 기독교, 이슬람교
언어: 영어, 가이아나 크리올, 아메리카 원주민 언어, 가이아나 힌디어, 중국어

그레나다

면적: 344km²
인구: 115,000명
수도: 세인트조지스 (인구: 39,000명)
화폐 단위: 동카리브 달러
종교: 개신교, 로마 가톨릭교
언어: 영어, 프랑스 크리올

대륙별 색상 ● 아시아 ● 유럽 ● 아프리카

그리스

면적: 131,957km²
인구: 10,461,000명
수도: 아테네 (인구: 3,155,000명)
화폐 단위: 유로
종교: 그리스 정교회
언어: 그리스어

기니

면적: 245,857km²
인구: 13,986,000명
수도: 코나크리 (인구: 2,179,000명)
화폐 단위: 기니 프랑
종교: 이슬람교, 기독교, 토속 신앙
언어: 프랑스어, 아프리카 언어

기니비사우

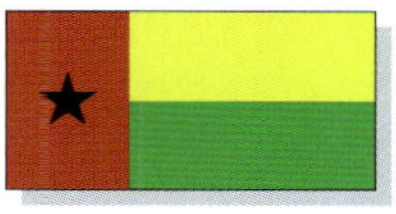

면적: 36,125km²
인구: 2,132,000명
수도: 비사우 (인구: 687,000명)
화폐 단위: 서아프리카 세파 프랑
종교: 이슬람교, 기독교, 토속 신앙
언어: 포르투갈 크리올, 포르투갈어, 풀풀데어, 만데어

나미비아

면적: 824,292km²
인구: 2,804,000명
수도: 빈트후크 (인구: 494,000명)
화폐 단위: 나미비아 달러, 남아프리카 공화국 랜드
종교: 기독교, 토속 신앙
언어: 토착어, 아프리칸스어, 영어

나우루

면적: 21km²
인구: 10,000명
수도: 야렌 (인구: 700명)
화폐 단위: 오스트레일리아 달러
종교: 개신교, 로마 가톨릭교
언어: 나우루어, 영어

나이지리아

면적: 923,768km²
인구: 236,747,000명
수도: 아부자
(인구: 4,026,000명)
화폐 단위: 나이라
종교: 이슬람교, 로마 가톨릭교, 기타 기독교
언어: 영어, 토착어

남수단

면적: 644,329km²
인구: 12,704,000명
수도: 주바 (인구: 479,000명)
화폐 단위: 남수단 파운드
종교: 정령 신앙, 기독교, 이슬람교
언어: 영어, 아랍어, 딩카어, 누에르어, 바리어, 잔데어, 실루크어

남아프리카 공화국(남아공)

면적: 1,219,090km²
인구: 60,443,000명
수도: 프리토리아 (인구: 2,890,000명),
케이프타운 (인구: 4,978,000명),
블룸폰테인 (인구: 598,000명)
화폐 단위: 남아프리카 공화국 랜드
종교: 기독교, 토속 신앙, 정령 신앙
언어: 줄루어, 코사어, 기타 토착어, 아프리칸스어, 영어

네덜란드

면적: 41,543km²
인구: 17,772,000명
수도: 암스테르담 (인구: 1,182,000명)
화폐 단위: 유로
종교: 개신교, 로마 가톨릭교, 이슬람교
언어: 네덜란드어, 프리슬란트어

네팔

면적: 147,181km²
인구: 31,122,000명
수도: 카트만두 (인구: 1,622,000명)
화폐 단위: 네팔 루피
종교: 힌두교, 불교, 이슬람교
언어: 네팔어, 마이틸어

● 북아메리카, 중앙아메리카 ● 남아메리카 ● 오세아니아

노르웨이

면적: 323,802km^2
인구: 5,510,000명
수도: 오슬로 (인구: 1,101,000명)
화폐 단위: 노르웨이 크로네
종교: 개신교
언어: 보크몰 노르웨이어, 뉘노르스크 노르웨이어

니제르

면적: 1,267,000km^2
인구: 26,343,000명
수도: 니아메 (인구: 1,496,000명)
화폐 단위: 서아프리카 세파 프랑
종교: 이슬람교
언어: 프랑스어, 하우사어, 제르마어

뉴질랜드

면적: 268,838km^2
인구: 5,161,000명
수도: 웰링턴 (인구: 424,000명)
화폐 단위: 뉴질랜드 달러
종교: 로마 가톨릭교, 개신교
언어: 영어, 마오리어

니카라과

면적: 130,370km^2
인구: 6,677,000명
수도: 마나과 (인구: 1,107,000명)
화폐 단위: 코르도바 오로
종교: 로마 가톨릭교, 개신교
언어: 에스파냐어

오늘의 네팔

네팔의 히말라야 고지대에 사는 산양은 부드러운 속털이 자라서 혹독한 겨울에도 따뜻하게 지낼 수 있어요.

대륙별 색상 ● 아시아 ● 유럽 ● 아프리카

대한민국

면적: 100,363km^2
인구: 52,082,000명
수도: 서울 (인구: 9,596,000명)
화폐 단위: 원
종교: 불교, 개신교, 로마 가톨릭교
언어: 한국어

3가지 대한민국에 대한 멋진 사실들

1. 1990년대 대한민국에서 팝, 록, 알 앤드 비, 힙합 등 다양한 음악 양식에서 영감을 얻은 케이팝 음악이 출현했어요.

2. 대한민국의 해안에는 3000개가 넘는 섬이 있어요. 매일 한 곳씩 찾아간다면, 다 들르는 데 9년 넘게 걸릴 거예요.

3. 대한민국은 60퍼센트 이상이 산과 숲으로 덮여 있어요.

덴마크

면적: 43,094km^2
인구: 5,973,000명
수도: 코펜하겐 (인구: 1,391,000명)
화폐 단위: 덴마크 크로네
종교: 개신교, 이슬람교
언어: 덴마크어, 페로어, 그린란드어, 영어

도미니카 공화국

면적: 48,670km^2
인구: 10,816,000명
수도: 산토도밍고
(인구: 3,587,000명)
화폐 단위: 도미니카 페소
종교: 로마 가톨릭교
언어: 에스파냐어

3가지 도미니카 공화국에 관한 멋진 사실들

1. 아주 희귀한 파란색 보석인 라리마는 도미니카 공화국에서만 나와요.

2. 도미니카 공화국에는 세계에서 가장 작은 전갈 중 한 종이 살아요. 길이가 약 1센티미터로 연필 끝에 달린 지우개만 해요.

3. 도미니카 공화국은 세계 최대의 유기농 코코아 생산국 중 하나예요.

도미니카 연방

면적: 751km^2
인구: 75,000명
수도: 로조 (인구: 15,000명)
화폐 단위: 동카리브 달러
종교: 로마 가톨릭교, 개신교
언어: 영어, 프랑스어 방언

독일

면적: 357,022km^2
인구: 84,119,000명
수도: 베를린 (인구: 3,577,000명)
화폐 단위: 유로
종교: 개신교, 로마 가톨릭교, 이슬람교
언어: 독일어

동티모르

면적: 14,874km^2
인구: 1,507,000명
수도: 딜리 (인구: 281,000명)
화폐 단위: 미국 달러
종교: 로마 가톨릭교, 개신교
언어: 테툼어, 맘바이어, 마카사이어, 포르투갈어, 인도네시아어, 영어

라오스

면적: 236,800km^2
인구: 7,954,000명
수도: 비엔티안 (인구: 38,000명)
화폐 단위: 라오 키프
종교: 불교, 토속 신앙
언어: 라오어, 프랑스어, 영어, 여러 민족어

라트비아

면적: 64,589km^2
인구: 1,801,000명
수도: 리가 (인구: 619,000명)
화폐 단위: 유로
종교: 개신교, 로마 가톨릭교, 라트비아 정교회
언어: 라트비아어, 러시아어

라이베리아

면적: 111,369km^2
인구: 5,437,000명
수도: 몬로비아
(인구: 1,735,000명)
화폐 단위: 라이베리아 달러
종교: 기독교, 이슬람교, 토속 신앙
언어: 영어, 토착어

러시아

면적: 17,098,242km^2
인구: 140,821,000명
수도: 모스크바 (인구: 12,712,000명)
화폐 단위: 러시아 루블
종교: 러시아 정교회, 이슬람교
언어: 러시아어
참고: 러시아는 유럽과 아시아에 걸쳐 있지만, 수도가 유럽에 있어서 유럽 국가로 분류했어요.

중세 시대에 독일 남부의 밤베르크 시민들은 레그니츠강 한가운데에 인공 섬을 만들고 마을 회관을 지었어요.

대륙별 색상 ● 아시아 ● 유럽 ● 아프리카

레바논

면적: 10,400km²
인구: 5,364,000명
수도: 베이루트 (인구: 2,402,000명)
화폐 단위: 레바논 파운드
종교: 이슬람교, 기독교
언어: 아랍어, 프랑스어, 영어, 아르메니아어

레소토

면적: 30,355km²
인구: 2,228,000명
수도: 마세루 (인구: 202,000명)
화폐 단위: 레소토 로티
종교: 개신교, 로마 가톨릭교, 기타 기독교
언어: 세소토어, 영어, 줄루어, 코사어

루마니아

면적: 238,391km²
인구: 18,148,000명
수도: 부쿠레슈티
(인구: 1,768,000명)
화폐 단위: 루마니아 레우
종교: 루마니아 정교회, 개신교
언어: 루마니아어, 헝가리어

룩셈부르크

면적: 2,586km²
인구: 671,000명
수도: 룩셈부르크
(인구: 120,000명)
화폐 단위: 유로
종교: 로마 가톨릭교
언어: 룩셈부르크어, 포르투갈어, 독일어, 프랑스어

르완다

면적: 26,338km²
인구: 13,623,000명
수도: 키갈리 (인구: 1,288,000명)
화폐 단위: 르완다 프랑
종교: 로마 가톨릭교, 개신교
언어: 키냐르완다어(르완다어), 프랑스어, 영어, 스와힐리어

리비아

면적: 1,759,540km²
인구: 7,361,000명
수도: 트리폴리
(인구: 1,192,000명)
화폐 단위: 리비아 디나르
종교: 이슬람교
언어: 아랍어, 이탈리아어, 영어, 베르베르어

리투아니아

면적: 65,300km²
인구: 22,628,000명
수도: 빌뉴스 (인구: 542,000명)
화폐 단위: 유로
종교: 로마 가톨릭교
언어: 리투아니아어

리히텐슈타인

면적: 160km²
인구: 40,000명
수도: 파두츠 (인구: 5,000명)
화폐 단위: 스위스 프랑
종교: 로마 가톨릭교, 개신교, 이슬람교
언어: 독일어

마다가스카르

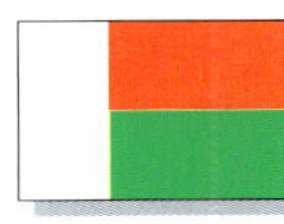

면적: 587,041km²
인구: 29,453,000명
수도: 안타나나리보
(인구: 4,049,000명)
화폐 단위: 아리아리
종교: 기독교, 토속 신앙, 이슬람교
언어: 프랑스어, 말라가시어, 영어

마셜 제도

면적: 181km²
인구: 41,000명
수도: 마주로 (인구: 31,000명)
화폐 단위: 미국 달러
종교: 개신교, 로마 가톨릭교, 모르몬교
언어: 마셜어, 영어

말라위

면적: 118,484km^2
인구: 21,763,000명
수도: 릴롱궤 (인구: 1,333,000명)
화폐 단위: 말라위 콰차
종교: 개신교, 로마 가톨릭교, 기타 기독교, 이슬람교
언어: 영어, 체와어, 기타 반투어

3가지 말라위에 대한 멋진 사실들

1. 말라위호는 세계에서 가장 많은 민물고기 종이 사는 호수예요. 이 호수에 사는 어류는 대부분 화려한 색깔을 띠는 시클리드예요.

2. 말라위 호수 국립 공원은 세계 최초로 민물에 지정된 국립 공원이에요.

3. 말라위의 물란제산은 높이가 약 3000미터로, 아프리카에서 가장 높은 봉우리 중 하나예요.

말레이시아

면적: 329,847km^2
인구: 34,565,000명
수도: 쿠알라룸푸르 (인구: 8,816,000명)
화폐 단위: 링깃
종교: 이슬람교, 불교, 기독교, 힌두교
언어: 말레이어, 영어, 중국어, 타밀어, 텔루구어, 말라얄람어

말리

면적: 1,240,192km^2
인구: 21,991,000명
수도: 바마코 (인구: 3,051,000명)
화폐 단위: 서아프리카 세파 프랑
종교: 이슬람교
언어: 프랑스어, 밤바라어, 아프리카 언어

멕시코

면적: 1,964,375km^2
인구: 130,740,000명
수도: 멕시코시티 (인구: 22,505,000명)
화폐 단위: 멕시코 페소
종교: 로마 가톨릭교, 개신교
언어: 에스파냐어

모나코

면적: 2km^2
인구: 32,000명
수도: 모나코 (인구: 32,000명)
화폐 단위: 유로
종교: 로마 가톨릭교
언어: 프랑스어, 영어, 이탈리아어, 모나코어

모로코

면적: 446,550km^2
인구: 37,388,000명
수도: 라바트 (인구: 1,989,000명)
화폐 단위: 모로코 디르함
종교: 이슬람교
언어: 아랍어, 타마지그트어, 베르베르어, 프랑스어

모리셔스

면적: 2,040km^2
인구: 1,311,000명
수도: 포트루이스 (인구: 149,000명)
화폐 단위: 모리셔스 루피
종교: 힌두교, 로마 가톨릭교, 이슬람교, 기타 기독교
언어: 모리셔스 크리올, 영어

모리타니

면적: 1,030,700km^2
인구: 4,328,000명
수도: 누악쇼트 (인구: 1,552,000명)
화폐 단위: 우기야
종교: 이슬람교
언어: 아랍어, 풀풀데어, 소닝케어, 월로프어, 프랑스어

대륙별 색상 ● 아시아 ● 유럽 ● 아프리카

모잠비크

면적: 799,380km^2
인구: 33,351,000명
수도: 마푸투 (인구: 1,193,000명)
화폐 단위: 모잠비크 메티칼
종교: 로마 가톨릭교, 개신교, 기타 기독교, 이슬람교
언어: 마쿠와어, 포르투갈어, 지역 언어

몽골

면적: 1,564,116km^2
인구: 3,282,000명
수도: 울란바토르
(인구: 1,699,000명)
화폐 단위: 투그릭
종교: 불교
언어: 몽골어, 튀르크어, 러시아어

몬테네그로

면적: 13,812km^2
인구: 600,000명
수도: 포드고리차
(인구: 177,000명)
화폐 단위: 유로
종교: 몬테네그로 정교회, 이슬람교
언어: 세르비아어, 몬테네그로어

슈부우이아 데세르티는 새처럼 생긴 작은 공룡으로, 약 7500만 년 전에 지금의 몽골을 돌아다녔어요.

몰도바

면적: 33,851km^2
인구: 3,600,000명
수도: 키시너우
(인구: 486,000명)
화폐 단위: 몰도바 레우
종교: 몰도바 정교회
언어: 몰도바어, 루마니아어, 러시아어

미국

면적: 9,833,517km^2
인구: 341,963,000명
수도: 워싱턴 디시
(인구: 679,000명)
화폐 단위: 미국 달러
종교: 개신교, 로마 가톨릭교
언어: 영어, 에스파냐어, 아메리카 원주민 언어

몰디브

면적: 298km^2
인구: 389,000명
수도: 말레 (인구: 177,000명)
화폐 단위: 몰디브 루피야
종교: 이슬람교
언어: 디베히어, 영어

미얀마

면적: 676,578km^2
인구: 54,527,000명
수도: 네피도 (인구: 723,000명)
화폐 단위: 차트
종교: 불교, 기독교
언어: 버마어

몰타

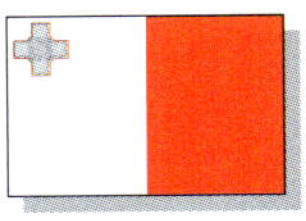

면적: 316km^2
인구: 470,000명
수도: 발레타 (인구: 213,000명)
화폐 단위: 유로
종교: 로마 가톨릭교
언어: 몰타어, 영어

미크로네시아

면적: 702km^2
인구: 100,000명
수도: 팔리키르 (인구: 7,000명)
화폐 단위: 미국 달러
종교: 로마 가톨릭교, 개신교
언어: 영어, 추크어, 코스라에어, 폰페이어, 기타 토착어

● 북아메리카, 중앙아메리카 ● 남아메리카 ● 오세아니아

바누아투

면적: 12,189 km^2
인구: 318,000명
수도: 빌라 (인구: 53,000명)
화폐 단위: 바투
종교: 개신교, 로마 가톨릭교, 토속 신앙
언어: 지역 언어, 비슬라마어, 영어, 프랑스어

바베이도스

면적: 430km^2
인구: 304,000명
수도: 브리지타운 (인구: 89,000명)
화폐 단위: 바베이도스 달러
종교: 개신교, 기타 기독교
언어: 영어, 크리올

바레인

면적: 760km^2
인구: 1,567,000명
수도: 마나마 (인구: 727,000명)
화폐 단위: 바레인 디나르
종교: 이슬람교, 기독교
언어: 아랍어, 영어, 페르시아어, 우르두어

바티칸 시국

면적: 0.44km^2
인구: 1,000명
수도: 바티칸 (인구: 1,000명)
화폐 단위: 유로
종교: 로마 가톨릭교
언어: 이탈리아어, 라틴어, 프랑스어

오늘의 바베이도스

바베이도스 연안의 카리브해에서
바다거북이 헤엄치고 있어요.

바하마

면적: 13,880km^2
인구: 411,000명
수도: 나소 (인구: 280,000명)
화폐 단위: 바하마 달러
종교: 개신교, 로마 가톨릭교, 기타 기독교
언어: 영어, 바하마 크리올

베냉

면적: 112,622km^2
인구: 14,697,000명
수도: 포르토노보 (인구: 285,000명)
화폐 단위: 서아프리카 세파 프랑
종교: 이슬람교, 로마 가톨릭교, 개신교, 부두교, 기타 기독교
언어: 프랑스어, 폰어, 요루바어, 여러 부족 언어

방글라데시

면적: 148,460km^2
인구: 168,697,000명
수도: 다카 (인구: 23,936,000명)
화폐 단위: 타카
종교: 이슬람교, 힌두교
언어: 벵골어

베네수엘라

면적: 912,050km^2
인구: 31,250,000명
수도: 카라카스 (인구: 2,992,000명)
화폐 단위: 베네수엘라 볼리바르
종교: 로마 가톨릭교
언어: 에스파냐어, 수많은 방언

오늘의 바티칸 시국

바티칸 중심에 있는 성 베드로 대성당은 세계 최대의 종교 시설에 속해요.

베네수엘라의 앙헬 폭포는 끊기지 않고 한 줄기로 떨어지는 폭포 중 세계에서 가장 높은 폭포예요. 롯데월드타워 높이의 약 2배예요.

보스니아 헤르체고비나

면적: 51,197km^2
인구: 3,799,000명
수도: 사라예보
(인구: 347,000명)
화폐 단위: 태환 마르카
종교: 이슬람교, 동방 정교회, 로마 가톨릭교
언어: 보스니아어, 세르비아어, 크로아티아어

베트남

면적: 331,210km^2
인구: 105,759,000명
수도: 하노이 (인구: 5,432,000명)
화폐 단위: 동
종교: 불교, 로마 가톨릭교
언어: 베트남어, 영어, 프랑스어, 중국어, 크메르어, 몬크메르어, 말레이폴리네시아어

보츠와나

면적: 581,730km^2
인구: 2,451,000명
수도: 가보로네 (인구: 269,000명)
화폐 단위: 풀라
종교: 기독교
언어: 츠와나어, 칼랑가어, 크갈라가디어, 영어

벨기에

면적: 30,528km^2
인구: 11,978,000명
수도: 브뤼셀 (인구: 2,132,000명)
화폐 단위: 유로
종교: 로마 가톨릭교, 이슬람교
언어: 네덜란드어, 프랑스어, 독일어

볼리비아

면적: 1,098,581km^2
인구: 12,312,000명
수도: 라파스 (인구: 1,966,000명), 수크레 (인구: 278,000명)
화폐 단위: 볼리비아노
종교: 로마 가톨릭교, 개신교
언어: 에스파냐어, 케추아어, 아이마라어, 과라니어

벨라루스

면적: 207,600km^2
인구: 9,501,000명
수도: 민스크
(인구: 2,065,000명)
화폐 단위: 벨라루스 루블
종교: 벨라루스 정교회, 로마 가톨릭교
언어: 러시아어, 벨라루스어

부룬디

면적: 27,830km^2
인구: 13,590,000
수도: 기테가 (인구: 135,000명), 부줌부라 (인구: 1,277,000명)
화폐 단위: 부룬디 프랑
종교: 로마 가톨릭교, 개신교
언어: 키룬디어, 프랑스어, 영어, 스와힐리어

벨리즈

면적: 22,966km^2
인구: 416,000명
수도: 벨모판 (인구: 23,000명)
화폐 단위: 벨리즈 달러
종교: 로마 가톨릭교, 개신교
언어: 영어, 에스파냐어, 벨리즈 크리올, 마야어

부르키나파소

면적: 274,200km^2
인구: 23,042,000명
수도: 와가두구 (인구: 3,359,000명)
화폐 단위: 서아프리카 세파 프랑
종교: 이슬람교, 로마 가톨릭교, 토속 신앙 또는 정령 신앙, 개신교
언어: 프랑스어, 아프리카 언어

대륙별 색상 ● 아시아 ● 유럽 ● 아프리카

부탄

면적: 38,394km^2
인구: 885,000명
수도: 팀푸 (인구: 203,000명)
화폐 단위: 눌트룸, 인도 루피
종교: 불교, 힌두교
언어: 샤촙어, 종카어, 로참파어

북마케도니아

면적: 25,713km^2
인구: 2,136,000명
수도: 스코페 (인구: 616,000명)
화폐 단위: 데나르
종교: 마케도니아 정교회, 이슬람교
언어: 마케도니아어, 알바니아어

북한

면적: 120,538km^2
인구: 26,299,000명
수도: 평양 (인구: 3,183,000명)
화폐 단위: 북한 원
종교: 불교, 유교, 기독교, 천도교
언어: 한국어

불가리아

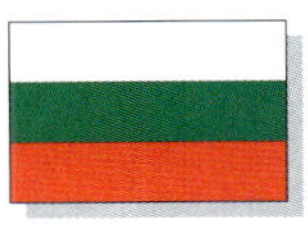

면적: 110,879km^2
인구: 6,783,000명
수도: 소피아 (인구: 1,288,000명)
화폐 단위: 레프
종교: 불가리아 정교회, 이슬람교
언어: 불가리아어

브라질

면적: 8,515,770km^2
인구: 220,052,000명
수도: 브라질리아 (인구: 4,935,000명)
화폐 단위: 헤알
종교: 로마 가톨릭교, 개신교
언어: 포르투갈어

브루나이

면적: 5,765km^2
인구: 492,000명
수도: 반다르스리브가완 (인구: 267,000명)
화폐 단위: 브루나이 달러
종교: 이슬람교, 기독교, 불교, 토속 신앙
언어: 말레이어, 영어, 중국어

사모아

면적: 2,831km^2
인구: 209,000명
수도: 아피아 (인구: 36,000명)
화폐 단위: 탈라
종교: 개신교, 로마 가톨릭교, 모르몬교
언어: 사모아어, 영어

사우디아라비아

면적: 2,149,690km^2
인구: 36,544,000명
수도: 리야드 (인구: 7,821,000명)
화폐 단위: 사우디아라비아 리얄
종교: 이슬람교
언어: 아랍어

산마리노

면적: 61km^2
인구: 35,000명
수도: 산마리노 (인구: 4,000명)
화폐 단위: 유로
종교: 로마 가톨릭교
언어: 이탈리아어

상투메 프린시페

면적: 964km^2
인구: 224,000명
수도: 상투메 (인구: 80,000명)
화폐 단위: 도브라
종교: 로마 가톨릭교, 개신교
언어: 포르투갈어, 상투메 크리올(포로어)

세네갈

면적: 196,722km^2
인구: 18,848,000명
수도: 다카르 (인구: 3,540,000명)
화폐 단위: 서아프리카 세파 프랑
종교: 이슬람교
언어: 프랑스어, 월로프어, 기타 토착어

세르비아

면적: 77,474km^2
인구: 6,652,000명
수도: 베오그라드 (인구: 1,411,000명)
화폐 단위: 세르비아 디나르
종교: 세르비아 정교회, 로마 가톨릭교
언어: 세르비아어

세이셸

면적: 455km^2
인구: 98,000명
수도: 빅토리아 (인구: 28,000명)
화폐 단위: 세이셸 루피
종교: 로마 가톨릭교, 개신교
언어: 세이셸 크리올, 영어, 프랑스어

세인트루시아

면적: 616km^2
인구: 168,000명
수도: 캐스트리스
(인구: 22,000명)
화폐 단위: 동카리브 달러
종교: 로마 가톨릭교, 개신교
언어: 영어, 프랑스어 방언

세인트빈센트 그레나딘

면적: 389km^2
인구: 101,000명
수도: 킹스타운 (인구: 27,000명)
화폐 단위: 동카리브 달러
종교: 개신교, 로마 가톨릭교
언어: 영어, 빈센트 크리올, 프랑스어 방언

세인트키츠 네비스

면적: 261km^2
인구: 55,000명
수도: 바스테르 (인구: 14,000명)
화폐 단위: 동카리브 달러
종교: 개신교, 로마 가톨릭교
언어: 영어, 세인트키츠 크리올

소말리아

면적: 637,657km^2
인구: 18,706,000명
수도: 모가디슈 (인구: 2,727,000명)
화폐 단위: 소말리아 실링
종교: 이슬람교
언어: 소말리어, 아랍어, 이탈리아어, 영어

솔로몬 제도

면적: 28,896m^2
인구: 727,000명
수도: 호니아라 (인구: 82,000명)
화폐 단위: 솔로몬 제도 달러
종교: 개신교, 로마 가톨릭교
언어: 멜라네시아 피진, 영어, 토착어

수단

면적: 1,861,484km^2
인구: 50,467,000명
수도: 하르툼
(인구: 6,542,000명)
화폐 단위: 수단 파운드
종교: 이슬람교
언어: 아랍어, 영어, 누비아어, 타베다위어, 푸르어

수리남

면적: 163,820km^2
인구: 647,000명
수도: 파라마리보 (인구: 239,000명)
화폐 단위: 수리남 달러
종교: 개신교, 힌두교, 로마 가톨릭교, 이슬람교
언어: 네덜란드어, 영어, 수리남어, 카리브 힌두스탄어, 자바어

대륙별 색상 ● 아시아 ● 유럽 ● 아프리카

스리랑카

면적: 65,610km^2
인구: 21,983,000명
수도: 콜롬보 (인구: 640,000명), 스리자야와르데네푸라코테 (인구: 103,000명)
화폐 단위: 스리랑카 루피
종교: 불교, 이슬람교, 힌두교, 로마 가톨릭교
언어: 싱할라어, 타밀어, 영어

스웨덴

면적: 450,295km^2
인구: 10,590,000명
수도: 스톡홀름 (인구: 1,720,000명)
화폐 단위: 스웨덴 크로나
종교: 개신교
언어: 스웨덴어

스웨덴의 스토르쉰 호수에는 개의 머리에 긴 목과 꼬리를 지닌 괴물이 나온다는 전설이 있어요.

스위스

면적: 41,277km^2
인구: 8,861,000명
수도: 베른 (인구: 445,000명)
화폐 단위: 스위스 프랑
종교: 로마 가톨릭교, 개신교, 기타 기독교, 이슬람교
언어: 독일어(스위스 독일어), 프랑스어, 이탈리아어, 영어, 레토로망스어

슬로바키아

면적: 49,035km^2
인구: 5,564,000명
수도: 브라티슬라바 (인구: 442,000명)
화폐 단위: 유로
종교: 로마 가톨릭교, 개신교
언어: 슬로바키아어

슬로베니아

면적: 20,273km^2
인구: 2,098,000명
수도: 류블랴나 (인구: 286,000명)
화폐 단위: 유로
종교: 로마 가톨릭교, 이슬람교, 동방 정교회
언어: 슬로베니아어

시리아

면적: 186,142km^2
인구: 23,865,000명
수도: 다마스쿠스 (인구: 2,685,000명)
화폐 단위: 시리아 파운드
종교: 이슬람교, 기독교
언어: 아랍어, 쿠르드어, 아르메니아어, 아람어, 체르케스어, 프랑스어, 영어

시에라리온

면적: 71,740km^2
인구: 9,121,000명
수도: 프리타운 (인구: 1,348,000명)
화폐 단위: 리온
종교: 이슬람교, 기독교
언어: 영어, 멘데어, 템네어, 시에라리온 크리올

싱가포르

면적: 719km^2
인구: 6,028,000명
수도: 싱가포르 (인구: 6,028,000명)
화폐 단위: 싱가포르 달러
종교: 불교, 기독교, 이슬람교, 도교, 힌두교
언어: 영어, 중국어, 중국어 방언, 말레이어, 타밀어

아랍 에미리트

면적: 83,600km^2
인구: 10,032,000명
수도: 아부다비 (인구: 1,593,000명)
화폐 단위: 아랍에미리트 디르함
종교: 이슬람교, 기독교
언어: 아랍어, 영어, 힌디어, 말라얄람어, 우르두어, 파슈토어, 타갈로그어, 페르시아어

아르메니아

면적: 29,743km^2
인구: 2,977,000명
수도: 예레반
(인구: 1,098,000명)
화폐 단위: 드람
종교: 아르메니아 교회, 기타 기독교
언어: 아르메니아어, 러시아어

3가지 아르메니아에 대한 멋진 사실들

1. 건축 시기가 4세기로 거슬러 올라가는 아르메니아의 에치미아진 대성당은 세계에서 가장 오래된 기독교 교회 중 한 곳이에요.

2. 아르메니아의 한 동굴에서 5500년 전에 만들어진 가죽 신발이 양의 배설물에 묻혀 잘 보존된 상태로 발견되었어요.

3. 아르메니아어는 독특한 고유 문자를 써요. 기원후 405년에 창안된 아르메니아 문자는 현재 자모가 39개 있어요.

아르헨티나

면적: 2,780,400km^2
인구: 46,994,000명
수도: 부에노스아이레스
(인구: 15,618,000명)
화폐 단위: 아르헨티나 페소
종교: 로마 가톨릭교
언어: 에스파냐어, 이탈리아어, 영어, 독일어, 프랑스어

아이슬란드

면적: 103,000km^2
인구: 364,000명
수도: 레이캬비크 (인구 216,000명)
화폐 단위: 아이슬란드 크로나
종교: 개신교
언어: 아이슬란드어, 영어, 북유럽 언어, 독일어

아이티

면적: 27,750km^2
인구: 11,754,000명
수도: 포르토프랭스
(인구: 3,060,000명)
화폐 단위: 구르드
종교: 로마 가톨릭교, 개신교, 부두교
언어: 프랑스어, 아이티 크리올

아일랜드

면적: 70,273km^2
인구: 5,233,000명
수도: 더블린
(인구: 1,285,000명)
화폐 단위: 유로
종교: 로마 가톨릭교
언어: 영어, 아일랜드어

아제르바이잔

면적: 86,600km^2
인구: 10,650,000명
수도: 바쿠 (인구: 2,464,000명)
화폐 단위: 아제르바이잔 마나트
종교: 이슬람교
언어: 아제르바이잔어, 러시아어

아프가니스탄

면적: 652,230km^2
인구: 40,122,000명
수도: 카불 (인구: 4,728,000명)
화폐 단위: 아프가니
종교: 이슬람교
언어: 다리어, 파슈토어, 우즈베크어, 영어

안도라

면적: 468km^2
인구: 85,000명
수도: 안도라라베야 (인구: 23,000명)
화폐 단위: 유로
종교: 로마 가톨릭교
언어: 탈루냐어, 에스파냐어, 포르투갈어, 프랑스어

대륙별 색상 ● 아시아 ● 유럽 ● 아프리카

알바니아

면적: 28,748km^2
인구: 3,107,000명
수도: 티라나 (인구: 528,000명)
화폐 단위: 레크
종교: 이슬람교, 로마 가톨릭교, 동방 정교회
언어: 알바니아어

에리트레아와 에티오피아의 경계에 있는 **다나킬 함몰지**는 지구에서 **가장 더운 곳** 중 하나로 꼽히는 장소예요.

알제리

면적: 2,381,741km^2
인구: 47,022,000명
수도: 알제 (인구: 2,952,000명)
화폐 단위: 알제리 디나르
종교: 이슬람교
언어: 아랍어, 프랑스어, 베르베르어

에스와티니

면적: 17,364km^2
인구: 1,138,000명
수도: 음바바네 (인구: 68,000명), 로밤바 (인구: 90,000명)
화폐 단위: 릴랑게니, 남아프리카 공화국 랜드
종교: 로마 가톨릭교, 기타 기독교
언어: 영어, 스와티어

앙골라

면적: 1,246,700km^2
인구: 37,202,000명
수도: 루안다 (인구: 9,651,000명)
화폐 단위: 콴자
종교: 로마 가톨릭교, 개신교
언어: 포르투갈어, 음분두어, 기타 아프리카 언어

에스토니아

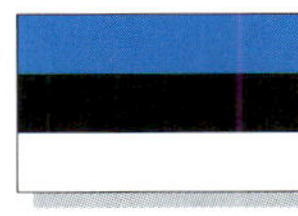

면적: 45,228km^2
인구: 1,194,000명
수도: 탈린 (인구: 456,000명)
화폐 단위: 유로
종교: 동방 정교회, 개신교
언어: 에스토니아어, 러시아어

앤티가 바부다

면적: 443km^2
인구: 103,000명
수도: 세인트존스 (인구: 21,000명)
화폐 단위: 동카리브 달러
종교: 개신교, 로마 가톨릭교, 기타 기독교
언어: 영어, 앤티가 바부다 크리올

에스파냐(스페인)

면적: 505,370km^2
인구: 47,283,000명
수도: 마드리드 (인구: 6,783,000명)
화폐 단위: 유로
종교: 로마 가톨릭교
언어: 에스파냐어, 카탈루냐어, 갈리시아어, 바스크어

에리트레아

면적: 117,600km^2
인구: 3,536,000명
수도: 아스마라 (인구: 1,112,000명)
화폐 단위: 낙파
종교: 이슬람교, 오리엔트 정교회, 로마 가톨릭교, 개신교
언어: 티그리냐어, 아랍어, 영어, 티그레어, 쿠나마어, 아파르어, 기타 쿠시어파 언어

에콰도르

면적: 283,561km^2
인구: 18,310,000명
수도: 키토 (인구: 1,987,000명)
화폐 단위: 미국 달러
종교: 로마 가톨릭교, 개신교
언어: 에스파냐어, 케추아어, 슈아르어

에티오피아

면적: 1,104,300km²
인구: 118,550,000명
수도: 아디스아바바 (인구: 5,704,000명)
화폐 단위: 비르
종교: 에티오피아 정교회, 이슬람교, 개신교
언어: 오로모어, 암하라어, 소말리어, 티그리냐어, 아파르어

오스트레일리아(호주)

면적: 7,741,220km²
인구: 26,769,000명
수도: 캔버라 (인구: 478,000명)
화폐 단위: 오스트레일리아 달러
종교: 개신교, 로마 가톨릭교
언어: 영어

엘살바도르

면적: 21,041km²
인구: 6,629,000명
수도: 산살바도르 (인구: 1,123,000명)
화폐 단위: 비트코인, 미국 달러
종교: 로마 가톨릭교, 개신교
언어: 에스파냐어

오스트리아

면적: 83,871km²
인구: 8,968,000명
수도: 빈 (인구: 1,990,000명)
화폐 단위: 유로
종교: 로마 가톨릭교, 이슬람교, 개신교
언어: 독일어, 크로아티아어

영국

면적: 243,610km²
인구: 68,459,000명
수도: 런던 (인구: 9,748,000명)
화폐 단위: 파운드 스털링
종교: 개신교, 로마 가톨릭교
언어: 영어, 스코트어, 스코틀랜드게일어, 웨일스어, 아일랜드어, 콘월어

온두라스

면적: 112,090km²
인구: 9,529,000명
수도: 테구시갈파 (인구: 1,609,000명)
화폐 단위: 렘피라
종교: 로마 가톨릭교, 개신교
언어: 에스파냐어, 아메리카 원주민 방언

예멘

면적: 527,968km²
인구: 32,140,000명
수도: 사나 (인구: 3,408,000명)
화폐 단위: 예멘 리알
종교: 이슬람교
언어: 아랍어

요르단

면적: 89,342km²
인구: 11,174,000명
수도: 암만 (인구: 2,253,000명)
화폐 단위: 요르단 디나르
종교: 이슬람교, 기독교
언어: 아랍어, 영어

오만

면적: 309,500km²
인구: 3,902,000명
수도: 무스카트 (인구: 1,676,000명)
화폐 단위: 오만 리알
종교: 이슬람교, 기독교, 힌두교
언어: 아랍어, 영어, 발루치어, 우르두어, 원주민 방언

우간다

면적: 241,038km²
인구: 49,283,000명
수도: 캄팔라 (인구: 4,051,000명)
화폐 단위: 우간다 실링
종교: 개신교, 로마 가톨릭교, 이슬람교
언어: 영어, 루간다어(간다어), 스와힐리어, 아랍어

대륙별 색상 ● 아시아 ● 유럽 ● 아프리카

우루과이

면적: 176,215km^2
인구: 3,425,000명
수도: 몬테비데오 (인구: 1,781,000명)
화폐 단위: 우루과이 페소
종교: 로마 가톨릭교, 기타 기독교
언어: 에스파냐어

우즈베키스탄

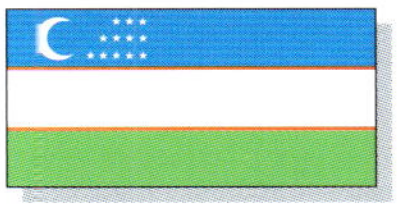

면적: 447,400km^2
인구: 36,521,000명
수도: 타슈켄트
(인구: 2,634,000명)
화폐 단위: 숨
종교: 이슬람교, 동방 정교회
언어: 우즈베크어, 러시아어, 타지크어

우크라이나

면적: 603,550km^2
인구: 35,662,000명
수도: 키이우 (인구: 3,020,000명)
화폐 단위: 흐리우냐
종교: 우크라이나 정교회, 로마 가톨릭교, 개신교
언어: 우크라이나어, 러시아어

이라크

면적: 438,317km^2
인구: 42,083,000명
수도: 바그다드 (인구: 7,921,000명)
화폐 단위: 이라크 디나르
종교: 이슬람교
언어: 아랍어, 쿠르드어, 투르크멘어, 시리아어, 아르메니아어

이란

면적: 1,648,195km^2
인구: 88,387,000명
수도: 테헤란 (인구: 9,616,000명)
화폐 단위: 이란 리알
종교: 이슬람교
언어: 페르시아어, 튀르크어 방언, 쿠르드어

이스라엘

면적: 22,145km^2
인구: 9,403,000명
수도: 예루살렘 (인구: 983,000명)
화폐 단위: 이스라엘 신 셰켈
종교: 유대교, 이슬람교
언어: 히브리어, 아랍어, 영어

이집트

면적: 1,001,450km^2
인구: 111,247,000명
수도: 카이로 (인구: 22,624,000명)
화폐 단위: 이집트 파운드
종교: 이슬람교, 콥트 교회
언어: 아랍어, 영어, 프랑스어

이탈리아

면적: 301,340km^2
인구: 60,965,000명
수도: 로마 (인구: 4,332,000명)
화폐 단위: 유로
종교: 로마 가톨릭교
언어: 이탈리아어, 독일어, 프랑스어, 슬로베니아어

인도

면적: 3,287,263km^2
인구: 1,409,128,000명
수도: 뉴델리 (인구: 33,807,000명)
화폐 단위: 인도 루피
종교: 힌두교, 이슬람교, 기독교, 시크교
언어: 힌디어, 영어, 벵골어, 텔루구어, 마라티어, 타밀어, 우르두어, 구자라트어, 칸나다어, 말라얄람어, 오리야어, 펀자브어, 아삼어

인도네시아

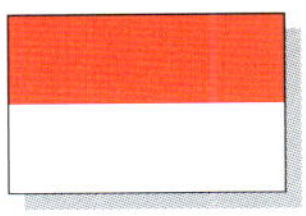

면적: 1,904,569km^2
인구: 281,562,000명
수도: 자카르타 (인구: 11,436,000명)
화폐 단위: 인도네시아 루피
종교: 이슬람교, 개신교, 로마 가톨릭교, 힌두교
언어: 인도네시아어, 영어, 네덜란드어, 지역 방언

일본

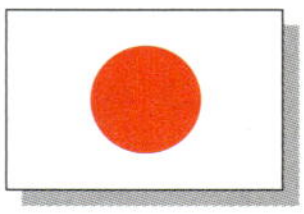

면적: 377,915km^2
인구: 123,202,000명
수도: 도쿄 (인구: 37,115,000명)
화폐 단위: 엔
종교: 신도, 불교
언어: 일본어

잠비아

면적: 752,618km^2
인구: 20,799,000명
수도: 루사카 (인구: 3,324,000명)
화폐 단위: 잠비아 콰차
종교: 개신교, 로마 가톨릭교
언어: 벰바어, 냔자어, 통가어, 여러 토착어, 영어

자메이카

면적: 10,991km^2
인구: 2,824,000명
수도: 킹스턴 (인구: 600,000명)
화폐 단위: 자메이카 달러
종교: 개신교
언어: 영어, 자메이카 크리올

적도 기니

면적: 28,051km^2
인구: 1,796,000명
수도: 말라보 (인구: 297,000명)
화폐 단위: 중앙아프리카 세파 프랑
종교: 로마 가톨릭교, 이슬람교, 바하이교, 정령 신앙, 토속 신앙
언어: 에스파냐어, 포르투갈어, 프랑스어, 팡어, 부비어

오늘의 인도

인도 델리의 악샤르담 사원을 짓는 일에 8000명이 넘는 자원봉사자들이 3억 시간 넘게 참여했어요.

조지아

면적: 69,700km^2
인구: 3,704,000명
수도: 트빌리시 (인구: 1,084,000명)
화폐 단위: 라리
종교: 조지아 정교회, 이슬람교
언어: 조지아어

차드

면적: 1,284,000km^2
인구: 19,094,000명
수도: 은자메나 (인구: 1,656,000명)
화폐 단위: 중앙아프리카 세파 프랑
종교: 이슬람교, 개신교, 로마 가톨릭교
언어: 프랑스어, 아랍어, 사라어, 토착어

중국

면적: 9,596,960km^2
인구: 1,416,043,000명
수도: 베이징 (인구: 22,189,000명)
화폐 단위: 위안
종교: 민간 신앙, 불교, 기독교
언어: 표준 중국어(푸퉁화), 광둥어, 우어, 민베이어, 민난어, 샹어, 간어, 지역 언어

체코

면적: 78,867km^2
인구: 10,838,000명
수도: 프라하 (인구: 1,328,000명)
화폐 단위: 코루나
종교: 로마 가톨릭교
언어: 체코어, 슬로바키아어

중앙아프리카 공화국

면적: 622,984km^2
인구: 5,651,000명
수도: 방기 (인구: 986,000명)
화폐 단위: 비트코인, 중앙아프리카 세파 프랑
종교: 기독교, 이슬람교
언어: 프랑스어, 상고어, 여러 부족 언어

칠레

면적: 756,102km^2
인구: 18,665,000명
수도: 산티아고 (인구: 6,951,000명)
화폐 단위: 칠레 페소
종교: 로마 가톨릭교, 개신교
언어: 에스파냐어, 영어

지부티

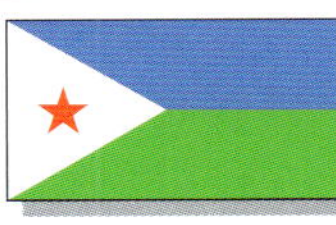

면적: 23,200km^2
인구: 995,000명
수도: 지부티 (인구: 608,000명)
화폐 단위: 지부티 프랑
종교: 이슬람교, 기독교
언어: 프랑스어, 아랍어, 소말리어, 아파르어

카메룬

면적: 475,440km^2
인구: 30,966,000명
수도: 야운데 (인구: 4,682,000명)
화폐 단위: 중앙아프리카 세파 프랑
종교: 로마 가톨릭교, 개신교, 기타 기독교, 이슬람교
언어: 아프리카 언어, 영어, 프랑스어

짐바브웨

면적: 390,757km^2
인구: 17,150,000명
수도: 하라레 (인구: 1,603,000명)
화폐 단위: 짐바브웨 달러, 미국 달러, 남아프리카 공화국 랜드
종교: 개신교, 로마 가톨릭교, 기타 기독교
언어: 쇼나어, 은데벨레어, 영어, 토착어

카보베르데

면적: 4,033km^2
인구: 611,000명
수도: 프라이아 (인구: 168,000명)
화폐 단위: 이스쿠두
종교: 로마 가톨릭교, 개신교
언어: 포르투갈어, 크리올

카자흐스탄

면적: 2,724,900km^2
인구: 20,260,000명
수도: 아스타나
(인구: 1,324,000명)
화폐 단위: 텡게
종교: 이슬람교, 동방 정교회
언어: 카자흐어, 러시아어, 영어

카타르

면적: 11,586km^2
인구: 2,552,000명
수도: 도하
(인구: 666,000명)
화폐 단위: 카타르 리얄
종교: 이슬람교, 힌두교, 기독교
언어: 아랍어, 영어

캄보디아

면적: 181,035km^2
인구: 17,064,000명
수도: 프놈펜 (인구: 2,353,000명)
화폐 단위: 리엘
종교: 불교
언어: 크메르어

캐나다

면적: 9,984,670km^2
인구: 38,795,000명
수도: 오타와
(인구: 1,452,000명)
화폐 단위: 캐나다 달러
종교: 로마 가톨릭교, 개신교, 기타 기독교
언어: 영어, 프랑스어

케냐

면적: 580,367km^2
인구: 58,246,000명
수도: 나이로비 (인구: 5,541,000명)
화폐 단위: 케냐 실링
종교: 개신교, 로마 가톨릭교, 기타 기독교, 이슬람교
언어: 영어, 스와힐리어, 토착어

코모로

면적: 2,235km^2
인구: 900,000명
수도: 모로니 (인구: 62,000명)
화폐 단위: 코모로 프랑
종교: 이슬람교
언어: 아랍어, 프랑스어, 코모로어

코소보

면적: 10,887km^2
인구: 1,977,000명
수도: 프리슈티나 (인구: 219,000명)
화폐 단위: 유로
종교: 이슬람교
언어: 알바니아어, 세르비아어, 보스니아어

코스타리카

면적: 51,100km^2
인구: 5,266,000명
수도: 산호세 (인구: 1,482,000명)
화폐 단위: 코스타리카 콜론
종교: 로마 가톨릭교, 개신교
언어: 에스파냐어, 영어

코트디부아르

면적: 322,463km^2
인구: 29,982,000명
수도: 야무수크로 (인구: 231,000명),
아비장 (인구: 5,867,000명)
화폐 단위: 서아프리카 세파 프랑
종교: 이슬람교, 로마 가톨릭교, 개신교
언어: 프랑스어, 디울라어, 토착 방언

콜롬비아

면적: 1,138,910km^2
인구: 49,588,000명
수도: 보고타 (인구: 11,658,000명)
화폐 단위: 콜롬비아 페소
종교: 로마 가톨릭교, 개신교
언어: 에스파냐어

대륙별 색상 ● 아시아 ● 유럽 ● 아프리카

콩고

면적: 342,000km^2
인구: 6,098,000명
수도: 브라자빌 (인구: 2,725,000명)
화폐 단위: 중앙아프리카 세파 프랑
종교: 로마 가톨릭교, 기타 기독교, 거신교
언어: 프랑스어, 링갈라어, 키투바어, 키콩고어, 지역 언어

콩고 민주 공화국

면적: 2,344,858km^2
인구: 115,403,000명
수도: 킨샤사 (인구: 17,032,000명)
화폐 단위: 콩고 프랑
종교: 로마 가톨릭교, 개신교, 기타 기독교
언어: 프랑스어, 링갈라어, 킹와나어 키콩고어, 칠루바어

쿠바

면적: 110,860km^2
인구: 10,966,000명
수도: 아바나
(인구: 2,153,000명)
화폐 단위: 쿠바 페소
종교: 로마 가톨릭교, 토속 신앙
언어: 에스파냐어

쿠웨이트

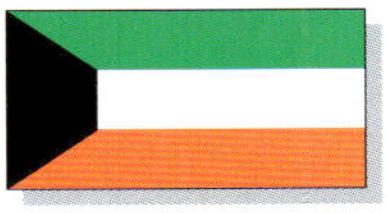

면적: 17,818km^2
인구: 4,974,000명
수도: 쿠웨이트
(인구: 3,104,000명)
화폐 단위: 쿠웨이트 디나르
종교: 이슬람교, 기독교
언어: 아랍어, 영어

무지개왕부리새가 코스타리카의 숲에서 나뭇가지에 앉아 있어요.

크로아티아

면적: 56,594km^2
인구: 4,150,000명
수도: 자그레브 (인구: 684,000명)
화폐 단위: 유로
종교: 로마 가톨릭교, 세르비아 정교회
언어: 크로아티아어, 세르비아어

키리바시

면적: 811km^2
인구: 117,000명
수도: 타라와 (인구: 64,000명)
화폐 단위: 오스트레일리아 달러, 키리바시 달러
종교: 로마 가톨릭교, 개신교, 모르몬교
언어: 키리바시어, 영어

키르기스스탄

면적: 199,951km^2
인구: 6,172,000명
수도: 비슈케크 (인구: 1,128,000명)
화폐 단위: 솜
종교: 이슬람교, 동방 정교회
언어: 키르기스어, 러시아어, 우즈베크어

키프로스

면적: 9,251km^2
인구: 1,321,000명
수도: 니코시아 (인구: 269,000명)
화폐 단위: 유로
종교: 키프로스 정교회, 이슬람교
언어: 그리스어, 튀르키예어, 영어

오늘의 키르기스스탄

키르기스스탄 부라나에서 발견된 고대 유적지에는 발발이라고 하는 독특한 묘석이 늘어서 있어요.

대륙별 색상 ● 아시아 ● 유럽 ● 아프리카

타지키스탄

면적: 144,100km^2
인구: 10,394,000명
수도: 두샨베
(인구: 1,013,000명)
화폐 단위: 소모니
종교: 이슬람교
언어: 타지크어, 우즈베크어

투르크메니스탄

면적: 488,100km^2
인구: 5,744,000명
수도: 아시가바트 (인구: 922,000명)
화폐 단위: 투르크메니스탄 마나트
종교: 이슬람교, 동방 정교회
언어: 투르크멘어, 러시아어, 우즈베크어

탄자니아

면적: 947,300km^2
인구: 67,462,000명
수도: 도도마 (인구: 262,000명),
화폐 단위: 탄자니아 실링
종교: 기독교, 이슬람교, 토속 신앙
언어: 스와힐리어, 웅구자어, 영어, 아랍어, 지역 언어

투발루

면적: 26km^2
인구: 12,000명
수도: 푸나푸티 (인구: 7,000명)
화폐 단위: 투발루 달러, 오스트레일리아 달러
종교: 개신교
언어: 투발루어, 영어, 사모아어, 키리바시어

태국

면적: 513,120km^2
인구: 69,921,000명
수도: 방콕 (인구: 11,234,000명)
화폐 단위: 바트
종교: 불교
언어: 태국어, 영어

튀니지

면적: 163,610km^2
인구: 12,049,000명
수도: 튀니스 (인구: 2,511,000명)
화폐 단위: 튀니지 디나르
종교: 이슬람교
언어: 아랍어, 프랑스어, 베르베르어

토고

면적: 56,785km^2
인구: 8,918,000명
수도: 로메 (인구: 2,043,000명)
화폐 단위: 서아프리카 세파 프랑
종교: 기독교, 토속 신앙, 이슬람교
언어: 프랑스어, 에웨어, 미나어, 카비예어, 다곰바어

튀르키예

면적: 783,562km^2
인구: 84,120,000명
수도: 앙카라 (인구: 5,477,000명)
화폐 단위: 튀르키예 리라
종교: 이슬람교
언어: 튀르키예어, 쿠르드어

통가

면적: 747km^2
인구: 105,000명
수도: 누쿠알로파
(인구: 23,000명)
화폐 단위: 팡가
종교: 개신교, 모르몬교, 로마 가톨릭교
언어: 통가어, 영어

튀르키예는 지구에서 가장 지진이 잦은 나라 중 하나예요.

트리니다드 토바고

면적: 5,128km^2
인구: 1,409,000명
수도: 포트오브스페인
(인구: 546,000명)
화폐 단위: 트리니다드 토바고 달러
종교: 개신교, 로마 가톨릭교, 힌두교, 이슬람교
언어: 영어, 앤틸리스 크리올, 카리브 힌두스탄어, 에스파냐어, 중국어

파나마

면적: 75,420km^2
인구: 4,470,000명
수도: 파나마시티
(인구: 2,016,000명)
화폐 단위: 발보아, 미국 달러
종교: 로마 가톨릭교, 개신교
언어: 에스파냐어, 토착어, 영어

파라과이

면적: 406,752km^2
인구: 7,523,000명
수도: 아순시온
(인구: 3,569,000명)
화폐 단위: 과라니
종교: 로마 가톨릭교, 개신교
언어: 에스파냐어, 과라니어

파키스탄

면적: 796,095km2
인구: 252,364,000명
수도: 이슬라마바드
(인구: 1,267,000명)
화폐 단위: 파키스탄 루피
종교: 이슬람교
언어: 펀자브어, 신드어, 사라이키어, 우르두어, 영어

파푸아 뉴기니

면적: 462,840km^2
인구: 10,046,000명
수도: 포트모르즈비 (인구: 420,000명)
화폐 단위: 키나
종교: 개신교, 로마 가톨릭교, 기타 기독교
언어: 톡 피신, 영어, 모투어, 기타 토착어

팔라우

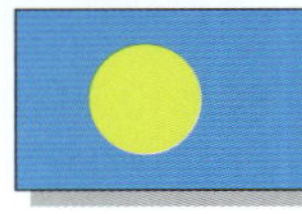

면적: 459km^2
인구: 22,000명
수도: 응어룰무드 (인구: 300명)
화폐 단위: 미국 달러
종교: 로마 가톨릭교, 개신교, 모데크게이
언어: 팔라우어, 영어, 필리핀어

페루

면적: 1,285,216km^2
인구: 32,600,000명
수도: 리마 (인구: 11,362,000명)
화폐 단위: 솔
종교: 로마 가톨릭교, 개신교
언어: 에스파냐어, 케추아어, 아이마라어

포르투갈

면적: 92,090km^2
인구: 10,207,000명
수도: 리스본 (인구: 3,015,000명)
화폐 단위: 유로
종교: 로마 가톨릭교
언어: 포르투갈어, 미란다어

폴란드

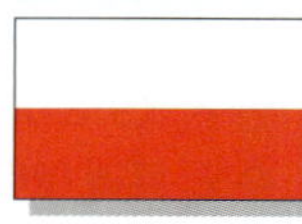

면적: 312,685km^2
인구: 38,746,000명
수도: 바르샤바 (인구: 1,799,000명)
화폐 단위: 즈워티
종교: 로마 가톨릭교
언어: 폴란드어

프랑스

면적: 643,801km^2
인구: 68,375,000명
수도: 파리 (인구: 11,277,000명)
화폐 단위: 유로
종교: 로마 가톨릭교, 이슬람교
언어: 프랑스어

대륙별 색상 ● 아시아 ● 유럽 ● 아프리카

피지

면적: 18,274km^2
인구: 952,000명
수도: 수바 (인구: 178,000명)
화폐 단위: 피지 달러
종교: 개신교, 로마 가톨릭교, 기타 기독교, 힌두교, 이슬람교
언어: 영어, 피지어, 힌두스타니어

필리핀

면적: 300,000km^2
인구: 118,277,000명
수도: 마닐라 (인구: 14,942,000명)
화폐 단위: 필리핀 페소
종교: 로마 가톨릭교, 개신교, 이슬람교
언어: 타갈로그어, 영어, 토착어

핀란드

면적: 338,145km^2
인구: 5,626,000명
수도: 헬싱키 (인구: 1,347,000명)
화폐 단위: 유로
종교: 개신교
언어: 핀란드어, 스웨덴어

헝가리

면적: 93,028km^2
인구: 9,856,000명
수도: 부다페스트 (인구: 1,780,000명)
화폐 단위: 포린트
종교: 로마 가톨릭교, 개신교
언어: 헝가리어, 영어, 독일어

오늘의 포르투갈

포르투갈 신트라의 언덕에 있는 페나 궁전은 현재 국립 박물관으로 운영돼요.

세계의 8가지 놀라운 다리들

공학의 한계를 넓히는 8가지 경이로운 다리를 살펴봐요.

1 신기록 수립

투명한 유리판을 바닥에 깐 이 다리는 정말 아찔해요. 중국 **장자제 대협곡의 유리 다리**는 바닥이 유리로 된 현수교 중 세계에서 가장 높은 곳에 놓인 가장 긴 다리예요. 300미터 높이에 430미터 길이로 놓여 있거든요.

2 밧줄로 이은 다리

영국 북아일랜드의 해안에서 천천히 흔들리는 **캐릭어리드 밧줄 다리**를 건너며 바람이 몰아치는 바위 해안을 내려다봐요. (무섭지 않다면 말이에요!) 이 다리는 약 350년 전 어부들이 강을 거슬러 돌아오는 연어를 잡기 위해 밧줄로 처음 만들었어요. 지금 다리는 강철 로프와 전나무로 되어 있어요.

3 공중을 걷는 듯한 다리

2000년에 완공된 **밀레니엄 풋브리지**는 백여 년 만에 영국 런던 중심을 흐르는 템스강 위에 놓인 인도교예요. 보행자를 위해 지은 370미터 길이의 이 강철 다리는 영화 「해리 포터와 혼혈 왕자」에서 파괴되었어요. 걱정 마요, 특수 효과로 만든 장면이니까요.

4 물에 떠 있는 다리

2016년 여름, 설치 미술가 크리스토는 북부 이탈리아의 이세오호에 있는 두 섬을 본토와 연결하는 부교를 만들고 사프란 색깔의 천을 씌웠어요. **'떠 있는 부두'**라는 이름이 붙여진 부교의 천은 온도와 날씨에 따라 색깔이 바뀌어요. 약 2주간 건너다닐 수 있었어요.

5 르네상스의 경이

이 다리는 짓는 데 거의 500년이 걸렸어요. 르네상스 시대의 예술가 **레오나르도 다빈치**가 오스만 제국의 술탄을 위해 설계한 다리이지만, 당시에는 짓지 못했어요. 2001년 노르웨이 오슬로 인근에서 마침내 다빈치의 설계대로 보행자를 위한 인도교가 지어졌어요.

물결치는 아름다운 다리 6

이 다리는 놀라운 모습으로 이목을 끌어요! 싱가포르의 **헨더슨 웨이브 다리**는 동남아시아에서만 자라는 발라우 나무로 만들어졌어요. 해가 질 무렵에 빛나며 물결치는 듯한 이 다리는 길이가 274미터에 이르고, 걷다가 쉬거나 햇빛을 피할 곳도 있어요.

7 나무 위 통로

길이 137미터의 **캐필라노 현수교**는 어느 깊은 우림에 있는 것처럼 보이지만 캐나다 밴쿠버 도심에서 10분 거리에 있는 협곡에 있어요. 나무 꼭대기 사이로 걸으면서 70미터 아래로 흐르는 캐필라노강을 볼 수 있어요.

8 강철 돛 모양 다리

낮게 깔린 구름 위로 우뚝 솟은 **외레순 다리**는 스웨덴 말뫼와 덴마크 코펜하겐을 잇는 플린트 해협에 걸쳐 있어요. 높이가 490미터를 넘지요. 이 다리는 탑과 연결된 케이블로 지탱되며, 2층 구조로서 위층에는 자동차, 아래층에는 열차가 다녀요.

15가지 도시에 관한 놀라운 사실들

인도 뉴델리에서 **붉은털원숭이들**은 곁을 지나가는 사람들의 **안경과 지갑을** 낚아챌 수 있어요.

멕시코 멕시코시티에는 **박물관**이 **150곳** 넘게 있어요.

이탈리아에 둘러싸여 있는 **바티칸 시국**은 하나의 도시이자 **세계에서 가장 작은 나라**이기도 해요. 면적이 **골프장**만 해요.

탄자니아 다르에스살람의 인구 540만 명 중에서 약 3분의 1이 14세 미만인 아동과 청소년이에요.

아랍 에미리트의 사막 도시 두바이에는 한 쇼핑몰 안에 실내 스키 리조트가 있어요.

폴란드 크라쿠프 바벨성 인근에는 **불을 뿜는 용 동상**이 있어요. 이 지역에는 예전에 드래곤이 살았다는 전설이 전해지지요.

미국 텍사스주 오스틴에서는 매일 밤 **100만 마리**가 넘는 박쥐들이 곤충을 잡아먹으러 다리 밑에서 몰려나와요.

오스트레일리아 캔버라에서는 동부회색캥거루 수천 마리가 **물을 마시고 잔디를 뜯어 먹으러** 도시로 몰려들곤 해요.

브라질 쿠리치바시에서는 지방 정부가 **양 30마리**를 동원해서 공원의 풀을 "깎아요."

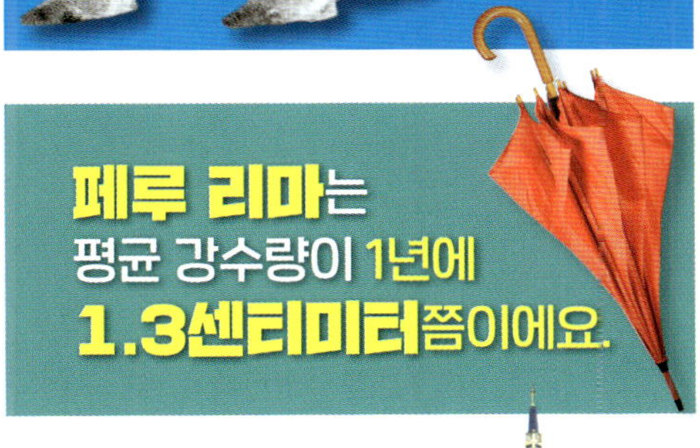

페루 리마는 평균 강수량이 1년에 **1.3센티미터**쯤이에요.

필리핀에서는 새해 전날 밤에 마닐라 **공항의 비행**이 취소되곤 해요. 사람들이 쏘아 대는 **수백만 개의 폭죽과 불꽃놀이**에서 뿜어 나오는 연기 때문이에요.

미국 캘리포니아주 샌프란시스코 시청에는 세탁기만 한 충격 흡수 장치가 530개 설치되어 있어요. 지진이 발생할 때 건물을 보호하기 위한 거예요.

튀르키예 이스탄불은 두 대륙에 걸쳐 있는 유일한 대도시예요. **아시아와 유럽**에 있지요.

툭툭은 바퀴가 3개이고 동력 장치가 달린 릭샤예요. 태국 방콕에서 흔히 쓰이는 대중교통 수단이에요.

영국 배스의 지명은 정말로 **약 2000년 전**에 로마인들이 지은 목욕탕에서 유래했어요.

아주아주 멋진 잠수 장소

실프라 균열

아이슬란드 싱벨리어 국립 공원

실제로 대륙이 갈라지는 곳을 볼 수 있다는 사실을 아세요? 정말이에요. 하지만 직접 보려면 아주 참을성이 있어야 할 거예요! 물속에 있는 실프라 균열은 지구의 지각을 이루는 지각판의 동역학을 직접 볼 수 있는 곳이에요. 이 균열이라고 하는 지각판 사이의 틈은 아이슬란드 서해안에 있으며, 유럽과 북아메리카를 나누고 있어요. 물이 아주 맑기에 스쿠버 다이버는 수심 100미터가 넘는 곳에서 두 대륙이 갈라지는 모습을 볼 수 있지요. 이 깊은 균열은 연간 2센티미터씩 넓어지고 있어요.

아이슬란드 국기의 세 가지 색깔은 이 섬나라의 세 요소를 나타내요. 빨강은 화산의 불길, 하양은 눈과 빙원, 파랑은 주변 바다를 상징하지요.

아이슬란드의 연안에는 피오르가 많아요. 피오르는 빙하에 깎여서 생긴 골짜기에 바닷물이 들어와 생긴 깊은 만을 뜻해요.

8가지 우림 문화에 관한 놀라운 사실들

전 세계의 우림에는 수만 년 전부터 사람들이 살아왔어요. 우림에서 발생한 문화들의 멋진 역사, 미술, 지식을 알아봐요.

브라질의 카야포족은 노랑가오리 꼬리에 달린 날카로운 가시로 사냥용 창의 촉을 만들어 써요.

약 3000년 전 중앙아메리카에서 번성한 올멕족은 높이 3.4미터의 머리 모양 석상을 만들었어요.

인도의 자라와족은 꿀벌이 피하는 수액을 벌집에 분무해서 벌들을 쫓아낸 뒤, 꿀을 채취해요.

약 2000년 전 사람들은 우림으로 덮인 솔로몬 제도를 떠나 노를 저어 2400킬로미터 떨어진 태평양의 다른 섬들로 옮겨 갔어요.

인도네시아의 코로와이족은 나무로 집을 지어 지면에서 30미터가 넘는 높이에서 살곤 해요.

북아메리카 태평양 북서부 지역에 사는 틀링깃족은 조상을 기리기 위해서 높이 12미터에 달하는 토템 기둥을 세워요.

에콰도르의 와오라니족은 힘이 세다는 것을 증명하기 위해 맨손으로 아나콘다를 잡아요.

멕시코 치아파스에 사는 마야족인 첼탈족은 딱정벌레 날개를 장신구로 써요.

휴가지 숙소들

동굴 호텔

유나크 에블레리 호텔

위치: 튀르키예 카파도키아

이곳이 멋진 이유: 정말로 암석으로 된 호텔이에요. 1000만 년 전 화산 활동으로 생긴 동굴에 지었어요. 좁은 통로와 돌계단을 따라가면 온도가 섭씨 14도로 유지되는 시원한 방들이 나와요. 낮에는 바위 지형을 돌아다니거나, 동굴을 탐사하거나, 암석이 탑처럼 높이 군데군데 솟아 있는 '요정의 굴뚝' 상공을 열기구를 타고 구경해요. 밤에는 이곳 동굴 호텔에서 화산 분화를 걱정할 필요 없이 푹 자요. 카파도키아의 화산들은 최근 분화 기록이 없는 화산이거든요. 즉 자고 있어요!

튀르키예의 멋진 점들

유명한 아야 소피아는 원래 기독교 성당이었지만, 537년에 이슬람교 모스크로 바뀌었어요. 그 뒤에 박물관이 되었다가 다시 모스크가 되었지요.

튀르키예의 초기 정착민들은 카파도키아의 동굴에서 살았어요.

사실 미다스 왕이 손으로 만진 것들이 모두 황금으로 바뀌지는 않았을 거예요. 그러나 미다스는 기원전 8세기에 현재의 튀르키예에 있던 프리기아 왕국을 실제로 다스렸어요.

침실은 여기!

튀르키예에 여행 가면 할 일들

- 배를 타고 15분 만에 보스포루스 해협을 건너 아시아에서 유럽으로 가 봐요.
- 2500여 년 전에 세워진 그리스 사냥의 여신인 아르테미스 신전의 폐허를 돌아봐요.
- 이스탄불 그랜드바자르의 복작거리는 시장에서 상인과 가격을 흥정해 봐요.

소금 호텔

타이카 데 살 호텔

위치: 볼리비아 타우아

이곳이 멋진 이유: 아마도 벽돌이나 나무로 지은 호텔에서는 한 번쯤 묵어 봤을 거예요. 하지만 소금으로 만든 호텔은 어떨까요? 타이카 데 살 호텔의 건물은 거의 소금으로 지었어요('살'이란 어스파냐어로 소금을 뜻해요). 일부 침대도 소금으로 만들었죠. 매트리스나 담요는 보통 제품이지만요. 이 호텔은 지구에서 가장 큰 소금 평지인 우유니 소금 사막(살라르 데 우유니)의 바위 위에 세워졌어요. 그곳은 먼 옛날부터 있던 말라붙은 호수예요. 건축가들은 1만 500제곱킬로미터 넓이의 소금 평원에서 소금을 가져와 벽돌을 만들고 젖은 소금으로 서로 맞붙인 다음 단단히 건조시켰어요. 물론 비가 내리면 호텔 건물이 녹지만, 크게 걱정할 일은 아니에요. 소금 반죽을 더 만들어 녹은 벽돌을 수리 하면 되니까요.

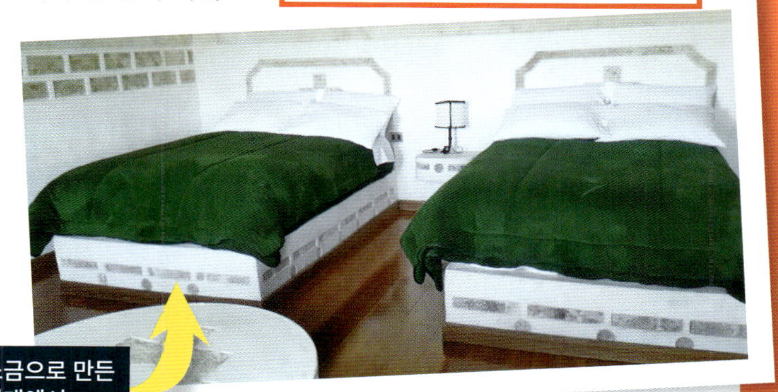

볼리비아의 멋진 점들

볼리비아의 우유니 소금 사막은 여름의 우기에 비가 오면 엄청나게 큰 거울처럼 보여요.

라파스의 버스 정거장은 귀스타브 에펠이 설계했어요. 에펠은 에펠탑과 자유의 여신상을 지은 건축가예요.

볼리비아에서는 매년 8월 성 로케 축일에 개들을 기리는 행사가 열려요.

볼리비아에 여행 가면 할 일들

티티카카호 안의 태양의 섬, 이슬라 델 솔에 배를 타고 가 봐요. 동력 차량은 금지된 곳이에요.

고대 티와나쿠 문화가 세운 거대한 석문인 태양의 문까지 걸어 올라가 봐요.

오루로 카니발에서 마스크를 쓰고 의상을 차려입은 참가자 수천 명과 함께 춤춰요.

이건 몰랐을걸! 6가지 해변에 관한 놀라운 사실들

미국 메릴랜드주 애서티그섬에 사는 야생말들

1 미국 메릴랜드주와 버지니아주의 해변에는 **야생말**들이 돌아다녀요. 전설에 따르면, 17세기에 발생한 **난파선** 사고에서 **살아남은 말들**의 후손이라고 해요.

2 뉴질랜드 북섬의 **핫 워터 해변**에서는 지하로부터 **화산 활동의 영향을 받은 물**이 솟아올라 썰물 때 모래를 파면 천연 **온천**이 생겨요.

3 미국 하와이의 한 해변을 찾은 관광객들이 **400여 년 전**에 새겨진 **암각화**를 발견했어요.

4 미국 캘리포니아주의 글래스 해변은 지난 100년 동안 근처 **쓰레기장**에서 흘러나온 다양한 색깔의 유리 조각이 풍화되어 작고 둥글어진 **바다 유리**로 이루어져 있어요.

5 24미터가 넘는 높이의 **파도**를 탄 사람이 있었어요. 무려 **8층 건물** 높이의 파도였지요.

6 사람은 **물**에서든 **시럽**에서든 같은 속도로 헤엄칠 수 있어요.

숫자로 보는 그레이트배리어 리프

세계에서 가장 큰 산호초 생태계인 그레이트배리어리프는 '크다'는 말로는 부족해요. 다음 숫자들을 보면 얼마나 큰지 알 수 있을 거예요!

길이:
2010 킬로미터

산호초 **3000**여 개와 육지섬 **600**여 개를 포함해요.

면적:
344,400 제곱킬로미터.
크기가 **일본** 면적과 비슷해요.

어류 종류가 **1625**종,
상어와 **가오리** 종류가 **136**종,
고래와 **돌고래** 종류가 **30**종,
바다뱀 종류가 **14**종,
다양한 **연산호**와 **경산호** 종류가 **600**종,
이곳에 **들르거나 둥지**를 짓는 **조류** 종류가 **215**종쯤 돼요.

초거대 구조물

세상에서 가장 큰 구조물들을 살펴볼까요? 깜짝 놀랄 수 있어요.

까마득히 높은 **건물**

부르즈 할리파

미국 뉴욕시에 위치한 엠파이어 스테이트 빌딩은 1931년부터 1970년까지 '세계에서 가장 높은' 건물이었어요. 그러다가 세계무역센터 북쪽 건물이 그 명성을 가져갔지요. 1970년대부터 더 높은 건물을 짓는 경쟁이 벌어졌어요. 아랍 에미리트 두바이에 세워진 부르즈 할리파는 몇 년째 그 명성을 유지하고 있어요. 높이는 828미터이고 163층으로 되어 있어요. (그만큼 가장 높이 올라가는 승강기도 있지요!)

환상적인 **회전 관람차**

하이 롤러

바퀴를 재발명한 결과물을 살펴볼까요? 미국 네바다주 라스베이거스에 있는 높이 168미터에 2000개 넘는 전등을 밝힌 하이 롤러는 축제 행사장에서 으레 보는 평범한 대관람차가 아니에요. 하이 롤러에는 28개의 관람차가 있어요. 관람차는 유리로 되어 있어서 눈앞에 360도 전경이 펼쳐져요. 짜릿함을 맛보려는 사람은 좀 실망할 텐데, 이 관람차는 아주 느려요. 한 바퀴 도는 데 30분이 걸리지요. 1초에 겨우 0.3미터씩 움직여요!

가장 긴 **다리**

단양 쿤산 대교

이 다리를 건널 때 숨을 참으려고 하지 말아요! 길이가 160킬로미터를 넘으니까요! 세계에서 가장 긴 다리인 단양 쿤산 대교는 중국의 단양시와 쿤산시를 연결하며 베이징-상하이 고속 철도의 일부예요. 시속 300킬로미터의 속도로 달리는 고속 철도가 주로 이 다리를 오가요.

거대한 **수영장**

산 알폰소 델 마르

이 수영장 끝에서 끝까지 몇 번쯤 오가고 싶다고요? 물안경을 쓰고 오후 시간을 다 비워야 할걸요! 칠레 알가로보에 있는 산 알폰소 델 마르의 바닷물 수영장을 한 번 오가는 것은 올림픽 수영장을 20번 오가는 것과 같아요. 물이 2억 5000만 리터나 들어가는 수영장이라 작은 돛배가 떠다닐 수 있을 만큼 커요!

10가지 국립 공원에 관한 경이로운 사실들

과테말라 티칼 **국립 공원**에는 1000여 년 전의 **마야 유적**들이 있어요.

미국 유타주 브라이스캐니언 국립 공원에는 **후두**가 가득해요. 후두는 풍화와 침식으로 생긴 석회암 기둥들이에요.

탄자니아의 세렝게티 국립 공원**에서는 누, 얼룩말, 가젤 수십만 마리가** 해마다 이주**를 해요.** 이곳은 **지구에서** 가장 오래된 생태계 중 하나**라고 여겨져요.**

이탈리아 에트나 국립 공원에는 **지구에서 가장 활발한 활화산** 중 하나가 있어요. 에트나산은 **50만 년 동안** 거의 꾸준히 분화했어요!

가이아나 카이에테우르 국립 공원에 있는 **카이에테우르 폭포**는 나이아가라 폭포보다 5배 더 높아요.

에델바이스는 **스위스**의 **스위스 국립 공원**에서 해발 수천 미터 높이에 자라는 보호종이에요. 영화 「사운드 오브 뮤직」에 나오는 노래의 제목이지요.

미국 뉴멕시코주 칼즈배드 동굴 국립 공원에는 승강기를 타고 229미터까지 내려가는 동굴이 있어요.

미국 애리조나주의 사와로 국립 공원에는 테디베어촐라선인장과 펜들러고슴도치선인장을 비롯해 약 **25종의 선인장**이 자라요.

인도의 카지랑가 국립 공원에는 **인도코뿔소** 약 **2000**마리가 살아요. 코뿔소는 **시속 40킬로미터**로 달릴 수 있어요.

프랑스 피레네 국립 공원의 꼬마 기차 아르투스트 철도는 **관광객을 태우고 해발 2000미터까지** 올라가요. 유럽에서 가장 높이 올라가는 열차 중 하나예요.

세계의 8가지 놀랍고 재밌는 건물들

입이 떡 벌어지게
독특하고 멋진 건물들을
만나 볼까요.

1 타오르는 건물들

아제르바이잔 바쿠에 있는 불꽃 모양의 건물 세 채는 아주 멋져요! **불꽃 타워**라는 별명으로 불려요. 높이 161~182미터의 건물에는 주거 공간도 있고 호텔도 있고 사무실도 있지요. 건물이 정말로 타오르는 걸까요? 아니요. 밤이면 불타는 듯이 환하게 빛을 밝혀 줘요.

2 흐르는 건물

미국 워싱턴주 시애틀의 **팝 문화 박물관**은 빛과 바라보는 위치에 따라서 모습이 달라져요. 알루미늄과 강철로 된 판 2만 1000개를 이어 붙여 만든 패널 3000개로 벽면을 물결치는 듯한 모양으로 만들었어요.

이 건물에 쓰인 강철을 모아 가장 가느다란 벤조 줄처럼 가늘게 늘이면 지구에서 금성까지 가는 거리의 4분의 1쯤은 뻗을 거예요.

3 차 마실 시간

10층 높이의 이 건물은 찻주전자를 닮았어요. 중국 장쑤성 우시에 있는 **우시 완다 문화 관광 도시 전시 센터**는 이 지역의 차 문화를 존중하는 뜻에서 지었어요. 안에는 작은 롤러코스터, 회전 관람차, 모래 놀이 상자가 있지요.

4 코끼리 건물

태국 방콕의 **창 빌딩**은 코끼리 궁전이라고 불러야 마땅해요('창'은 코끼리라는 뜻이 있어요). 높이가 102미터에 이르고 코끼리 모양으로 생긴 이 건물에는 사무실, 아파트, 쇼핑몰이 있어요. 여러 층으로 된 발코니가 '코끼리의 귀'에 해당하지요.

5 둥글고 멋진

아랍 에미리트 아부다비에 있는 부동산 개발 회사 **알다르의 본사**는 경치가 좋아요. 23층 높이에 동그란 모양으로 지은 이 건물은 외관이 멋질 뿐 아니라 환경도 고려해요. 지하에 재활용 시설이 있어서 건물에서 나오는 폐기물을 재활용해요.

6 눈부신 다이아몬드

벨라루스의 수도 민스크에 있는 다이아몬드 모양의 **벨라루스 국립 도서관**은 낮에는 자연광을 받아 반짝여요. 밤에는 4600개가 넘는 LED 전구로 다양한 효과를 연출하며 멋진 조명 쇼를 펼치죠.

7 멋진 신발

헤인스 신발 집은 거인의 하이킹을 위해 만든 것처럼 보여요. 미국 펜실베이니아주 요크 인근에서 신발 가게 주인이 지은 게스트하우스예요. 한때는 아이스크림 가게였어요. 거의 3층 높이에 15미터 길이이며 신발 한 짝 모양으로 생긴 멋진 건물이지요.

8 순수한 꽃의 힘

인도 뉴델리에 있는 바하이교 **연꽃 사원**에는 매일 수천 명이 방문해요. 바하이교는 9를 신비한 숫자로 여겨요. 이 사원은 흰 대리석 꽃잎 27개로 이루어진 연꽃을 잎을 상징하는 연못 9개가 둘러싼 모습으로 지었어요. 연꽃이 물에 떠 있는 듯해요.

2026년 동계 올림픽

밀라노-코르티나 2월 6~22일

1956년 동계 올림픽은 이탈리아 코르티나에서 열렸어요.

2026년 2월 열리는 동계 올림픽 경기는 처음으로 두 도시에서 공동으로 개최해요. 경기는 대부분이 이탈리아의 밀라노 또는 코르티나담페초(일명 코르티나)에서 열리지만, 전체 행사가 열리는 지역을 모두 합치면 총면적이 2만 2000제곱킬로미터에 달해요. 가장 넓은 지역에서 열리는 동계 올림픽이지요.

1956년 동계 올림픽이 열린 이탈리아 알프스의 스케이트 경기장

이탈리아의 올림픽 역사

이탈리아는 예전에도 동계 올림픽을 주최한 적이 있어요. 사실 이탈리아의 알프스산맥 고지대에 있는 코르티나는 1956년 동계 올림픽이 열린 곳이에요. 2006년 동계 올림픽도 이탈리아 토리노에서 열렸고, 로마에서는 1960년 하계 올림픽이 개최되었지요. 이번 올림픽에는 코르티나와 보르미오 외곽의 산비탈에서 열리는 스키 경기부터 밀라노 경기장에서 열리는 아이스하키, 피겨스케이팅, 쇼트트랙 스피드 스케이팅 경기에 이르기까지 이탈리아 각지에서 경기가 펼쳐질 거예요.

2006년 동계 올림픽 스피드스케이팅에 출전한 미국의 샤니 데이비스 선수

2006년 동계 올림픽은 이탈리아 토리노에서 열렸어요.

고대 **그리스 올림픽**에 참가한 **선수**들은 태양으로부터 피부를 보호하기 위해 몸에 **올리브오일과 고운 모래**를 발랐어요.

성비 균형이 맞는 대회

이번 올림픽은 성비라는 관점에서 볼 때 가장 균형이 맞는 동계 올림픽이 될 거예요. 선수 약 2900명 중 여성은 약 47퍼센트이고 50개 종목에 출전할 거예요. 여성의 참가 비율이 2014년에는 40퍼센트였던 것에 비해 증가했어요. 동계 올림픽이 처음 열린 1924년에 비하면 훨씬 높아졌고요. 1924년에는 여성이 선수 258명 중에 겨우 11명에 불과했거든요(4퍼센트)!

1994년 노르웨이 릴레함메르에서 열린 올림픽 루지 종목에 출전한 오스트리아의 루거 안드레아 타그베르커

여자 선수들은 1900년 프랑스 파리에서 열린 올림픽에 처음으로 참가했어요. 테니스, 요트, 승마, 골프 등의 종목을 겨루었어요.

산악 스키라고 할 수 있는 스키 마운티니어링은 2026년 동계 올림픽에서 새로 추가된 종목이에요.

새로운 종목

이번 올림픽에서 새로운 변화가 또 있을까요? 8개 종목이 새로 추가되었어요. 스켈레톤 혼성 단체전, 루지 여자 2인승, 프리스타일 스키 남녀 모글 2인조, 여자 스키 점프 라지힐, 스키 마운티니어링(스키모) 경기를 새로 볼 수 있어요. 스키 마운티니어링은 걸어서 산을 오른 뒤 스키를 타고 내려오는 것을 겨루는 종목이에요. 남자 스프린트, 여자 스프린트, 혼성 계주 종목이 있어요.

더 빨리, 더 높이, 더 힘차게

올림픽의 구호는 '더 빨리, 더 높이, 더 힘차게, 그리고 다 함께'예요. 동계 올림픽 내내 선수들은 당연히 최선을 다해 경기에 임하겠지요. 아마도 시상대를 앞두고 모두의 시선은 노르웨이에 집중될 거예요. 노르웨이는 동계 올림픽에서 늘 가장 많은 메달을 가져가는 나라거든요. 2022년 베이징 동계 올림픽에서 노르웨이는 금메달 16개를 땄어요. 최다 수상 기록이지요. 어느 나라가 그보다 더 많이 딸 수 있을까요? 우리 모두 지켜보기로 해요.

올림픽 금메달은 사실 은의 함량이 90퍼센트를 넘어요.

별난 행사와 축제

멕시코시티의 여름맞이

이름: 커밋 경례 상
지역: 멕시코 멕시코시티
별난 이유: 녹색 의상을 입으면 행진의 주인공이 되기 쉬워요. 여름을 맞이하여 열리는 이 행사 때에는 유명한 독립 기념비 옆에 거대한 개구리 커밋 풍선을 띄워요. 미키 마우스와 스파이더맨 같은 풍선 인형도 함께할 때가 많죠. 개구리가 날게 될 줄 누가 알았겠어요?

가장 빨리 달리는 부문 외에, 가장 깨끗하고 가장 진짜 같은 야외 변소에 주는 상도 있어요.

옥외 변소 경주

이름: 스키 타는 화장실
지역: 미국 알래스카주 앵커리지
별난 이유: 이 행사는 '배변 훈련'에 새로운 의미를 부여해요. 이 도시에서는 해마다 지역의 역사를 기념하는 축제가 열려요. 사람들이 좋아하는 행사 중 하나는 옥외 변소 경주예요. 건물 밖에 설치하는 옥외 변소를 재미있게 칠한 뒤 스키에 태우고 미는 경주예요. 과연 누가 황금 뚫어뻥(플런저)을 상으로 받을까요?

국제 베개 싸움의 날

이름: 깃털의 공격
지역: 헝가리 부다페스트
별난 이유: 몰려든 사람들이 베개로 서로를 때려서 깃털이 여기저기 흩날려요. 이 4월 축제에 동참하는 도시들이 많이 있어요. 많은 도시에서 사람들이 신나게 베개 싸움을 벌여요.

솜털 베개를 쓰지 못하게 하는 도시도 있어요. 솜털이 너무 많이 날린다는 이유예요.

과거의 세계 7대 불가사의

지금으로부터 2000년 전에 여행자들은 여행하면서 본 볼거리를 기록했어요. 시간이 지나면서 그 가운데 일곱 장소가 '고대 세계의 불가사의'로 역사에 이름을 남겼어요. 7대 불가사의인 이유는 이 목록을 만든 그리스인들이 7을 마법의 숫자라고 여겼기 때문이에요.

이집트 기자의 피라미드

지어진 시기: 약 기원전 2600년

이 거대한 무덤 속에는 이집트 파라오들이 누워 있어요. 고대의 7대 불가사의 가운데 오늘날까지 남아 있는 유일한 건축물이에요.

이라크 바빌론의 공중 정원

지어진 시기: 알려지지 않음

전설에 따르면 이 멋진 정원은 인공 산 위에 꾸며졌다고 해요. 하지만 이 정원이 사실 지어진 적이 없다고 주장하는 전문가들도 많아요.

튀르키예 에페수스* 아르테미스 신전

지어진 시기: 기원전 6세기

이 우뚝 솟은 신전은 그리스 신화 속 사냥의 여신인 아르테미스를 기리는 곳이에요.

그리스 제우스 상

지어진 시기: 기원전 5세기

높이 12미터로, 그리스 신화 속 신들의 왕 제우스를 묘사하는 조각상이에요.

튀르키예 할리카르나소스 마우솔레움

지어진 시기: 기원전 4세기

정성 들여 잘 지어진 이 무덤에는 마우솔로스 총독이 묻혀 있었어요.

그리스 로도스섬의 거상

지어진 시기: 기원전 4세기

그리스 신화 속 태양의 신 헬리오스를 기리는 높이 34미터의 조각상이에요.

이집트 알렉산드리아의 등대

지어진 시기: 기원전 3세기

세계 최초의 등대이며, 거울을 활용해 햇빛을 바다 멀리까지 반사했어요.

새로운 세계 7대 불가사의

어째서 새로운 '세계 7대 불가사의'가 생겼을까요? 과거의 세계 7대 불가사의가 대부분 지금까지 남아 있지 않기 때문이에요. 2000년 이전에 만들어져 보존 중인 '새로운 세계 7대 불가사의' 목록이 생겼어요. 1억 명이 넘는 사람들이 직접 투표해서 고른 후보예요!

인도 타지마할

완공 시기: 1648년

이 호화로운 무덤은 무굴 제국 황제 샤자한이 사랑했던 아내를 추모하기 위해 지었어요.

요르단 남서쪽 페트라

완공 시기: 약 기원전 200년

바위 절벽에 새겨진 이 도시에는 한때 약 3만 명의 인구가 거주했어요.

페루 마추픽추

완공 시기: 약 1450년

'구름 속 잃어버린 도시'라 불리는 마추픽추는 안데스산맥 2350미터 높이에 자리 잡았어요.

이탈리아 콜로세움

완공 시기: 기원후 80년

이 경기장에서 야생 동물과 인간 검투사들이 5만 명의 관중 앞에서 죽을 때까지 싸웠어요.

브라질 구세주 그리스도 상

완공 시기: 1931년

코르코바두산 꼭대기에 우뚝 선 이 조각상은 높이가 12층 건물만 하고 두께는 110만 킬로그램에 이르러요.

멕시코 치첸이트사

완공 시기: 10세기

10~13세기에 마야 제국의 수도였던 이곳은 쿠쿨칸의 피라미드가 있는 곳으로 유명해요.

중국 만리장성

완공 시기: 1644년

사람이 만든 건축물 가운데 가장 긴 만리장성은 6300킬로미터 이상 구불구불 펼쳐져 있어요.

*튀르키예 에페수스: 고대 그리스의 식민 도시 유적.

잠깐 퀴즈!

세계의 지리 상식을 얼마나 알고 있나요? 다음 퀴즈를 풀면서 알아봐요.

답을 종이에 적은 뒤, 아래 정답과 맞추어 봐요.

1. **참일까, 거짓일까?** 세계에서 가장 깊은 호수는 러시아에 있어요. (   )

2. **2026년 동계 올림픽은 어느 나라에서 열릴까?**
   a. 미국
   b. 스웨덴
   c. 이탈리아
   d. 중국

3. **참일까, 거짓일까?** 뉴질랜드에는 양보다 사람이 더 많아요. (   )

4. **펀디만 지역에서 발견된 화석은 어느 시대의 것일까?**
   a. 석탄기
   b. 청동기
   c. 신석기
   d. 구석기

5. **야생의 아홀로틀은 __________에서 찾을 수 있다.**
   a. 모든 대륙
   b. 열대 수역
   c. 남아메리카
   d. 멕시코의 한 호수

문제를 더 풀고 싶나요?
내년에 나올 『사이언스 2027』도 기대해 주세요!

정답: ① 참, ② c, ③ 거짓, ④ a, ⑤ d

이렇게 해 봐요!

우리는 어디에 있을까?

위도와 경도는 지구상에서 우리의 위치를 아는 데 필요한 선이에요. 지구상의 모든 장소는 위도와 경도에 따른 특별한 주소를 가지고 있어요. '절대적인 위치'라고 할 수 있어요. 적도와 평행하게 서쪽에서 동쪽으로 지나는 상상의 선을 위도라고 해요. 이 선을 활용해 적도(위도 0도)에서 북극(북위 90도, 90°N)이나 남극(남위 90도, 90°S)까지 각도로 거리를 측정하죠. 위도 1도는 약 113킬로미터예요. 경도는 지구의 북쪽에서 남쪽으로 뻗어 북극과 남극에서 만나는 선들이에요. 이 선은 경도 0도인 지점(본초 자오선)에서 180도인 지점까지 각도를 통해 동쪽이나 서쪽으로 거리를 나타내죠. 본초 자오선은 영국 그리니치 천문대를 지나요.

절대적인 위치

위도와 경도를 활용해 전 지구를 무대로 보물찾기 게임을 한다고 상상해 봐요. 보물은 절대 위치로 남위 30도(30°S), 서경 60도(60°W)에 숨겨져 있다고 해요. 그러면 처음 숫자가 적도에서 남쪽으로 떨어진 거리를 말하고, 두 번째 숫자가 본초 자오선에서 서쪽으로 떨어진 거리를 말하는 거예요. 오른쪽 지도에서 남위 30도인 위도선과 서경 60도인 경도선을 찾아요. 그런 다음 손가락으로 두 선이 만나는 지점을 따라가 짚어요. 그러면 정확한 장소를 알 수 있죠. 보물은 아르헨티나 중부에 있을 거예요(지도에서 화살표 부분).

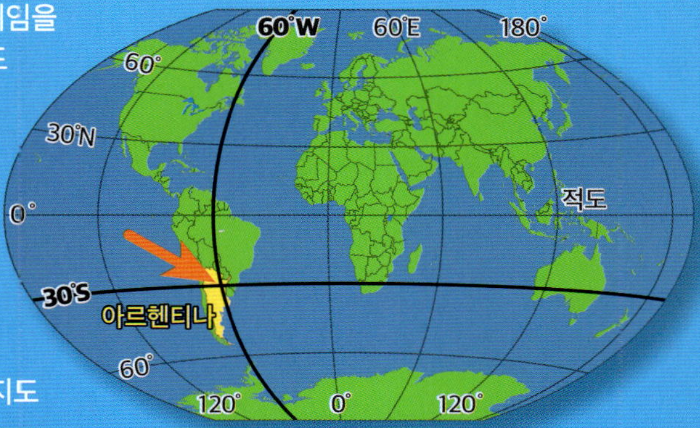

도전! 지도 찾기

1. 280~281쪽의 아시아 지도에서 북위 40도(40°N), 동경 40도(40°E)에는 어떤 나라가 있나요?
2. 284~285쪽의 유럽 지도에서 북위 40도(40°N), 동경 15도(15°E)에는 어떤 나라가 있나요?
3. 288~289쪽의 아프리카 지도에서 남위 10도(10°S), 동경 35도(35°E)에는 어떤 나라가 있나요?
4. 296~297쪽의 남아메리카 지도에서 남위 10도(10°S), 서경 50도(50°E)에는 어떤 나라가 있나요?

정답 1. 튀르키예, 2. 이탈리아, 3. 탄자니아, 4. 브라질

게임과 퍼즐 정답

130쪽
이상하고 웃긴

1. 대왕판다
2. 일본원숭이
3. 아무르표범
4. 북부홍관조

132쪽
이건 뭘까?

윗줄: 젤리빈, 유리창, 물고기
가운뎃줄: 비행선, 고양이 눈, 경기장
아랫줄: 딱정벌레, 오팔, 키위

134~135쪽
숨은 동물 찾기

1. F, 2. B, 3. A, 4. E, 5. G, 6. D, 7. C

137쪽
깜짝 퀴즈

1. C, 2. D, 3. C, 4. D, 5. C, 6. A, 7. A, 8. D, 9. B

138쪽
진짜? 가짜?

2과 4이 가짜

140쪽
이건 뭘까?

윗줄: 해바라기, 완두콩, 자동차
가운뎃줄: 자전거, 군악대, 물감
아랫줄: 주택 단지, 도미노, 경기장 의자

141쪽
깜짝 퀴즈

1. D, 2. A, 3. B, 4. B, 5. C, 6. C, 7. B, 8. B, 9. A, 10. D

144~145쪽
파도타기 대회

참고 자료

찾아보기

/

글 및 사진 저작권

찾아보기를 활용하면 책 속에서
필요한 내용을 쉽게 찾을 수 있어요.

찾아보기

ㅇ

ㅎ

기타

2026년 올해의 토픽 (8-17)

All articles in section by Sarah Wassner Flynn

위대한 발견과 혁신 (18-33)

20-25 all articles by Sarah Wassner Flynn;
26-27 "How to Find a Fossil" by Lee Berger;
28-29 "Eye in the Sky" by Stephanie Warren Drimmer;
30-31 "Make a Telescope" by Nancy Honovich and Julie Beer

동물의 세계 (34-85)

36-37 "Dog Hangs Ten" by Aaron Sidder, "Goats 'Fight' Fires" by Chris Iovenko, "Pricey Pig Painting" by Kay Boatner;
38 "Big Question" by Julie Beer;
39 "Animal Myths Busted" by Paige Towler;
40-43 "Cool Animal Superlatives" by Sarah Wassner Flynn;
44-45 "What Is Taxonomy?" and "Vertebrates"/"Invertebrates" by Susan K. Donnelly;
46-47 "Comeback Critter: Horseshoe Crab" by Amy McKeever;
48-49 "Comeback Critter: Scarlet Macaw" by Allyson Shaw;
50-51 "So. Many. Penguins!" by Jamie Ki • el-Alcheh;
52-53 "10 Cool Facts About Penguins" by Leonie Joubert, Julie Beer, and Michelle Harris;
54-55 "Clever Creatures" by Julie Beer and Michelle Harris;
56-57 "Invisible Frogs" by Jason Bittel;
58-59 "Incredible Animal Friends" by Kitson Jazynka;
60-61 "10 Tips to Help Animals" by Allyson Shaw;
62 "Moment of Huh?" by Allyson Shaw;
63 "7 Terrific Facts About Tails" by Paige Towler;
64-65 "Glowworm Cave" by Jamie Kiffel-Alcheh;
66-67 "Bizarre Bugs" by Allyson Shaw;
68-69 "Big Cats" by Elizabeth Carney;
70-71 "10 Cool Facts About Big Cats" by Steve Winter and Sharon Guynup;
72-73 "Cheetah Rescue" by Rachael Bale;
74 "Poo Powers Zoo" by Cheryl Maguire;
75 "Real Animal Heroes" by Kitson Jazynka (dolphins) and Aline Alexander Newman (dog);
76-77 "Prehistoric Timeline" by Susan K. Donnelly;
78-79 "Field Notes From a Paleontologist" by Sarah Wassner Flynn;
80 "Dino Classification" by Susan K. Donnelly;
81 "4 Newly Discovered Dinos" by Sarah Wassner Flynn;
82-83 "Would You Survive in the Age of Dinosaurs?" by Stephanie Warren Drimmer and Kay Boatner
85 "Wildly Good Animal Reports" by Vicki Ariyasu

우주와 지구 (86-107)

92 "Dwarf Planets" by Sarah Wassner Flynn;
93 "Black Hole Turns Star Into Doughnut and Eats It" by Sarah Wassner Flynn, "What if aliens came to Earth?" by Crispin Boyer;
95 "Sky Calendar 2026" by Sarah Wassner Flynn;
96 "A Look Inside" by Kathy Furgang;
97 "Rock Stars" by Steve Tomecek;
98-99 "Minerals: The Inside Story" by Michael Burgan;
100-101 "10 Cool Facts About Rocks and Minerals" by Michael Burgan;
102-103 "A Hot Topic" by Kathy Furgang;
104-105 "Supervolcanoes" by Ariana Soldati
107 "Ace Your Science Fair" by Vicki Ariyasu

탐험과 발견 (108-127)

110-111 "Dare to Explore" by Chris Tomlin;
112-113 "Science Bloopers" by Allyson Shaw;
114-115 "Kids on a Mission" by Julie Beer and Michelle Harris;
116-117 "10 Ways to Protect the Planet" by Allyson Shaw;
118-119 "Photo Secrets Revealed" by Scott Elder;
120 "Gray Fox Photo Shoot" by Elizabeth Hilfrank;
121 "Ru Somaweera: The Reptile Man" by Sarah Wassner Flynn;
122-123 "Trapped in Ice!" by Simon Worrall;
124 "What's the Buzz on Bugs?" by Sarah Wassner Flynn
127 "How to Write a Perfect Essay" by Vicki Ariyasu

게임과 퍼즐 (128-147)

131 "Critter Chat: Tyrannosaurus rex" by Allyson Shaw;
133 "Funny Fill-In: Farm Frenzy" by Margaret J. Krauss;
136 "Critter Chat: Orca" by Allyson Shaw;
139 "Funny Fill-In: Party Animals" by Kay Boatner;
142-143 "Critter Chat: Animals Online" by Rosemary Mosco;
146-147 "Unleashed" by Strika Entertainment

우리를 웃게 하는 유머 (148-163)

151 "Animal Bloopers" by Allyson Shaw;
152-153 "Say What?" by Kelley Miller;
154 "Riddle Me This" by Rosie Gowsell Pattison;
155 "Funny Bites" by Chris Ware;
156 "Just Joking" by Kelley Miller;
157 "Pun Fun" by Kelley Miller;
158 "Say What?" by Kelley Miller;
159 "Funny Bites" by Chris Ware;
160 "Just Joking" by Rosie Gowsell Pattison;
161 "It's a Long Story ..." by Kelley Miller;
163 "Tongue Twisters" by Kelley Miller

문화와 생활 (164-187)

166-167 "Celebrations Around the World" by Sarah Wassner Flynn;
168-169 "Diwali" by Stephanie Warren Drimmer;
170 "6 Winter Feast Facts to Fill Up On" by Paige Towler;
171 "What's Your Chinese Horoscope?" by Geoff Williams;
172-173 "The Secret History of Halloween" by Kay Boatner;
174-175 "Uplifting Balloons" by Julie Beer and Michelle Harris;
176-177 "10 Cool Things About Food" by Kay Boatner;
178-179 "Money Around the World!" by Kristin Baird Rattini and Sarah Wassner Flynn;
182-183 "Monster Mash" by Kenny Curtis and Jillian Hughes;
184-185 "World Religions" by Mark Bockenhauer, "Holi" by Sarah Wassner Flynn
187 "Explore a New Culture" by Vicki Ariyasu

과학과 기술 (188-211)

192-193 "Eye-Popping Creations" by Julie Beer and Michelle Harris;
195 "The Three Domains of Life" by Susan K. Donnelly;
196 "Freaky Plants" by Alicia Klepeis;
197 "Weird and Wonderful Trees" by Julie Beer and Michelle Harris;
199 "What Are Genes?" by Paige Towler;
200 "Why Do Our ···" by Sarah Wassner Flynn;
201 "Why Do I Have 10 Fingers?" by Crispin Boyer;
202-203 "How Viruses Spread" and "How Vaccines Work" by Sarah Wassner Flynn;
204-205 "The Science of Cute" by Jamie Kiffel-Alcheh;
206-207 "Future World: Clothing" by Stephanie Warren Drimmer;
208-209 "Future World: Climate Tech" by Stephanie Warren Drimmer
211 "This Is How It's Done!" by Sarah Wassner Flynn

생태와 자연 (212-235)

214-215 "Biomes" by Susan K. Donnelly;
216-217 "Antarctica" by Jen Agresta;
220-221 "Weird Wonders" by Julie Beer and Michelle Harris;
222 "Weather and Climate" by Mark Bockenhauer;
223 "Climate Change" by Sarah Wassner Flynn;
224-225 "10 Facts About Freaky Forces of Nature" by Douglas E. Richards;
226 "Water on the Move" by Lisa M. Gerry;
227 "Types of Clouds" by Kathy Furgang;
230 "Hurricane Happenings" by Sarah Wassner Flynn;
231 "What Is a Tornado?" by Kathy Furgang;
232 "What Is a Bomb Cyclone?" by Sarah Wassner Flynn;
233 "Koala Rescue" by Cheryl Maguire
235 "Oral Reports Made" by Vicki Ariyasu

역사와 사실 (236-267)

238-240 "Tut's Tomb" and "Brainy Questions" by Allyson Shaw;
241 "Buried Treasure" by Jen Agresta;
242-243 "History's Mysteries: The Ancient Maya" by Kitson Jazynka;
244-245 "Ancient Mysteries" by Julie Beer and Michelle Harris;
246-247 "Pirate Queen" by Leigh Lewis;
248-249 "History's Mysteries: Easter Island/Rapa Nui" by Kitson Jazynka;
250-251 "Going to War" by Susan K. Donnelly and Sarah Wassner Flynn;
251 "Wartime Inventions" by Sarah Wassner Flynn;
252 "The Constitution & the Bill of Rights" by Susan K. Donnelly;
253 "What the Constitution Created" by Michael Burgan;
254 "The Native American Experience" by Martha B. Sharma;
255-259 Fun Facts by Brianna Dumont;
260-261 "10 Wild Facts About Presidential Pets" by Sarah Wassner Flynn;
262 "Civil Rights" by Susan K. Donnelly;
262-263 "Woolworth Counter Sit-in" and "Stone of Hope" and "John Lewis" by Sarah Wassner Flynn;
264-265 "Women Fighting for Equality" by Sarah Wassner Flynn
267 "Brilliant Biographies" by Vicki Ariyasu

세계의 지리 (268-353)

270-274 & 276-277 by Mark Bockenhauer;
278-305 by Sarah Wassner Flynn, Mark Bockenhauer, and Susan K. Donnelly;
332-333 "Brilliant Bridges" by Julie Beer and Michelle Harris;
334-335 "15 Amazing Facts About Cities" by Sean McCollum;
336 "Coolest Dive" by Julie Beer and Michelle Harris;
337 "8 Cool Things About Rainforest Cultures" by Julie Beer;
338 "Wild Vacations: Cave Hotel" by C.M. Tomlin;
339 "Wild Vacations: Salt Hotel" by Jamie Kiffel-Alcheh;
340 "6 Rad Facts About the Beach" by Paige Towler;
341 "Great Barrier Reef" by Julie Beer and Michelle Harris;
342-343 "Supersize Sites" by Julie Beer and Michelle Harris;
346-347 "Bizarre Buildings" by Julie Beer and Michelle Harris;
348-349 "Winter Olympics 2026" by Sarah Wassner Flynn;
351 "7 Wonders" by Elisabeth Deffner
353 "Finding Your Way Around" by Vicki Ariyasu

준말:
AS: Adobe Stock; ASP: Alamy Stock Photo; DR: Dreamstime; GI: Getty Images; MP: Minden Pictures; NGIC: National Geographic Image Collection; NGP: National Geographic Partners, LLC; SS: Shutterstock

모든 지도
By National Geographic

앞표지
(black leopard), Shaaz Jung; (Explorers), Renan Ozturk/NGIC; (James Webb Space Telescope), 24K-Production/AS

책등
(black leopard), Shaaz Jung

뒤표지
(Earth), ixpert/SS; (kangaroo), Reinhard Dirscherl/Biosphoto; (Jupiter), NASA/ESA/Jupiter ERS Team/Judy Schmidt; (dinosaur), Franco Tempesta/NGP; (Easter Island), Volanthevist/GI; (beetle), alslutsky/SS; (butterfly), Steven Russell Smith/ASP

앞날개
(HD 63433 d), Martin Vargic/Halcyon Maps; (Girsu), David Stanley/flickr; (horseshoe crab), Plant Image Library/flickr; (yacht), Ma_Frank/Pixabay; (Moai), Yerson Retamal/Pixabay; (Amazon forests), Coordenação-Geral de Observação da Terra/INPE/flickr

뒷날개
(toucan), Vaclav/Shutterstock; (sloth), Bruce Dale/National Geographic

차례 (2–7)
2-3, Paul Nicklen/NGIC; 5 (UP), Ezra Shaw/GI; 5 (lemurs), Quentin Martinez/Biosphoto; 5 (robots), Imago/Liu Ying/ASP; 5 (phone), Kaspars Grinvalds/AS; 5(James Webb Space Telescope), Best-Backgrounds/SS; 5 (LO RT), Kennedy News & Media; 6 (UP LE), Ru Somaweera; 6 (UP CTR LE), Sylvain Cordier/Biosphoto; 6 (UP RT), Steve Winter/NGIC; 6 (UP CTR RT), Dan Sipple; 6 (LO LE), Xinhua/SS; 6 (LO CTR RT), DLILLC/Corbis/VCG/GI; 6 (LO RT), diplomedia/SS; 6, Aram Williams/ASP; 7 (UP LE), Costfoto/NurPhoto/SS; 7 (UP CTR RT), Tomas Griger/Panther Media GmbH/ASP; 7 (UP RT), Mondolithic Studios; 7 (LO), Mariusz Prusaczyk/DR; 7 (LO CTR LE), Andreas Hermanspann/SS; 7, Mike Mezeul II

2025년 올해의 토픽 (8–17)
8-9, Ezra Shaw/GI; 10 (UP), besjunior/AS; 10 (LO), Joe McUbed/AS; 11 (UP), AP Photo/Cover Images/Brights Zoo; 11 (CTR & LO), HANNAH; 12 (UP), AP Photo/California Department of Fish and Wildlife; 12 (LO), Mohamad Haghani/ASP; 13 (dog eyes), Ivanova N/SS; 13 (dog apple), Bocskai Istvan/SS; 13 (human vision bird), Volker Steger/Science Source; 13 (bird vision), Volker Steger/Science Source; 13 (bee vision), Yon Marsh Science/ASP; 13 (bee eyes), stevenwellingson/AS; 13 (owl eyes), Ammit/AS; 13 (dog paint), Bocskai Istvan/SS; 14 (UP), Evgenia Terekhova/SS; 14 (CTR), Ekaterina Kolomeets/AS; 14 (LO LE), Liza/AS; 14 (LO CTR), Vyacheslav Dumchev/AS; 14 (LO RT), struvictory/AS; 15 (UP), ungvar/AS; 15 (LO) Kateryna Kon/SS; 16 (Olympics), Bruce Bennett/GI; 16 (Kindness), Svetlana/AS; 16 (Friendship), kegfire/AS; 16 (Friday the 13th), ronniechua/AS 16 (Dance), JackF/AS; 16 (Braille), Mikhail Reshetnikov/AS; 16 (Art), AlexeyRyumin/SS; 16 (Wildlife), Jak Wonderly/NGIC; 16 (Vegetarian), Rawf8/AS; 17 (UP), Adam Makarenko/Science Source; 17 (LO), Sam Yue/ASP

위대한 발견과 혁신 (18–33)
18-19, Imago/Liu Ying/ASP; 20, ktsdesign/AS; 21 (UP), Kaspars Grinvalds/AS; 21 (CTR), Victor de Schwanberg/Science Source; 21 (LO), Franco Tempesta/NGP; 22 (UP), Kaspars Grinvalds/AS; 22 (CTR), gadzius/AS; 22 (LO), Vera Kuttelvaserova/AS; 23 (UP), ArgitopIA/AS; 23 (CTR), Arshad Mohammed/Anadolu Agency/GI; 23 (LO), Robert Clark/NGIC; 24 (UP INSET), Mark Thiessen/NGP; 24 (UP), Robert Clark/NGIC; 24 (LO), Mathabela Tsikoane; 25 (UP & LO LE), Lee Berger; 25 (CTR), Mark Thiessen/NGIC; 25 (LO RT), Robert Clark/NGIC; 26-27 (background), Paul Bullen/GI; 26-27 (step 1-5), Lee Berger; 28-29 (background), NASA/ESA/CSA/STScI; 29 (Cartwheel galaxy), NASA/ESA/CSA/STScI; 29 (Neptune), NASA/ESA/CSA/STScI; 29 (James Webb Space Telescope), NASA; 29 (Jupiter), NASA/ESA/Jupiter ERS Team/Judy Schmidt; 30, Lori Epstein/NGP; 31 (UP), NASA; 31 (LO), ajbarr/iStockphoto; 32 (UP), Kaspars Grinvalds/AS; 32 (CTR), NASA/ESA/Jupiter ERS Team/Judy Schmidt; 32 (LO), NASA

동물의 세계 (34–85)
34-35, Quentin Martinez/Biosphoto; 36 (UP), Mark Ralston/AFP/GI; 36 (LO), Michael Uy; 36 (LO CTR), Chris M. Leung; 36 (LO RT), Christopher Briscoe; 37 (UP), Robyn Beck/AFP/GI; 37 (CTR), Robyn Beck/AFP/GI; 37 (LO), Farm Sanctuary SA/Caters News Agency; 38 (UP), Lisa Basile Ellwood/SS; 38 (CTR LE), Brian E Kushner/SS; 38 (CTR RT), David Maxwell/EPA-EFE/SS; 38 (LO), OceanFishing/GI; 39 (UP), JL Images/ASP; 39 (CTR), MriyaWildlife/GI; 39 (LO), Paul Bertner/MP; 40 (LE), Marcel Schauer/AS; 40 (RT), Martin Willis/MP; 40 (LO), Nick Hobgood/AS; 41 (UP LE), Suzi Eszterhas/MP; 41 (RT), Roberto/AS; 41 (CTR LE), sergioboccardo/GI; 41 (LO), Vitalii Kalutskyi/GI; 42 (UP), Michael Shake/AS; 42 (CTR), slowmotiongli/AS; 42 (LO LE), Joe Blossom/ASP; 42 (LO RT), Karel Zahradka/SS; 43 (UP), Petri/AS; 43 (CTR LE), Cloudtail/AS; 43 (CTR RT), Roland Seitre/MP; 43 (LO), creativenature.nl/AS; 44 (UP), Dani Vincek/SS; 44 (CTR), DioGen/SS; 44 (LO), Nick Garbutt; 45 (UP CTR), Kant Liang/EyeEm/GI; 45 (UP RT), reptiles4all/SS; 45 (CTR), Hiroya Minakuchi/MP; 45 (CTR RT), FP media/SS; 45 (LO), Ziva_K/iStockphoto/GI; 46 (UP & LO), Laurent Ballesta/NGIC; 47 (UP LE), Martin Garnham/DR; 47 (CTR LE), Don Johnston/GI; 47 (CTR RT), Georgette Douwma/Nature Picture Library; 47 (LO LE), Juergen Freund/Nature Picture Library; 47 (LO RT), Viter8/DR; 48-49, Clay Enos; 48 (UP), Howard Morris; 48 (LO), Guillermo Ordoñez; 50 (UP), Fred Olivier/NPL/MP; 51 (UP), Jay Dickman/GI; 51 (LO), Breck P. Kent/Animals Animals/Earth Scenes/NGIC; 52, iStock/Coldimages; 52 (UP), Juergen & Christine Sohns/MP; 53 (UP LE), Otto Plantema/MP; 53 (UP RT), Slew11/DR; 53 (CTR LE), Enrique/AS; 53 (CTR RT), Stefan Christmann/Nature Picture Library; 53 (LO), Kevin Schafer/Moment Mobile RF/GI; 54 (UP), Blue Planet Archive/Scubazoo/Jason Isley; 54 (LO LE), Niels van Gijn/GI; 54 (LO RT), talseN/SS; 55 (UP LE), Tom McHugh/Science Source; 55 (UP RT), Christian Ziegler/MP/NGIC; 55 (CTR LE), Helen E. Grose/DR; 55 (CTR RT), Auscape/GI; 55 (LO), Alex Mustard/Nature Picture Library; 56-57 (BACKGROUND), Phil Savoie/NPL/MP; 56 (UP), Jaime Culebras/NGIC; 56 (LO), Jesse Delia; 57 (UP), Alex Hyde/NPL/MP; 57 (A), Karl Van Ginderdeuren/Buiten-beeld/MP; 57 (B), © 2004 MBARI; 57 (C), J. Bedek; 57 (D), Solvin Zankl/NPL/MP; 57 (E), David Shale/NPL/MP; 57 (F), Ryan Hagerty/USFWS; 58 (LO), Stefanie Schweers/Zoo Krefeld; 59 (UP), Kildare Animal Foundation; 59 (LO), Kildare Animal Foundation; 60 (1), James R.D. Scott/GI; 60 (2), Suzi Eszterhas/MP; 60 (3), JDzacovsky/SS; 60 (4), Lydia Sokor/GI; 61 (5), Yi-Fu Ke/500px/GI; 61 (6), Carlton Ward/NGIC; 61 (7), Atsuo Fujimaru/Nature Production/MP; 61 (8), Sylvain Cordier/NPL/MP; 61 (9), Norbert Wu/MP; 62 (UP LE), Mark Bowler/Nature Picture Library; 62 (UP RT), Michael Milicia/BIA/MP; 62 (CTR), Ayub Khan; 62 (LO), ZSSD/MP; 63, Ignacio Yufera/Biosphoto/MP; 64-65, Shaun Jeffers; 65 (UP), Brian Enting/Science Source; 65 (CTR), Julian Money-Kyrle/ASP; 65 (LO), Solvin Zankl/NPL/MP; 66 (UP & LO), Alejandro Mesa; 67 (UP & LO & CTR), Alejandro Mesa; 68, Krzysztof Wiktor/AS; 69 (lion fur), Eric Isselée/SS; 69 (jaguar), DLILLC/Corbis/GI; 69 (leopard), Eric Isselée/SS; 69 (tiger), Eric Isselée/SS; 69 (snow leopard), Eric Isselée/SS; 69 (jaguar fur), worldswildlifewonders/SS; 69 (lion), Eric Isselée/SS; 69 (snow leopard fur), Eric Isselée/SS; 69 (tiger fur), Kesu/SS; 69 (leopard fur), WitR/SS; 70 (UP), Ingo Arndt/MP; 70 (CTR), Carol Walker/NPL/MP; 70 (LO), Suzi Eszterhas/MP; 71 (UP), Anup Shah/NPL/MP; 71 (CTR LE), GP232/GI; 71 (CTR RT), Carol Walker/Nature Picture Library; 71 (LO), Winfried Wisniewski/GI; 72 (UP & LO), Nichole Sobecki/NGIC; 73 (UP & LO), Nichole Sobecki/NGIC; 74 (UP RT & LO RT), Paul Collins/Marwell Zoo; 74 (LE), Jason Brown/Marwell Zoo; 75 (UP), Ocean Walker; 75 (UP CTR), Ole Jorgen Liodden/Nature Picture Library; 75 (LO CTR), Rolf Kopfle/Ardea; 75 (LO RT), Falcon1708/DR; 76 (UP), Chris Butler/Science Source; 76 (CTR), Christian Jegou/Science Source; 76 (LO), Pixeldust Studios/NGIC; 77 (A), Christian Jegou/Science Source; 77 (B-D), Franco Tempesta/NGP; 77 (E), Chase Studio/Science Source; 78 (UP), Christian Ziegler; 78 (LO LE), John Flynn/Rodolfo Salas Gismondi; 78 (LO RT), Anjali Goswami/Rodolfo Salas Gismondi; 79 (UP LE), John Flynn/Rodolfo Salas Gismondi; 79 (UP RT, LO LE & LO RT), Rodolfo Salas Gismondi; 80 (UP & LO), Franco Tempesta, NGP; 81 (ALL), Franco Tempesta/NGP; 82-83 (eggs), Jaroslav Moravcik/AS; 82 (Brachiosaurus), Franco Tempesta/NGP; 82 (chocolate), baibaz/SS; 82 (plates), Sommai/SS; 82 (T. rex), DMX/SS; 82 (Velociraptor), Chris Clor/GI; 82 (tablecloth), Maor Glam/DR; 83 (Titanosaurus), Franco Tempesta/NGP; 83 (Ankylosaurus), Roger Harris/Science Source; 83 (Allosaurus), Joe Tucciarone/Science Source; 83 (tree), Maria Wachala/GI; 83 (cave), fotoVoyager/GI; 83 (fire), Liudmila Chernetska/GI; 84 (UP), JL Images/ASP; 84 (LE), Cloudtail/AS; 84 (LO), Shaun Jeffers; 85 (UP RT), GOLFX/SS

우주와 지구 (86–107)
86-87, Best-Backgrounds/SS; 88-89, David Aguilar; 88, Kei Shooting/SS; 89, SSSCCC/SS; 90-91, David Aguilar; 92 (Haumea), David Aguilar; 92 (Pluto), NASA/JHUAPL/SwRI; 92 (Eris), David Aguilar; 93 (UP), Science H story Images/ASP; 93 (LO), Joe Rocco; 94 (UP), Dima Zel/SS; 94 (LO), Transferred from the National Aeronautics and Space Administration/National Air and Space Museum; 94 (LO), NASA/AP; 94 (CTR RT), Maike Hildebrandt/iStock/GI; 95 (UP), Allexxandar/iStockphoto/GI; 96 (UP), NGP; 96 (LO), Joe Rocco; 97 (UP), Ralph Lee Hopkins/NGIC; 97 (granite), losmandarinas/SS; 97 (gneiss), Dirk Wiersma/Science Source;

97 (halite), Theodore Clutter/Science Source; 97 (andesite), MarekPhotoDesign/AS; 97 (limestone), Charles D. Winters/Science Source; 97 (mica), Yes058 Montree Nanta/SS; 98 (UP), LVV/SS; 98 (LE), Art Collection 3/ASP; 99 (UP LE), Harry Taylor/Dorling Kindersley/Science Source; 99 (UP RT), vvoe/AS; 99 (CTR LE), Epitavi/SS; 99 (CTR CTR), Ekaterina/AS; 99 (CTR RT), michal812/AS; 99 (LO LE), Björn Wylezich/AS; 99 (LO CTR), Amineah/AS; 99 (LO RT), vvoe/AS; 100 (UP), Photoworld/AS; 100 (CTR), Kennedy News & Media; 100 (LO), Ralf Lehmann/SS; 101 (UP LE), PhotoRoman/SS; 101 (UP RT), Dinodia Photos/ASP; 101 (CTR LE), Björn Wylezich/AS; 101 (CTR RT), Sergey Chernyaev/AS; 101 (LO), suronin/SS; 102, Frank Ippolito; 103 (UP LE), Gary Fiegehen/All Canada Photos/Alamy; 103 (UP RT), Salvatore Gebbia/NGIC; 103 (CTR RT), 103 (CTR RT), Matt Logan & Julie Griswold/USGC, 103 (CTR LE), NASA/JSC; 104 (CTR), Robbert Madden/NGIC; 105 (UP RT), Jorge Santos/age fotostock/ASP; 105 (UP LE), Peng Zhuang/DR; 105 (LO), Don C. Powell/Yellowstone National Park Ranger Naturalist Service/Library of Congress; 106 (UP), Charles D. Winters/Science Source; 106 (CTR), Science History Images/ASP; 106 (LO), Dima Zel/SS; 107 (UP RT), pixhook/E+/GI

탐험과 발견 (108–127)

108-109, Ru Somaweera; 110 (UP), A.J. Hardie; 110 (CTR LE), Bruno A. Buzatto; 110 (CTR RT), Emily Hoffmann; 110 (LO), Emily Hoffmann; 111 (UP), Rodrigo Chagas; 111 (LO LE), Veena Mushrif-Tripathy; 111 (LO RT), Veena Mushrif-Tripathy; 112 (UP), Tony Wu/Nature Picture Library; 112 (LO), Clarissa Teixeir; 113 (UP LE), Jordan Damyanov; 113 (UP CTR), imageBROKER/ASP; 113 (UP RT), Krum Sirakov; 113 (CTR), Casie Zalud; 113 (LO), David Guttenfelder/NGIC; 114 (LE), Aurora Photos/ASP; 114 (LO RT), SWNS/Splash News/Newscom; 115 (UP LE), © Paul Hameister; 115 (UP RT), Library of Congress Prints and Photographs Division, Washington, DC; 115 (UP RT), North Wind Picture Archives/The Image Works; 115 (CTR LE), Johnny Green/Photoshot/Newscom; 115 (CTR RT), Brendon Thorne/GI; 115 (LO RT), © Arnaud Guerin; 116 (UP LE), Anna Sedneva/AS; 116 (UP RT), Allyson Shaw; 116 (CTR RT), khuruzero/AS; 116 (LO LE), Ursula Page/AS; 116 (LO RT), Monty Rakusen/GI; 117 (UP), kotijelly/GI; 117 (CTR), Alexander Raths/AS; 117 (LO), Skip Brown/NGIC; 118 (UP), Steve Winter/NGIC; 118 (LO), Jay Fleming; 119 (UP), Paul Nicklen/NGIC; 119 (LO), Birgitte Wilms/MP; 120 (UP), Mark Thiessen/NGIC; 120 (LO), Joel Sartore, National Geographic Photo Ark/NGIC; 121 (UP), Rolf Sjogren/National Geographic Society; 121 (CTR LE), Ruchira Somaweera/NGIC; 121 (CTR RT), Ru Somaweera; 121 (LO), Ru Somaweera; 122 (UP), Frank Hurley/Royal Geographical Society via GI; 122 (CTR), Frank Hurley/Scott Polar Research Institute, University of Cambridge/GI; 122 (LO), Frank Hurley/Scott Polar Research Institute, University of Cambridge/GI; 123 (UP LE & UP RT), Falklands Maritime Heritage Trust; 124 (UP, CTR & LO), Mark Thiessen/NGP; 125 (bumblebee), Ivaschenko Roman/SS;125 (butterfly), Butterfly Hunter/SS; 125 (honeybee), vtupinamba/iStock; 125 (mantis), dwi/AS; 125 (stinkbug), Melinda Fawver/AS; 126 (UP RT), koosen/AS; 126 (CTR), Joel Sartore, National Geographic Photo Ark/NGIC; 127 (UP RT), Grady Reese/iStockphoto

게임과 퍼즐 (128–147)

128-129, Sylvain Cordier/Biosphoto; 130 (UP), Keren Su/GI; 130 (LO), Jeff Caverly/SS; 130 (LE), ZSSD/MP; 130 (RT), Dave Hansche/SS; 131 (UP), Herschel Hoffmeyer/SS; 131 (CTR), Mark Garlick/Sceince Photo Library/GI; 131 (CTR LE), Daniel Eskridge/ASP; 131 (Triceratops), Vladimir Bolokh/SS; 131 (Ankylosaurus), Roger Harris/Science Source; 131 (LO), Franco Tempesta/NGP; 131 (Edmontosaurus), Franco Tempesta/NGP; 131 (T. rex), Franco Tempesta/NGP; 131 (emojis), Turgay Malikli/SS; 132 (UP LE), Andrew Burgess/SS; 132 (UP CTR), Ingram Publishing/age fotostock; 132 (UP RT), Gaid Kornsilapa/SS; 132 (CTR LE), tonyz20/SS; 132 (CTR CTR), Purestock/Jupiter Images; 132 (CTR RT), Krysja/SS; 132 (LO LE), alslutsky/SS; 132 (LO CTR), Alexander Hoffmann/SS; 132 (LO RT), Simple Stock Shots; 133, Dan Sipple; 134 (A), Noorhussain/GI; 134 (B), Fred Bavendam/MP; 134 (C), David Laurent/EyeEm/GI; 135 (D), Todd Mintz/NPL/MP; 135 (E), James Christensen/MP; 135 (F), Michael and Patricia Fogden/MP; 135 (G), Rolf Nussbaumer Photography/ASP; 136 (UP), Christian Musat/SS; 136 (CTR), Flip Nicklin/MP; 136 (LO), TCYuen/GI; 136 (seal), Wolfgang Kaehler/LightRocket/GI; 136 (orca), Jens Kuhfs/GI; 136 (krill), Gerald and Buff Corsi/Visuals Unlimited, Inc./GI; 136 (penguin), Ingo Arndt/MP/GI; 137 (1), Ron Niebrugge/ASP; 137 (3), Emily Lai/ASP; 137 (5), Ross Anania/GI; 137 (6), Nick Garbutt/NPL/MP; 137 (7), Yulia Naumenko/GI; 137 (9), Karl Weatherly/GI; 138 (1), David Zaitz/GI; 138 (2), Jennifer Chen/ASP; 138 (3), Steve Lewis/GI; 138 (4), Angelo Cavalli/age fotostock/SuperStock; 138 (5), RS Smith Photography/SS; 138 (6), E.J. West/Photolibrary/GI; 138 (7), Gary Braasch/GI; 139, Dan Sipple; 140 (UP LE), R Rizvanov/SS; 140 (UP CTR), Laszlo Podor/GI; 140 (UP RT), GlowImages/ASP; 140 (CTR LE), Keith Erskine/ASP; 140 (CTR CTR), Brendan Mcdermid/Reuters; 140 (CTR RT), MaraZe/SS; 140 (LO LE), Glasshouse Images/SuperStock; 140 (LO CTR), Ingram Publishing/SuperStock; 140 (LO RT), Peter Alvey/ASP; 141 (1), Science Photo Library/SuperStock; 141 (3), Bayside - StockFood Munich/StockFood; 141 (5), © 2026 MARVEL; 141 (6), Marka/ASP; 141 (7), Tom Delme/DR; 141 (10), Kristoffer Tripplaar/ASP; 142 (UP LE), Cigdem Cooper/SS; 142 (UP RT), Przemyslaw Skibinski/SS; 142 (CTR RT), Robert Winslow/age fotostock; 142 (LO LE), Frhojdysz/DR; 142 (LO RT), prapass/SS; 143 (UP LE), Sylvain Cordier/GI; 143 (UP CTR), Adam Fletcher/MP; 143 (UP RT), Selyutina Olga/SS; 143 (CTR), Jurgen Otto/SS; 143 (LO LE), Juergen & Christine Sohns/MP; 143 (LO RT), Luca Santilli/SS; 144-145, James Yamasaki; 146-147, Strika Entertainment

우리를 웃게 하는 유머(148–163)

148-149, Aram Williams/ASP; 150 (UP LE), skip caplan/ASP; 150 (UP RT), Thomas Marent/ARDEA; 150 (CTR RT), Imagebroker RF/Photo-Library; 150 (LO LE), Mike Hill/SS; 150 (LO RT), Yann Hubert/Biosphoto/MP; 151 (UP LE), Carol Walker/Nature Picture Library; 151 (UP RT), Tui De Roy/MP; 151 (LO), Yukihiro Fukuda/NPL/MP; 152-153, DLILLC/Corbis/VCG/GI; 155, Chris Ware; 156 (UP LE), Gudkov Andrey/SS; 156 (UP RT), Family Business/SS; 156 (CTR LE), Ljupco Smokovski/SS; 156 (CTR), Gerisima/SS; 156 (CTR RT), 9george/SS; 156 (LO LE), mekcar/SS; 156 (LO LE), Willyam Bradberry/SS; 157 (UP LE), M. Unal Ozmen/SS; 157 (UP RT), ESA and the Hubble Heritage Team(STSci/AURA)/NASA; 157 (CTR), Ivan_Nikulin/SS; 157 (sign), Andy Dean Photography/SS; 157 (CTR RT), Ninell/SS; 157 (LO LE), EpicStockMedia/SS; 157 (LO RT), yevgenly11/SS; 158, James.Pintar/SS; 159, Chris Ware; 160 (UP), Suzi Eszterhas/MP; 160 (CTR LE), Simon Reddy/ASP; 160 (CTR RT), Pavel Losevsky/DR; 160 (CTR RT INSET), Aaron Amat/SS; 160 (LO LE), Juniors Bildarchiv GmbH/ASP; 160 (LO CTR), light poet/SS; 160 (LO RT), Knostpix/DR; 161 (LO LE), Robynrg/SS; 161 (LO RT), Rebecca Hale/National Georaphic Partners, LLC; 161 (BACKGROUND), B Brown/SS; 161 (UP), artjazz/SS; 162 (UP LE), M. Unal Ozmen/SS; 162 (UP RT), Arindom Chowdhury/DR; 162 (CTR LE), Vilainecrevette/DR; 162 (LO LE), Neil Juggins/ASP; 162 (LO RT), William Mullins/ASP; 163 (UP LE), Africa Studio/AS; 163 (UP RT), petrrgoskov/AS; 163 (CTR LE), tarasov_vl/AS; 163 (CTR RT), BillionPhotos/AS; 163 (LO LE), zaharov43/AS; 163 (LO RT), GLandStudio/AS

문화와 생활 (164–187)

164-165, Xinhua/SS; 166 (March Equinox), frans lemmens/ASP; 166 (Losar), Thomas Dutour/AS; 166 (Difference Day), addkm/SS; 166 (Yom Kippur), Hanna Kim/ASP; 166 (Songkran), Tong_stocker/SS; 166 (Ramadan), diplomedia/SS; 166 (Midsummer), Snowbelle/SS; 167 (Reconciliation Day), Stringer/EPA/SS; 167 (Hanukkah), blueeyes/SS; 167 (Christmas), Yellowj/SS; 168, phive/SS; 168 (banner), StockImageFactory/SS; 169, Subir Basak/GI; 170, Nalidsa/ASP; 171 (throughout), MaeW/SS; 172 (UP LE), Jean-Christophe Verhaegen/AFP/GI; 172 (LO RT), stepmorem/SS; 173 (LE), Justin Goff/UK Press via GI; 173 (UP RT), Ritu Manoj Jethani/SS; 173 (UP RT), Thomas Woodruff/DR; 173 (CTR LE), Marcos Delgado/Clasos/LatinContent/GI; 173 (CTR RT), Berbar Halim/SIPA/Newscom; 173 (LO RT), Patrick Lynch Photography/SS; 174 (UP LE), Preto Perola/SS; 174 (UP LE INSET), Subbotina Anna/SS; 174 (UP RT), mayakova/SS; 174 (CTR), Lightspring/SS; 174 (LO LE), Chutima Chaochaiya/SS; 174 (LO RT), Todd Taulman/DR; 175 (UP LE), Volosina/SS; 175 (UP RT), Elizabeth A. Cummings/SS; 175 (LE), Pani_Elena/SS; 175 (CTR RT), Diana Taliun/SS; 175 (LO RT), oksana2010/SS; 176-177, Joe Rocco; 178 (UP LE), Royal Canadian Mint; 179 (UP CTR LE), marino bocelli/SS; 178 (UP RT), John Lamb/GI; 178 (CTR RT), Milan/AS; 178 (LO LE), Yevgen Romanenko/GI; 178 (LO RT), Universal History Archive/Universal Images Group/GI; 179 (UP LE), hueberto/GI; 179 (UP CTR RT), © Bank of England; 179 (UP RT), pamela_d_mcadams/GI; 179 (LO LE), Darrell Gulin/GI; 179 (LO CTR RT), Nataly Studio/SS; 179 (LO CTR RT), elnavegante/GI; 179 (LO RT), Kelley Miller/NGS Staff; 182, Nevena Tsvetanova/ASP; 183 (UP), Lefteris_/GI; 183 (CTR), Bodor Tivadar/SS; 183 (LO), IanDagnall Computing/ASP; 184 (UP), Randy Olson; 184 (LO LE), Martin Gray/NGIC; 184 (LO RT), Sam Panthaky/AFP/GI; 185 (UP), Animesh Hazra/NGIC; 185 (LO LE), Reza/NGIC; 185 (LO RT), Richard Nowitz/NGIC; 186 (UP), Elizabeth A. Cummings/SS; 186 (CTR), Jennifer Barrow/DR; 186 (LO), Bodor Tivadar/SS; 187 (UP LE), spatuletail/SS; 187 (UP RT), PictureLake/E+/GI; 187 (CTR), cifotart/SS; 187 (LO), zydesign/SS

과학과 기술 (188–211)

188-189, Costfoto/NurPhoto/SS; 190 (UP), Mondolithic Studios; 191 (CTR), Inna/AS; 191 (LO), Mondolithic Studios; 192 (UP), Andrey Rudenko; 192 (LO), Andrew Harrer/Bloomberg via GI; 193 (UP LE), VCG/VCG via GI; 193 (UP RT), CB2/ZOB/Supplied by WENN/Newscom; 193 (CTR LE), Michael Appleton/The New York Times/Redux Pictures; 193 (CTR RT), Will Ragozzino/BFA/REX/SS; 193 (LO LE), Piero Cruciatti/ASP; 194 (LO CTR), Ted Kinsman/Science Source; 193 (LO RT), Tobias Schwarz/AFP/GI; 195 (protists), sgame/SS; 195 (animals), kwest/SS; 195 (plants), puwanai/SS; 195 (fungi), ancelpics/GI; 195 (1), Sebastian Kaulitzki/SS; 195 (2), Eye of Science/Science Source; 195 (3), Volker Steger/Christian Bardele/Photo Researchers Inc.; 196 (A), imageBROKER GmbH & Co. KG/NielsDK/ASP; 196 (B), Richard Gardner/SS; 196 (C), Mark Moffett/MP; 196 (D), Katuhiko Motonaga; 196 (E), Ed Reschke/GI; 196 (F), Neil Lucas/MP; 196 (G), KPG-Payless2/SS; 197 (UP LE), Chris Mattison/age fotostock; 197 (UP RT), Michael Nichols/NGIC; 197 (LO LE), Buena Vista Images/GI; 197 (LO RT), Noradoa/SS; 198 (UP LE), SciePro/SS; 199, adimas/AS; 200 (UP), Eric Isselée/SS; 200 (CTR), Alessandro Grandini/AS; 200 (LO), radub85/AS; 201 (UP), andrewsafonov/iStockphoto; 201 (LO), cate_89/iStockphoto; 202 (UP), WavebreakMediaMicro/AS; 202 (UP CTR), Rost9/SS; 202 (CTR), Maxximmm/DR; 202 (CTR RT), alswart/AS; 203 (BACKGROUND), Siberian Art/AS; 203 (UP), Looker_Studio/AS; 203 (LO), Photo Sesaon/AS; 204 (UP), Patrick Endres/age fotostock; 204 (LO), allstars/SS; 205 (UP LE), Suzi Eszterhas/MP; 205 (UP RT), Chris Radburn/PA Images/ASP; 205 (LO), Stefan Christmann/MP; 206-207, Mondolithic Studios Inc; 208-209, Mondolithic Studios Inc; 210 (UP LE), Michael Nichols/NGIC; 210 (UP RT), Suzi Eszterhas/MP; 210 (LO), Looker_Studio/AS; 211 (LO LE), Klaus Vedfelt/GI

생태와 자연 (212–235)

212-213, Mike Mezeul II; 214 (LE), AVTG/iStockphoto; 214 (RT), Brad Wynnyk/SS; 215 (UP LE), Rich Carey/SS; 215 (UP RT), Richard Walters/iStockphoto; 215 (LO LE), Karen Graham/iStockphoto; 215 (LO RT), Michio Hoshino/MP/NGIC; 216-217, Frank Krahmer/Corbis; 216 (INSET), Carsten Peter/NGIC; 217 (A-D), Carsten Peter/NGIC; 218-219 (globes), NG Maps; 218-219 (BACKGROUND), Chris Anderson/SS; 218 (LE), cbpix/SS; 218 (RT), Mike Hill/Photographer's Choice/GI; 219 (CTR LE), Wil Meinderts/Buiten-beeld/MP; 219 (CTR RT), Paul Nicklen/NGIC; 219 (LO RT), Jan Vermeer/MP; 220 (1), hugy/GI; 220 (2), Kent Kobersteen/NGIC; 221 (3), RogerTWong/GI; 221 (4), StephanHoerold/iStock; 221 (5), Vadim Petrakov/SS; 221 (6), Ockert le Roux; 221 (7), Mike Theiss/NGIC; 221 (8), Mario Carvajal; 222, Tomas Griger/Panther Media GmbH/ASP; 223 (UP), Chasing Light - Photography by James Stone/GI; 223 (RT), James Balog/NGIC; 224 (UP LE), Wead/AS; 224 (CTR RT), USFS Photo/ASP; 224 (A), Farinoza/DR; 224 (B), Valt Ahyppo/SS; 224 (C), reptiles4all/SS; 224 (D), Farinoza/DR; 224 (LO LE), Jim Reed/Science Source; 225 (UP LE), Nature and Science/ASP; 225 (UP RT), Ivan Kmit/AS; 225 (CTR LE), OAR/National Undersea Research Program/World History Archive/ASP; 225 (CTR RT), AP Photo/Norman Transcript/Mike Harmon; 225 (LO), Arctic-Images/Stone/GI; 226 (UP), Chris Philpot; 226 (LO), Franco Tempesta, NGP; 227 (1), Leonid Tit/SS; 227 (2), Frans Lanting/NGIC; 227 (3), Lars Christensen/SS; 227 (4), Daniel Loretto/SS; 227 (LO), Richard Peterson/SS; 228 (UP), STR/AFP/GI; 228 (CTR), Daniel L. Osborne/Detlev van Ravenswaay/Science Source; 228 (LO), Sven Hagolani/GI; 229 (UP), Ursula Sander/GI; 229 (CTR), Hady Khandani/ASP; 229 (LO), Karen Anderson Photography/GI; 230, 3dmotus/SS; 231 (UP LE), Lori Mehmen/Associated Press; 231 (EF0), Susan Law Cain/SS; 231 (EF1), Brian Nolan/iStockphoto; 231 (EF2), Susan Law Cain/SS; 231 (EF3), Judy Kennamer/SS; 231 (EF4), jam4travel/SS; 231 (EF5), jam4travel/SS; 231 (LO LE), Jim Reed; 232 (UP), ZUMA Press, Inc./ASP; 232 (CTR), Justin Sullivan/GI; 232 (LO), Josh Edelson/AFP/GI; 233 (UP), Jouan Rius/MP; 233 (LO), Currumbin Wildlife Hospital; 234, Frank Krahmer/Corbis; 234 (CTR), Ockert le Roux; 234 (LO), Jim Reed

역사와 사실 (236–267)

236-237, Andreas Hermanspann/SS; 238-239, Clayton Hanmer; 240 (UP & LO), Alice Brereton; 241 (BACKGROUND), Israel Antiquities Authority/Xinhua News Agency/Newscom; 241 (UP LE), Victor R. Boswell, Jr/NGIC; 241 (UP CTR), Aristidis Vafeiadakis/ZUMA Press; 241 (UP RT), Brett Seymour/ARGO via Greek Culture Ministry/AP Photo; 241 (CTR LE), Derek McLennan & Martin McSweeney/Reuters/Newscom; 241 (CTR RT), Xinhua/eyevine/Redux; 241 (LO LE), Franck Goddio/Hilti Foundation, photo: Jérôme Delafosse; 241 (LO CTR), Baz Ratner/Reuters; 241 (LO RT), Anglia Press Agency Ltd./REX; 242-243 (UP CTR), Kenneth Garrett/NGIC; 242 (LO RT), RJ Lerich/SS; 243 (UP RT), Art of Life/SS; 243 (CTR RT), Michael DeFreitas/robertharding/ASP; 244 (UP), Zbiq/SS; 244 (LO), Vicky Jirayu/SS; 245 (UP LE), Science History Images/ASP; 245 (UP RT), AF archive/Alamy; 245 (CTR LE), Pius Lee/SS; 245 (CTR RT), Cesar Manso/AFP/GI; 245 (LO LE), Wojtek Buss/GI; 245 (LO RT), Regissercom/SS; 246 (UP LE & LO RT), Sara Woolley-Gomez; 247 (UP LE), Ian Dagnall Computing/ASP; 247 (UP RT), lunstream/ASP; 247 (LO RT), Sara Woolley-Gomez; 248, Volanthevist/GI; 249 (UP), Jim Richardson/NGIC; 249 (CTR), miralex/GI; 249 (LO), Fernando G. Baptista/National Geographic Creative; 250 (UP), Vera/AS; 251 (UP), bergamont/SS; 251 (CTR), Kimberly Reinick/AS; 251 (LO), Copit-id/AS; 254 (LO), Mark Carwardine/Nature Picture Library; 257, photoff/AS; 258, PhotoSpirit/AS; 263 (LO), Paco Como/AS; 266 (UP), Jaroslav Moravcik/SS; 266 (CTR), RJ Lerich/SS; 266 (LO), Volanthevist/GI; 267 (UP), Christopher Furlong/GI

세계의 지리 (268–353)

268-269, Mariusz Prusaczyk/DR; 275, Mark Thiessen/NGP; 275 (LO), NASA; 277 (BACKGROUND), Fabiano Rebeque/Moment/GI; 277 (UP LE), Thomas J. Abercrombie/NGIC; 277 (UP CTR), Maria Stenzel/NGIC; 277 (UP RT), Gordon Wiltsie/NGIC; 277 (LO LE), James P. Blair/NGIC; 277 (LO CTR), Bill Hatcher/NGIC; 277 (LO RT), Carsten Peter/NGIC; 278, Michel & Christine Denis-Huot/Biosphoto; 279 (UP), Olena Zn/AS; 279 (CTR LE), Alamy/MP; 279 (CTR RT), Reuters/ASP; 279 (LO LE), Chris Philpot; 279 (LO RT), David Havel/SS; 282, Mike Theiss/NGIC; 283 (UP), Ryan Rossotto/Stocktrek Images/NGIC; 283 (CTR LE), Daniel P. Zitterbart/Woods Hole Oceanographic Institution; 283 (CTR RT), Michel Roggo/Nature Picture Library/Science Source; 283 (LO LE), Chris Philpot; 283 (LO RT), Antony Gilbert; 286, Antonio Ribeiro/Gamma-Rapho/GI; 287 (UP), Arsgera/AS; 287 (CTR LE), rudiernst/AS; 287 (CTR RT), Visual China Group/VCG/GI; 287 (LO LE), Chris Philpot; 287 (LO RT), R.M. Nunes/AS; 290, slowmotiongli/SS; 291 (UP), Andrew Watson/John Warburton-Lee Photography/ASP; 291 (CTR LE), Adwo/AS; 291 (CTR RT), imageBROKER/ASP; 291 (LO LE), Chris Philpot; 291 (LO RT), Stephen Belcher/MP; 294, Andy Trowbridge/Nature Picture Library; 295 (UP RT), Roy Pedersen/SS; 295 (CTR LE), drhfoto/AS; 295 (CTR RT), gmsphotography/Moment/GI; 295 (LO RT), Leonardo Papera/AWL Images; 298, Yaacov Dagan/ASP; 299 (UP), Dina Julayeva/SS; 299 (CTR LE), Life on white/ASP; 299 (CTR RT), Kitchin and Hurst/All Canada Photos/ASP; 299 (LO), Jim West/ASP; 302, Ecuadorpostales/SS; 303 (UP), Soberka Richard/hemis.fr/GI; 303 (CTR LE), Felipe Bittioli; 303 (CTR RT), Sarmat/AS; 303 (LO RT), Anderson Spinelli/iStock/GI; 308 (LO), Steven M Lang/SS; 311, Ondrej Prosicky/SS; 315 (LO), elxeneize/AS; 316, Sean Hsu/SS; 319, MehmetO/SS; 322 (LO), bbtomas/AS; 325, DaLiu/SS; 330 (LO), TTstudio/AS; 332 (UP), VCG/GI; 332 (LO), Brian Lawrence/GI; 333 (UP LE), PoohFotoz/SS; 333 (UP RT), Anne-BrittSvinnset/GI; 333 (CTR LE), Claudia Beretta/age fotostock; 333 (CTR RT), vichie81/SS; 333 (LO LE), Songquan Deng/SS; 333 (LO RT), DeadDuck/GI; 334 (UP LE), blickwinkel/ASP; 334 (UP RT), Michele Falzone/ASP; 334 (CTR RT), George-hopkins/DR; 334 (LO LE), Pascal Franck/SS; 334 (LO CTR LE), Eric Nathan/ASP; 334 (LO CTR RT), Exactostock/SuperStock; 334 (LO RT), Kasia Nowak/ASP; 335 (UP LE), Arco Images GmbH/ASP; 335 (UP RT), Julia Mcclunie/DR; 335 (UP CTR LE), Andrzej Tokarski/DR; 335 (UP CTR RT), Igorkov/DR; 335 (LO LE), Tupungato/DR; 335 (LO CTR LE), Jpldesigns/DR; 335 (LO CTR RT), Mikael Damkier/DR; 335 (LO RT), Christian Mueller/SS; 336, Alex Mustard/Nature Picture Library; 336 (LO LE), Wild Wonders of Europe/Lundgre/Nature Picture Library; 337 (A), Keith Levit/GI; 337 (B), Design Pics Inc./NGIC; 337 (C), Manfred Gottschalk/GI; 337 (D), AndamanSE/GI; 337 (E), ToniFlap/GI; 337 (F), Claudio Contreras/NPL/MP; 338 (UP), Courtesy of Yunak Evleri Cave Hotel; 338 (LO RT), Courtesy of Yunak Evleri Cave Hotel; 339 (UP), Red De Hoteles Tayka; 339 (INSET), Red De Hoteles Tayka; 339 (LO), Red De Hoteles Tayka; 340, Aschen/GI; 341 (BACKGROUND), JC Photo/SS; 342-343 (BACKGROUND), dpa picture alliance archive/ASP; 342 (UP RT), stock_photo_world/SS; 342 (LO CTR), Zhang Bingtao/Xinhua Press/Corbis; 342 (LO CTR), Xinhua Press/Landov; 343 (RT), Jean-Christophe Godet/GI; 343 (LO RT), Mike Greenslade/Australia/Alamy; 344 (UP LE), Leonid Andronov/AS; 344 (UP RT), Jenifoto/AS; 344 (LO LE), Crea il tuo web/AS; 344 (LO RT), gudkovandrey/AS; 345 (UP LE), Stefan/AS; 345 (UP RT), AnKudi/AS; 345 (CTR LE), Jaahnlieb/DR; 345 (CTR RT), KK/AS; 345 (LO), photlook/AS; 346 (UP), Alexmama/SS; 346 (LO), Zack Frank/SS; 347 (UP LE), Reuters/ASP; 347 (UP RT), Gabriela Maj/Bloomberg via GI; 347 (CTR LE), RIA Novosti/TopFoto/The Image Works; 347 (CTR RT), jirawatfoto/SS; 347 (LO LE), Wiskerke/ASP; 347 (LO RT), saiko3p/SS; 348 (UP), The Picture Art Collection/ASP; 348 (CTR), History and Art Collection/ASP; 348 (LO LE), PCN Black/PCN Photography/ASP; 348 (LO RT), Maria Grazia Casella/ASP; 349 (UP), APA-PictureDesk/ASP; 349 (CTR), Yohei Osada/AFLO/SS; 349 (LO), Thomas Dutour/AS; 350 (UP LE), Susana Gonzalez/Corbis; 350 (UP RT), Design Pics Inc/ASP; 350 (LO), Laszlo Balogh/Reuters; 351 (A), sculpies/GI; 351 (B), Archives Charmet/Bridgeman Images; 351 (C), Archives Charmet/Bridgeman Images; 351 (D), Archives Charmet/Bridgeman Images; 351 (E), Bridgeman Images; 351 (F), Archives Charmet/Bridgeman Images; 351 (G), Dea Picture Library/GI; 351 (H), Holger Mette/SS; 351 (I), Holger Mette/SS; 351 (J), Jarno Gonzalez Zarraonandia/SS; 351 (K), David Iliff/SS; 351 (L), ostill/SS; 351 (M), Hannamariah/SS; 351 (N), Jarno Gonzalez Zarraonandia/SS; 352 (UP LE), Thomas Dutour/AS; 352 (LO), Life on white/ASP; 352 (LO RT), Erik Lam/SS

지은이 • 내셔널지오그래픽 키즈

내셔널지오그래픽 협회는 1888년에 설립되어 130년 넘게 우리를 둘러싼 지구를 이해하기 위한 여러 가지 프로젝트를 실행하고 있다. 연구 프로젝트를 지원하며 탐험과 발견을 돕고 잡지와 책을 펴낸다. 내셔널지오그래픽 매거진은 매달 28개국에서 23개의 언어로 수백만 명의 독자와 만나고 있다. 어린이 출판 브랜드인 내셔널지오그래픽 키즈는 과학, 모험, 탐험 콘텐츠를 독보적인 수준의 사진 자료와 함께 제공하고 있다.

옮긴이 • 이한음

서울대학교에서 생물학을 공부했고 과학 전문 번역가이자 과학 저술가로 활동하고 있다. 2007년 『만들어진 신』으로 한국출판문화상 번역 부문을 수상했다. 지은 책으로 『생명의 마법사 유전자』 등이 있고, 옮긴 책으로 『인간 본성에 대하여』, 『핀치의 부리』, 『바디 : 우리 몸 안내서』 등이 있다.

옮긴이 • 김아림

서울대학교 생물교육과를 졸업했고 같은 대학원 과학사 및 과학철학 협동 과정에서 석사학위를 받았다. 대학원에서는 생물학의 역사와 철학, 진화생물학을 공부했다. 현재 출판 기획자 및 전문 번역가로 일하고 있다. 옮긴 책으로 『고래』, 『꽃의 마음 사전』, 『동쪽 빙하의 부엉이』 등이 있다.

내셔널지오그래픽 키즈
사이언스 2026

1판 1쇄 펴냄 2025년 10월 20일
1판 5쇄 펴냄 2026년 1월 9일

지은이 내셔널지오그래픽 키즈 **옮긴이** 이한음, 김아림
펴낸이 박상희 **편집장** 전지선 **편집** 김지호 **디자인** 조수정
펴낸곳 (주) 비룡소 **출판등록** 1994.3.17.(제16-849호)
주소 06027 서울시 강남구 도산대로1길 62 강남출판문화센터 4층
전화 02)515-2000 팩스 02)515-2007 **홈페이지** www.bir.co.kr
제품명 어린이용 반양장 도서 **제조자명** (주) 비룡소 **제조국명** 대한민국 **사용연령** 3세 이상

ISSN 3022-1129
ISBN 978-89-491-3245-7 74400/ 978-89-491-3240-2 (세트)